U0135392

启微

启微

吴玉廉 著

林蕾 译

奢华之网

十八世纪的徽州盐商、社会阶层和经世之道

社会科学文献出版社
SOCIAL SCIENCES ACADEMIC PRESS (CHINA)

序 一

定宜庄

　　玉廉这部大作系由她的博士学位论文增补修改而成,本书的英文版早在 2017 年已由美国斯坦福大学出版社出版,甫一问世即颇获好评。此次又得以出版中译本,我为玉廉此书得到国内学界的重视和关注而欣慰,更为有更多的国内读者读到而高兴。玉廉诚邀我为此书中译本写序,我愚钝不才,本书所涉的诸多领域也非我所长,却不忍辜负她的重托。当然,写序不是写书评,不必面面俱到,也不必褒贬并存,只谈几点感想。

　　从本书书名即可知,清代徽州盐商是本书论述的主题。清代徽州盐商群体因其奢华豪富、与朝廷非同一般的关系、在江南士大夫集团中的影响和在江南经济文化中的作用,多年来一直是备受关注的热门课题,出版的学术专著和论文可谓汗牛充栋。然而,玉廉此书绝非对老话题的重复,不仅令人耳目一新,尤其能让人转换一个视角,重新审视这个群体在清代的特殊作用和意义,乃至重新认识清史中一些几乎成为老生常谈的问题。玉廉此书的意义就在这里。

　　在这张"奢华之网"中,徽州盐商是主动的一方,那张巨大、细密而且动态的人际关系网就是由他们编织起来的。他们在清代政治、经济中的特殊作用，也是通过这一网络构建的过程而一步步凸显。网络牵起的一端，是享有无上权力的满洲统治者建立的朝廷；而另一端是主要居于江南的汉人士大夫集团。两端之间还有各种集团、各方势力。所以该书笔触所及，便有徽州乡村的家族、收藏家、修建祠堂与牌坊的士人和商人，并因此延伸到"盛清"时期各种与经济、文化相关的现象，诸如玉器、珠宝、书画及各种奢侈品的收藏，书籍的印刷流通，以及由朝廷为贞女烈妇所立的牌坊。盐商本身便是牵起、沟通各方的重要媒介。朝廷既通过他们，在江南施加、渗透他们的权力管控，也通过他们直接谋取巨额的财富。这个网络构建和作用的成功与否，正是清朝这个满洲政权在江南这样的汉文化中心控制汉人士大夫集团，从而造就"康乾盛世"的关键。

在这个网络的内容中，有两点令我甚感兴趣。

第一，是对清代特有的内务府包衣制度在盐业管理中所起作用的考察。

内务府，全称总管内务府衙门，系清初创设的专管皇帝"家事"的机构，与管理"国事"的外廷分而为二、不相统属。由内务府统属的包衣旗人是皇帝的家人（包衣，满语"booi"，意即"家的"，指某人的私属），而不是政府机构的官僚，也不归国家所有。这就意味着，皇帝是用自己的私人，而不是通过国家官僚机构来管理盐业和盐商的。江南源源不断的财富、滚滚而来的白银并非流入国库，而是通过盐商直接流入了皇帝的私人腰包。盐商的性质便由此决定。这是很耐人寻味的一点。清朝建立了统一中央王朝之后曾沿明制，继承和重建了明朝的一整套官僚机构，却为什么会在这个对清朝统治最关要害的汉文化核心地带，采用内务府这个非常私人、并非正规的机构和包衣（家人）来出面，难道仅仅是为了敛财？从清朝制度的整体来看究竟有何种背景？这是很多专门研究清朝皇帝对江南统治的专著并未特别关注和思考的问题。玉廉此书在这点上给人提供了进一步思考的广阔空间。

第二，此书无论涉及的内容多么广泛，但主要还是一部物质生活史。须知近年来在学界方兴未艾的物质生活史，其思维方式、研究路径与传统史学中对名物的考察大相径庭。在物质生活史的研究者看来，物品本身不是历史的简易道具，而是人们用以塑造生活的工具。物品的意义渗透在它们的形式、用途和轨迹中。研究者需要通过对这些轨迹的分析，来解释那些让物活起来的人类的交易和算计。

我虽然对这些概念和做法似懂非懂，但玉廉此书的吸引力正在这里。它提供了一个用这种方式进入研究主题的范例。具体到该书，这种从"物"进入，将实物作为替代性材料和新的研究主题的做法，给了这个题目一个无限广阔的伸展空间。也让我感叹伴随现代科技发展而日新月异的学术研究，已经开拓出多么宽广的天地。它表达了太多仅仅用已经死掉的文字无法表达的因素，还有意趣。

玉廉自称，她这本书是采用跨学科的方法来处理各种证据的，并且列举了所利用的各种材料。这种做法得到了很多学者的肯定。有论者夸赞本书是"跨学科研究的典范"（a paragon of interdisciplinary scholarship），这并不为过。但是，对于"跨学科"可以有各种不同的理解，玉廉此书的跨学科与国内学界尤其是研究生同学通常以为的跨学科并不相同。她涉猎虽多，却仍未脱离治史的范畴。

一般来说，但凡治史者，都有本专业必用的基础史料。譬如研究清代制度史，必读官书和官方档案；研究社会史，首重契约、族谱，尤重从田野收集而来的民间文书；研究社会性别史，离不开女性所撰诗歌文集；而物质生活史，当然更重"实物"。不同的研究者对于不同的史料如何分析解读，也各自有各自的路数。不是这个方向的学者，对其他方向的史料便未必有暇顾及，即使偶尔利用，也多是"借用"而对其路数不甚了了。清代徽州盐商网络本身的丰富性、广泛性，决定了作者所论必然要跨越史学的多个方向。这便构成了对作者的挑战。玉廉以艰苦的努力，比较成功地处理了从官方文件到族谱和民间故事、从文学文本到实物的各种证据。她不仅应对了这个挑战，而且呈现了这种做法的精彩。

我与玉廉初识于 2006 年，当时美国哈佛大学举办了一场有关明清时期女性文学的研讨会，她那时候还是个博士研究生，跟随她的导师曼素恩（Susan Mann）教授参加此会。数年之后的 2009～2010 年，她为撰写博士学位论文专程来京查阅资料。我受她的导师曼素恩教授之托，以中国社会科学院历史研究所的名义出面负责对她的接待和安排。犹记得她在本书中涉及的有关清朝皇室与玉石开采制作之关系的史料，很多就是她在京的这段时间查阅中国第一历史档案馆藏《朱批奏折》《军机处录副奏折》《内务府奏销档》等档案的收获。

玉廉好学敏求、聪颖灵秀，她充分利用了这段在京时间，既找到老师学习满文，还积极参加我们研究室每周一次的读书班，成为备受大家欢迎的开心果，也与我的那些学生和年轻同事成为好友。从那时候开始，或者是她来京，或者是我赴美，多有交流过从。本来我们还有一系列的研究计划，从三年前起，她就安排好一切准备来京与我合作。可惜的是，突发的疫情打断了一切。

在这三年疫情期间，我曾为几位即将出版专著的年轻人写序，本应该是欣喜之事，心情却每每沉重。今后的路不知怎样走，但我衷心祝愿玉廉有一个美好的未来。

是为序。

2022 年 12 月 6 日疫情全面解封之日

序　二

梅尔清（Tobie Meyer-Fong）

　　银、石、纸、墨、玉、瓷、木，这些物质形成了生产、消费、收集，以及在交易中得以交换的物品，而这些物品则将一群杰出的商人与乾隆帝的宫廷紧密地联系在了一起。用这些材料制成的物，包括宫殿的陈设、刊印的族谱、竖立的牌坊，及古董、稀见书籍、精巧的新奇小物等奢侈收藏品。这些物无论是微小的还是庞大的，都宣示着将人和地方在一种网络中联系起来。这一网络将江南和徽州在空间和意识形态上与北京的朝廷联系起来。这些网络具有很强的张力，它们在某个时期跨越了遥远的距离，吸引了富有财力与才华之士，从而塑造了整个帝国对于物的价值观和品味。由于这些纽带依赖于乾隆朝廷通过内务府等机构所发挥的个人魅力和权力，它们最终不如那些界定和维持它们的物那样经久不衰。随着时间的推移，个人财富耗尽、藏品分散，基础设施也日渐残败。但吴玉廉所著《奢华之网：十八世纪的徽州盐商、社会阶层和经世之道》专业地证明，在 18 世纪下半叶，商人并没有效仿士人。相反，他们参与创造了一种新的融会贯通的审美。在此新美学中，北京以其对物的需求为品味定下了基调。

在这部精妙的作品中，吴玉廉提出，乾隆年间居住在杭州和扬州的徽州盐商作为媒介发挥了关键作用。他们不仅是各式奇妙物品的消费者，更是使这些物品的制作成为可能的人。通过这些生产和赞助的行为，他们发挥了变革性的作用，促进了乾隆宫廷所钟爱的具有纪念性质、多文化的审美，而这种审美服务了帝国和地方的双重目标。吴玉廉并没有采用学者、官员和文人士大夫的批判眼光将这些商人视为庸俗的冒牌货，而是将他们描绘成收藏家、委托人、赞助者，从而还原了商人（以他们自己的方式）作为一个崭新、富有活力且独特的以北京为中心的文化圈的参与者的角色。她将帝国的盐业专卖比作棚架：它提供了一个正式的官僚结构，复杂的个人网络可以在其中如交缠的藤蔓一般蓬勃生长，朝廷和商人都可以在其中满足他们的物质、社会、经济和政治欲望。非正式网络可以处理正式官僚机构无法做到的事情。吴玉廉表明，这一系统为财富、权力、消费和展示提供了卓越的机会。不过，它也可能充斥着腐败（事实上也确实如此）。

与当今许多用英语写作的学者一样，吴玉廉同时使用中文和满文资料来证明清朝与前代相比有何不同之处。她的书既新颖又特别。她没有简单概括自古以来的"儒家价值观"对商人的蔑视，也没有通过阅读晚明的资料来描述清朝。这是一本深入特定时代的书，即乾隆后期，当时的"品味循环"将徽州、杭州、扬州、北京等特定地点联系在了一起，并且考据学为皇帝、学者和商人的收藏实践都带来了新的活力。该书描述了这样一个世界，在这个世界中，商人建造了宏伟的牌坊来颂扬贞节等帝国认可的价值观，在图画、亭台楼阁和诗歌中宣传来自宫廷的书法礼物，并提供大量的金钱和物质捐赠来支持宏大磅礴的帝国工程，包括南巡的奢丽奇观。因此，该书精心使用的生动示例使其具有相当的说服力。

例如，在第三章中，吴玉廉描述了汪启淑（1728～1798）的活动。他是一位居住在杭州的徽州盐商，对印章充满热情。他并没有以一种晚明的闲情模式痴迷新奇小物。与此相反，汪启淑通过他的收藏表达了对考据的执着。他研究刻在石头上的古代文字，这些文字的篆刻者既有古人，也有他自己的朋友和熟人。他不仅获得了数量巨大、种类繁多的印章，而且还通过制作展示印章的豪华印谱来宣传他的收藏。于是，他不仅动员了徽州当地有关印刷和制作插图的优秀传统，并且融汇了当地精美的纸张、墨等物质产品。他精心制作了一个二维展厅（印谱）来展示他的珍贵藏品，供他人分享和研究。他还动员了一群写手在出版物上颂扬他的成就。类似的过程在徽商的宗族活动中也发挥了作用。他们创造了精美的雕版印刷的族谱，建造了茶园青质地的石牌坊以纪念他们守贞的妻子或母亲，并以当时刚被重新发现的武梁祠为蓝本建造了带有画像砖的祠堂。通过赞助这些场所和物品，他们突出地展现了自己的社会阶层。他们既是与国家推崇的价值观相联系的德商，又扎根于故乡。

该书彰显了吴玉廉作为学者的独特位置。她接受过两种传统的熏陶。她是杭州人，曾在南京大学中文系和古籍研究所就读。她是来自江南又研究江南的学者。她熟悉那些文学姿态和典故，而正是这些要素构成了我们对那个（富有象征意义的）地方和景观的感觉。她同时是曼素恩的学生，关注漫长的 18 世纪的性别和家庭空间。因此，她笔下的商人有妻有女，这些商人是女性诗歌的编辑者，也是印谱的创作者。由于在南京和加利福尼亚两地所接受的学术训练，以及通过与包括高彦颐（Dorothy Ko）在内的物质文化学者的广泛交流，吴玉廉不仅十分熟悉徽州文书和江南商人文化，还参考了阿尔君·阿帕杜莱（Arjun Appadurai）关于礼物交换、物质性等的文献。在某种程度上，通过这些与人和地方的联系，她的作品对我来说具有一种强烈的亲和力。我想，也许她和我拥有相同的知识血统，正如我们走过了一些相同的道路，从南京和扬州，到斯坦福和戴维斯，以及更远的地方。

　　自从第一次见到玉廉展示自己的作品以来我就很欣赏她，那是庆祝曼素恩学术成就并向其公开致敬的讨论会，她是曼素恩群星闪耀的学生当中最年轻的一位。当我还是一名在学术领域前途未卜的年轻学者时，曼素恩鼓励我继续从事清史研究。对我来说，曼素恩一直并且一直会是我的灵感来源和人生楷模。因此，我很荣幸受邀为她的学生吴玉廉的书作序，我也希望借此机会公开祝贺吴玉廉作为一名学者所取得的杰出成就。

（林蕾　译）

目　录

引言　十八世纪中国物质世界中的商人文化

　　1769 年 2 月 3 日，乾隆帝将贞节旌表的荣誉赐予方氏，她是一位富有盐商的母亲。方氏家住徽州歙县稠墅，守寡 29 年。连同这一封号，朝廷按照雍正帝 1723 年颁布的规定，赐予方氏的家人 30 两银子，鼓励他们为方氏修建贞节牌坊，表彰她的德行。方氏之子汪勋是扬州盐商的总商，他不仅在那里经营生意，还协助朝廷的盐政官员管理盐业专卖事务。汪勋刚出生不久，他的父亲就去世了，母亲方氏独自抚养他长大。为了在家乡为其敬爱的亡母修建一座贞节牌坊，汪勋与许多徽州盐商一样，经历了一个复杂而昂贵的建坊过程。他先在邻省大量采购了某种特有的石材，然后通过新安江将它们运到歙县。汪勋还聘请石匠在横梁上雕刻了装饰图案。1775 年，也就是乾隆帝颁赐旌表六年之后，这座贞节牌坊终于建成了。[①]

　　汪勋所建的牌坊今天依然矗立在稠墅村外的田野上，而

---

① 根据宫廷档案所记政策法规、方志记载、本人对牌坊的实地考察，以及对徽州当地居民的访谈，我重构了汪勋为其母修建贞节牌坊的历史叙述。关于方氏的传记，见《两淮盐法志》，1806，卷五十一，第 41 页。

通往村子的主路上共有 4 座这样的牌坊（图 0－1）。方氏的牌坊高 11.5 米、宽 9.5 米。四根立柱将牌坊分隔为三间，每间有一顶覆盖。位置最高的中间上面放置了一块石匾额，上面雕刻着精美繁复的龙纹，并镌刻有御笔亲书的"圣旨"二字。无论过去或现在，这座牌坊都能使当地居民回忆起方氏从皇帝那里获得的荣誉。这座牌坊在徽州绝不是独一无二的。徽州位于安徽省东南部偏南，是许多如汪勋这样的盐商的故乡。从 2002 年首次在徽州进行田野调查，我路过、观察、触摸了形制不一、大小各异的石牌坊。然而，看着这些纪念物高耸的立柱和精致的雕刻，我不禁产生了一些疑问：是谁建造了这些贞节牌坊，他们如何以及为何建造这些牌坊，为什么有些牌坊比其他牌坊保存得更好，每座牌坊使用的是哪种石料，花费了多少资金？这些问题看似简单，却往往被人们忽视，也就从未有答案。有趣的是，当牌坊作为一件实物终于得以完成的那一刻，其复杂的制作过程则被湮没在了历史长河中。

对这些问题的探究揭示了 18 世纪徽州盐商在家乡建造牌坊的复杂过程。更重要的是，这些商人为建牌坊投入了大量资金和精力，使得我们有必要认真审视他们所处的独特的历史背景。史料显示，清朝的满洲统治者将公开展示（public display）作为其在全国范围内开展的"教化"工程的一部分。他们推进贞节牌坊的建设，用以在地方社会宣传道德模范的德行。像汪勋这样的徽州盐商通过调度他们所拥有的资源——财富、建筑知识，以及与工匠和船主等与建坊息息相关之人的关系网络——成功立起了这些牌坊，从而参与了帝国教化。商人的财富是其赞助的基础，它本身就是清朝盐

图 0-1　方氏贞节牌坊

说明：方氏贞节牌坊位于徽州歙县稠墅，与其他三座牌坊被立在
进村的主路上。

业专卖政策的产物。因此，对这些牌坊制作过程的考察也揭
示了朝廷与徽州盐商之间动态的关系网络，而这一网络涉及
国家政策与资本流通。贞节牌坊将这一关系通过物的形式表
现出来，而商人建造这些纪念物的行为使这种关系得以实现
和运作。这些牌坊的建设过程和理由鲜为人知，而探索它们
能使我们审视徽州盐商与这些纪念物互动（interact）①　时的
行为和意图，更重要的是使我们能够研究这种互动得以发生
的历史情境。

　　石牌坊只是这些徽州盐商投入了时间和精力的众多物

---

① 我在这里选择"互动"一词是因为它包含了人与物之间可构建的各种关
　系。人们不仅观看和触摸牌坊，并依据其物质特性进行思考和判断。已
　有学者使用"互动"一词来描述人与物之间的关系。例如，历史学家里
　奥拉·奥斯兰德（Leora Auslander）说："历史学家可以从人们每天互动
　的物品以及其他学科阐发的见解中学到很多东西。" Leora Auslander, "Be-
　yond Words," *American Historical Review* 110, no. 4(2005)：1044.

品之一。从为宫廷准备的珍贵玉器到江南豪宅中保存的古代铜印，从精致的印谱到刻有风雅书法的紫檀木板，商人的身边环绕着各式各样的物。无论宏大或微小、昂贵或廉价、华丽或朴素，每件物都有一段隐藏在其生产、购买、交换和展示中的静默的历史。这些商人如何以及为何执着于这些东西；通过考察商人与物之间的关系，我们可以从中了解18世纪中国的什么面向？这本书就是我试图回答这些问题的成果。

将徽州盐商放入18世纪中国的物质世界进行考量揭示了一段不为人知的历史，即商人与其身边之物频繁互动的历史。这种互动表明，在乾隆帝、内务府、朝廷官员和徽州盐商之间出现了一个新颖而至关重要的人际网络。这一网络建立在京城、江南的中心城市，以及徽州的偏远乡村之间。清朝的盐业专卖政策使这一网络的建立成为可能，而这一网络是通过富商生产和消费的各种物的流动形成的。这本书挑战了阶层谈判（status negotiation）的传统研究范式，这一范式将商人的行为单一地阐释为他们通过对文人生活方式的模仿来提高自己的社会阶层。利用与朝廷的关系，徽州盐商发挥了重要的文化、经济和政治媒介的作用。在这一过程中，这些商人既经历又塑造了18世纪中国政治、经济和文化的变革。

盛清时期（1683～1839）的徽州盐商

徽州盐商的崛起是盛清（High Qing）故事中不可或缺的一部分，而盛清时期被称为"盛世"，被认为是清朝统治的巅峰。尽管对于这一时期的年代划分有不同的意见，但学者一致认为盛清时期跨越了 18 世纪，其特点是经济的飞速增长、奢侈品消费的蓬勃发展、人口的爆炸性增长，以及社会流动性的增强。[①] 徽州盐商的财富聚积和地位攀升正是当时历史进程的一部分。这一过程涉及皇权扩张、盐业垄断，以及人口迁移和流动。

1644 年，清军入关。为了从富有的盐商那里获得收入用以支持其军事行动并为新朝启动经济复苏，新兴的清朝迅速重建了在明清易代期间陷入混乱的盐业专卖系统。之后，清朝逐渐发展出了自己的盐业政策。本书第一章将讨论清朝新发展出的盐业专卖制度，它不仅帮助江南盐商在短时间内积累了财富，并且使得其中一些盐商获得了类似官员（quasi-official）的地位，以及随之而来的政治特权。于是，这些江南商人成了乾隆年间最富有的商人群体和清廷的强大盟友之一。

两淮和两浙盐区以扬州和杭州这两座最繁荣的城市为中心。江南商人虽然在这里做盐业生意和居住，但他们当中的大多数人并非出生于这些富庶的城市。他们的家乡是徽州，通过新安江与江南的中心城市相连。徽州多山脉、河流，因此农业鲜少丰产，这导致许多当地人通过与附近的江南城市

---

① 曼素恩（Susan Mann）讨论了"盛清"这个概念。Susan Mann, *Precious Records: Women in China's Long Eighteenth Century*(Stanford, CA: Stanford University Press, 1997), 19 - 20. 曼素恩还追溯了这一术语在学术界使用和讨论的历史。前揭书，第 237 页尾注 1。我遵循曼素恩对这一时期的年代划分法，这一年代划分法来源于 Frederic Wakeman, "High Ch'ing, 1683 - 1839," in *Modern East Asia: Essays in Interpretation*, ed. by James B. Crowley(New York: Harcourt, Brace and World, 1970).

贸易来谋求财富。① 这些盐商大多来自徽州六县②之一的歙县，尤其是该县西部地带——歙西。这些富商从未忘记他们的家乡。他们通过建造住宅、购买土地、资助与宗族相关的建设，以及赞助慈善工程等方式将财富送回徽州。得益于这些商人的投资，偏远的徽州乡村时至今日仍自豪地保留着一系列宏伟建筑，例如汪勋为其母修建的高达 11 米的石牌坊。

这些雄伟的建筑使现代徽州处于一个得天独厚的地位。在中国许多地区，建造于明清时期的建筑基本没有保存下来。诚然，19 世纪和 20 世纪无数动乱和战争摧毁了徽州的村庄。然而，徽州陡峭的山峦使现代工业难以发展，减缓了该地区的现代化进程。高耸的山峦、宁静的河流，其间点缀着大多由富有的盐商捐建的宏伟的建筑古迹——盛清的景观延续至今。这些村庄大多数的村民属于少数几个姓氏，他们各自认同自己的祖先，重修了被毁的族谱，并竭力保持他们的风俗。因此，徽州延续的历史景观和社会环境为历史学者重建历史事件发生和历史人物生活的物质场景（material scene）提供了机会。

这些徽州盐商的生活在许多方面都是独特的。他们是盛清时期最富有的商人群体之一，上缴国家的盐税占了盐业收

---

① 许多学者认为，鉴于徽州的自然环境，经商成了对徽州人来说最佳、最实际的谋生途径。徽州商人买卖各种各样的物品，主要是盐、木材和茶叶。总的来说，学者一致认为徽州盐商从明末开始在盐业中发挥重要作用。范金民：《明代徽州盐商盛于两淮的时间与原因》，《安徽史学》2004 年第 3 期；Guo Qitao, *Ritual Opera and Mercantile Lineage: The Confucian Transformation of Popular Culture in Late Imperial Huizhou* (Stanford, CA: Stanford University Press, 2005), 15 – 19, 50 – 74.

② 清代徽州府由歙县、休宁、绩溪、黟县、祁门、婺源六县组成。

入的一半。① 此外，在 18 世纪，他们也是显眼的商人群体之
一。不仅他们对国家财政收入的贡献得到了正式承认，并且
他们在江南中心城市和徽州乡村参与的社会和文化活动也得
到了广泛认可。与他们同时代的文人创作了许多有关这些徽
州盐商生活的作品，包括族谱、方志、小说和笔记。这些盐
商也凭借其财力，制造、购买、交换和展示了大量能够表达
自身思想和意图的物品（图 0-2）。这些资料，无论是文本还
是实物，不仅是本书必不可少的史料，同时还揭示了这些人
的特权地位。盐商享有无与伦比的财富和社会可见性（visi-
bility），这些前所未有的特权促使历史学者探索是什么样的政治
与社会因素，将盐商推上了这一崭新而显赫的社会政治地位。
换言之，这些徽州盐商的生活和境遇与其他商人并不完全相同，
他们的独特性为那些发生于 18 世纪重要的社会与政治变革提供
了佐证。因此，密切关注这些商人政治和经济角色的独特性，
为我们了解发生于盛清中国更广泛的政治和社会转型提供了一
个窗口。

在物质世界中探索商人文化

　　富裕的徽州盐商受过教育，也能写作。18 世纪，随着印刷
文化的发展和识字率的提高，更多的士人和商人进入了写作的
世界，但这种情况使得包括学者和商人在内的有读写能力的男
性更难通过他们的著作获得认可。此外，相对于与他们同时代

---

① 有关两淮和两浙盐区的盐业总收入的统计数据，见 Yang Jeou-yi, The
Muddle of Salt: The State and Merchants in Late Imperial China, 1644 – 1911
（PhD diss. , Harvard University, 1996），97. 又见陈锋《清代盐政与盐税》，
中州古籍出版社，1988，第 74、171 页。

图 0 - 2　徽州歙县棠樾女祠"清懿堂"的精美门雕

的文人精英，商人留下的文字记录也相对较少。商人的境况使他们很难通过许多传统的途径来进行书面表达。虽然出自商人之手的文字材料并不多，但这并不意味着他们没有自我表达的欲望。恰恰相反，商人可能更渴望表达自我，因为他们未曾通过科举考试，因而在地方社会的地位得不到保障。①

　　与书写不同，商人通过**待物做事**来表达自己。16 世纪以降，徽州商人开始主导江南的盐业，积极参与江南中心城市和徽州家乡的社会文化事务。与他们相对低调或是评价褒贬不一的写作相比，徽州盐商的各种行为受到了更广泛的关注，尤其是与物的各种互动。各种各样的社会群体就徽州盐

---

①　正如学者所指出的那样，商人利用各种资源"在科举、入仕和儒家学问等获国家认可的途径之外开辟了新的活动空间"。Joseph W. Esherick and Mary Backus Rankin, "Introduction," in *Chinese Local Elites and Patterns of Dominance*, eds. by Joseph W. Esherick and Mary Backus Rankin (Berkeley: University of California Press, 1990) , 9.

商待物做事的方式产出了丰富的文字描述。

乾隆帝曾多次评论扬州的徽州盐商为南巡所做的准备工作。例如，他曾经抱怨："商人饮水为飞瀑，激为趵突高尺余……颇失天真。"[①] 但在其他一些场合，他似乎又很享受商人所做的准备工作。他曾作诗赞美商人为接待他驻跸而设计的精美花园和这些商人使用或展示的精致物品。例如，他在参观徽州盐商汪玉枢的花园时赞叹："错置九峰出古情。"[②] 有意思的是，乾隆帝时而吹捧、时而不屑的评论都是针对商人的行为，尤其是商人备办之物。

同时，江南的士大夫经常将商人，尤其是富有的徽州盐商，描绘成痴迷昂贵陈设和华服奢物之人。例如，描写 18 世纪扬州社会生活的著名笔记《扬州画舫录》就生动地记述了盐商的生活。以下段落是最常见的对盐商刻板印象的描述之一。

> 或好马，蓄马数百，每马日费数十金，朝自内出城，暮自城外入，五花灿著，观者目眩。或好兰，自门以至于内室，置兰殆遍。或以木作裸体妇人，动以机关，置诸斋阁，往往座客为之惊避。[③]

---

① 引自 Michael G. Chang, *A Court on Horseback: Imperial Touring and the Construction of Qing Rule, 1680 – 1785* (Cambridge, MA: Harvard University Press, 2007), 244.

② 李斗：《扬州画舫录》，汪北平、涂雨公点校，中华书局，2004，第 166 页。汪玉枢之子汪长馨曾担任总商。更多关于汪氏家族的资料，参见明光《从葭湄园到九峰园——扬州盐商诗人汪玉枢父子考略》，《扬州大学学报》2010 年第 4 期。更多关于乾隆帝评论盐商园林的例子，见李斗《扬州画舫录》，第 268 页。

③ 李斗：《扬州画舫录》，第 148 页。

毫无疑问，作者对这些新贵奢侈的生活方式持批评态度。①
然而，这一明显的负面描述也暗示作者对商人能够如此奢侈
的能力怀有一种带着忌妒的钦佩。

最后，在徽州乡村，许多商人在地方志或族谱上留下了
自己的印记，这些材料记载了他们赞助过的公共或私人建
筑。通过田野调查，我发现即使在今天，当地村民依然记得
他们富裕的祖先，而这种记忆的载体大多是那些商人建造的
实物。例如，著名的黄氏商人家族的历史被记载在歙县本地
学者许承尧的书中。② 这些商人在他们的家乡谭渡被铭记，
因为他们建造了一座今天仍在使用的石桥。③ 换句话说，人
们的记忆是依附在物件上的，即使记忆的内容往往以文字的
形式流传下来。无论这些记录和记忆的来源是什么，徽州盐
商是通过**实物**被人们看到的。

除了关于商人生活的文字表述，相关资料还揭示了一个充
满动态的世界。在这个世界中，商人时刻在与各种物和昂贵的
材料打交道。清宫奏折记载了总督前往苏州市场购买昂贵的紫
檀木，并督促能工巧匠为乾隆帝打造精美的家具。在杭州城内，
我们看到盐商汪启淑收集了大量印章，将它们存放在其书斋中，
分门别类、仔细拓印，并且将其印谱广为传播。与此同时，在

① Ho, "The Salt Merchants, "155.

② 许承尧：《歙事闲谭》，李明回等校点，黄山书社，2001，第 830~
831 页。

③ 2002 年 5 月，我从当地村民黄亚仙处初次听闻黄家四位富有盐商为其母
修建"三元"石桥的故事。因其雄厚的经济实力和在村子里的特权地
位，黄亚仙将这四位盐商称为"四大元宝"。后来我发现李斗在其书中
也称这四位商人为"四大元宝"。李斗：《扬州画舫录》，第 290 页。

他们的家乡徽州，那座石牌坊低声诉说着盐商汪勋的生平事迹。

　　总而言之，18 世纪徽州盐商制作、收藏、交换、展示之物种类繁多。其中一些物的历史被记录在文献中，而其他的则通过物自身的存在，其物质性（materiality）和物理特征留下痕迹。无论这些物留下了什么样的信息，它们都使得历史学者能够考察盐商与特定实物之间的相互作用。通过这个新的视角，我们可以探索盐商的活动和目的。因此，这些物为历史学者提供了宝贵的研究资源。事实上，对实物进行周密分析对于研究 18 世纪的商人文化必不可少。

用物讲述历史

　　近 30 年来，关于物质文化的研究发展迅速。正如一些学者所定义的那样，物质文化研究的目的是理解和探索"人们的生活是如何通过、经由、围绕、不顾、追求、否定和因为物质世界而开展的"。[①] 物质文化的概念由两部分组成——"物"和"它们对人的意义"。[②] 每个物品的意义都来自物与人之间积极的互动。人类主体（human agents）使用物——他们可以观看、感知、占有和交换的东西——来交流想法、构建关系和表达自我。通过这些人与物的互动，个体的人对一个特定社会所共同持有的深奥价值观和思想做出回应并与

---

① Ann Smart Martin, "Material Things and Cultural Meanings: Notes on the Study of Early American Material Culture," *William and Mary Quarterly*, 3rd series, 53, no. 1(1996) : 5.

② Anne Gerritsen and Giorgio Riello, "Introduction: Writing Material Culture History," in *Writing Material Culture History*, eds. by Anne Gerritsen and Giorgio Riello(London: Bloomsbury, 2015) , 2.

之协商，进而塑造和创造意义。① 因此，物并不仅仅反映文化，而是"创造它（即文化）的手段"。②

当物因种种原因流动时，内嵌于物中和由物创造的意义会发生变化。的确，物不是静态的。正如阿尔君·阿帕杜莱（Arjun Appadurai）在其极具影响力的关于物的社会生活的文章中所指出的那样，物的意义"铭刻在它们的形式、用途和轨迹中"。通过"对这些轨迹的分析"，学者"能够解释那些让物活起来的人类的交易和计算"。在此种语境下，"从

---

① 安·斯玛特·马丁（Ann Smart Martin）将物定义为"嫁接在可以观看、触摸和占有的东西有关个人、社会和文化意义的复杂集合体"。她认为，物"象征和传达无形的想法，建立关系，并提供愉悦"。Ann Smart Martin, *Buying into the World of Goods: Early Consumers in Backcountry Virginia*(Baltimore, MD: Johns Hopkins University Press, 2008), 9. 考古学家伊恩·霍德（Ian Hodder）也反对物质文化仅反映文化的观点。霍德认为，物质文化"内嵌于文化中"，"它具有象征性，并且是积极性、具有交流性的"。有关霍德论点的摘要，请参见 Ann Smart Martin and J. Ritchie Garrison, "Shaping the Field: The Multidisciplinary Perspectives of Material Culture, "in *American Material Culture: The Shape of the Field*, eds. by Ann Smart Martin and J. Ritchie Garrison(Knoxville: University of Tennessee Press, 1997), 14 – 15.

② Martin, *Buying into the World*, 9. 一些学者将人造物视为"文化的反映"。他们有一个共同的基本前提，即人造物具有与生俱来的附加价值，并且该价值反映了制造或使用这些物的个人的文化信仰。因此，通过研究物质生产过程，学者可以"发现一段特定时间内一个特定社群或社会的信仰，即价值观、思想、态度和假设"。Jules David Prown, "The Truth of Material Culture: History or Fiction?"in *History from Things: Essays on Material Culture*, eds. by Steven Lubar and W. David Kingery(Washington, DC: Smithsonian Institution Press, 1993), 1. 又见 Jules David Prown, "Mind in Matter: An Introduction to Material Culture Theory and Method, "*Winterthur Portfolio* 17, no. 1(1982): 1 – 19. 关于物与文化的关系以及物质文化研究发展的观点总结，见 John Kieschnick, *The Impact of Buddhism on Chinese Material Culture*(Princeton, NJ: Princeton University Press, 2003), 15 – 19.

理论的角度来看，人类行为为物打上意义的编码"，并且
"从**方法论**的角度来看，正是运动中的物让我们了解与物互
动的人类及他们所处的社会背景"。① 最近的学术成果通过
强调人们对物的依赖进一步发展了这个理论框架。这些学
者不甘于停留在描述某件物品"具有文化意义的经济传
记"（culturally informed economic biography），即关注某件
商品在经济领域不断变化的状态，而是强调人与特定物品
之间的相互作用。② 正如人类学家珍妮特·霍斯金斯
（Janet Hoskins）所提出的："物可以说在经历了从礼物到
商品，再到不可剥夺的财产的一系列转变过程中拥有了
'传记'，人们也可以说是将自己传记的各个方面投到了物
之中。"③ 同样，专研中国文学的蔡九迪（Judith Zeitlin）
跟随乐器小忽雷的轨迹，探索"乐器及其拥有者相互交织
的社会和文化生活"。④

　　长期从事文本分析的历史学者也已将实物作为另一种史

---

① Arjun Appadurai, "Introduction: Commodities and the Politics of Value, " in
The Social Life of Things: Commodities in Cultural Perspective, ed. by Arjun
Appadurai(Cambridge: Cambridge University Press, 1986) , 5. 加粗文字引文
如此。

② 伊戈尔·科皮托夫（Igor Kopytoff）提出了物"具有文化意义的经济传
记"的概念。他认为物的文化地位如何随着物与市场之间关系的变化
而变化。Igor Kopytoff, "The Cultural Biography of Things: Commoditization
as Process, " in *The Social Life of Things*, 64 – 91. 对于科皮托夫对物的社
会生活研究的批评，见 Janet Hoskins, "Agency, Biography and Objects, " in
Handbook of Material Culture, eds. by Chris Tilley, et al. (London: Sage,
2006) , 74 – 84; Judith Zeitlin, "The Cultural Biography of a Musical Instru-
ment: Little Hulei as Sounding Object, Antique, Prop, and Relic, " *Harvard
Journal of Asiatic Studies* 69, no. 2(2009) : 395 – 396.

③ Hoskins, "Agency, "74.

④ Zeitlin, "The Cultural Biography, "396.

料和新的研究主题，并认为："物本身不是历史的简易道具，而是人们用以塑造生活的工具。"[1] 换句话说，历史人物不仅与物生活在一起，还使用它们来实现目标，并影响他们所处的社会。通过把个人与物的互动置于特定的历史背景，历史学者可以描绘内嵌于物，并以物为媒介而表达的意义，从而考察与物互动的人的意图及其行为动机，并进一步探索其所处的社会背景。[2]

本书研究徽州盐商与许多物之间的动态互动。我研究了这些东西的物理特性，包括其大小、重量、材质，以及它们生产和流通的生命史。与此同时，包括上谕和奏折、方志和族谱、文人的散文和诗歌、目录和图解在内的多种文字史料，使我们能够将与商人产生互动的物置于具体的历史语境。这些文本还丰富了我们对徽州盐商的经历以及对他们所处的历史语境的理解。因此，基于物质和文字两种材料，我们可以调查特定物品的物质性和生命史，进而描绘这些物体所承载的象征意义和文化意义，以及由其产生的社交网络和连接起来的个人。

考察物是如何被选择、生产、交换和展示的"生命史"，

---

① 有关物质文化和历史研究的最新研究摘要，请参见 Gerritsen and Riello, "Introduction,"in *Writing Material Culture History*, 2. 一些历史学家甚至更进一步，认为"物不仅是历史的产物，它们也是历史的积极推动者"。Auslander, "Beyond Words,"1017. 乔迅（Jonathan Hay）认为奢侈品甚至"以物质的形式与我们一起思考"以创造愉悦感，进而起到装饰品的作用。Jonathan Hay, *Sensuous Surfaces: The Decorative Object in Early Modern China*(Honolulu: University of Hawai'i Press, 2010), 13, 61 – 89.

② 伊恩·霍德提出的从背景切入（contextual approach）的方法或许会对历史学家研究物有所裨益。Martin and Garrison, "Shaping the Field,"14 – 15.

让我们能够发现商人的意图和策略。追溯某个物体的生命史就像剥洋葱一样：层层递进，意义不断展现。对贞节牌坊建造过程的探索就是一个很好的例子。通过考察石材的物质性，我发现大部分清代徽州的牌坊是用一种叫作"茶园青"的石料制成的。这一发现让我追溯茶园青的来源，发现这种石头只能在徽州之外的山区寻得。这一发现促使我考察开采和运输石料的过程，最终使我能够估算该工程所需的资金。所有这些信息都与牌坊建造者所选择的具体石料类型息息相关，并为我考察商人如何建造这些纪念物及商人希望通过这些物品展示什么提供了基础。

这些物不仅见证了徽州盐商广泛的经历和活动，也使纠缠不清甚至隐秘的社会关系变得清晰可见。例如，通过对鲍氏商人在其家乡棠樾资助建造的祠堂和石碑的物质性进行详细分析，本书揭示了这些富人一个意想不到的目的：他们对宗族的资助并不仅仅是对其道德行为的展示；相反，他们巧妙地利用了这些慈善工程来建立和加强与朝廷官员的社交网络。

在将商人与物的互动置于分析的中心的同时，我还将它们置于盛清中国的特定背景，因为这些物正是在这一背景下才得以生产和使用的。一件扬州制造并最终在宫中被乾隆帝使用的精致紫檀木家具，记录了徽州盐商如何协助盐政在江南置物从而满足乾隆帝对江南制造之物的喜爱。一座颂扬盐商之家节妇品德的石牌坊则不断向徽州村民展示清廷所推崇的儒家道德中的忠贞之德。把这些物置于其历史语境中会让我们可以"读懂"其中蕴含的特定的政治、文化和经济意义，从而探索和理解这些徽州盐商生活的社会环境。

重新思考地位谈判的范式

通过仔细审视商人与物之间的互动，我们可以揭示 18 世纪徽州盐商的动机和意图。对这些维度的探索迫使人们重新思考对中国帝制晚期商人活动的传统理解。

明清时期商人的崛起及他们的向上流动受到了学术界的广泛关注。儒家思想将商人排在"四业"（士、农、工、商）之末，因为在这一正统思想体系看来，商人不务本，而是从他人的劳动中获利。此外，与通过科举的士人不同，商人无法通过学术成就获得更高的社会地位。于是，商人利用科举制度、宗族组织和出版文化努力争取自己的社会地位，提高社会阶层。在此背景下，士与商的社会分类开始变得模糊。①

主流学术观点将商人群体描述为一个渴望进入文人官僚精英或士大夫阶层的群体。这种描述从一个方面解释了士商之间至关重要且紧张的关系。然而，这种观点主要是基于士人描述、议论商人的文字。最具代表性的例子之一是著名的赏鉴书《长物志》中的内容。该书由文震亨所著，他是明末出身苏州书香世家的著名文人。柯律格（Craig Clunas）优雅地论述道：《长物志》一书"断言作为物质消费者的人之间存在差异"；该书作者旨在通过对特定事物的消费，来对身处于"等级结构"社会中的人进行分类。② 文震亨的好友沈春泽在为《长物

---

① 有关清代社会阶层流动性的详细讨论，见 Ho Ping-ti, *The Ladder of Success in Imperial China: Aspects of Social Mobility, 1368 – 1911*(New York: Columbia University Press, 1962) , 53 – 86.

② Craig Clunas, *Superfluous Things: Material Culture and Social Status in Early Modern China*(Urbana: University of Illinois Press, 1991) , 73.

志》所作的序中证实了这一宗旨。

> 近来富贵家儿与一二庸奴、钝汉，沾沾以好事自
> 命，每经赏鉴，出口便俗，入手便粗，纵极其摩挲护持
> 之情状，其污辱弥甚，遂使真韵、真才、真情之士，相
> 戒不谈风雅。嘻，亦过矣！

沈氏称，"富贵家儿"为了模仿士人生活而消费文人精英使用的物品。此处，沈春泽显然不屑于这些有钱人对赏鉴的尝试，尖锐地批评了他们庸俗的品味。然而，这种对商人奢侈品消费的负面描述只是文人精英的看法。正如柯律格所指出的那样，《长物志》及其复制和修改的文本共同构成了"一种关于……文人精英如何看待（社会）的话语"。① 换句话说，在这一历史叙述中，所缺失的正是商人自己的声音和看法。

盛清时期，一些文人继续把商人描绘成一群渴望成为文人精英的人。据这些文人所述，扬州盐商"辄喜招揽名流以抬身价"。正如张勉治（Michael Chang）所论述，这种对商人的描述是"在一个以变化和流动的社会界限和日益激烈的社会竞争为标志的时代"的士人努力保持他们作为文人的特权阶层的结果。② 出于同样的原因，对富商奢

----

① Clunas, *Superfluous Things*, 73.

② 历史学者认为，清朝确实存在过商人与士绅混淆的情况，但并不完全混淆。在这种情况下，一些文人"准确地表达了真正的'士大夫'和只是有着金钱的社会攀爬者间的社会区别"。张勉治就此问题做了很好的总结，见 Michael Chang, *A Court on Horseback*, 245 – 250. （引文翻译来自该书中译本，张勉治：《马背上的朝廷：巡幸与清朝统治的建构（1680 ~ 1785）》，董建中译，江苏人民出版社，2019，第 191 页。——译者注）

侈品消费品味的排斥持续存在。正如前文所引的《扬州画舫录》中的一段话，有些士人已经意识到了商人消费奢侈物品的超群财力。像沈春泽一样，这些士人嘲笑使用这些奢侈品的商人，称他们浪费而粗俗。① 但是，这一描述正揭示了盛清士人对日渐模糊的士商界限感到焦虑与忧心。②

　　士商阶层谈判的研究范式建立在社会地位的先决概念之上。这种范式假定了两个具有明确定义的社会分类——士人和商人，并且前者享有高于后者的社会阶层。然而，社会阶层在盛清时期是一个相当流动的概念。包括政治特权、经济条件和社交网络在内的各种社会因素为男性提供了更多的机会来证明自己，而非仅限于通过科举进入仕途，或成为谈经论道的权威。虽然一些文人精英仍强调，并在一定程度上试图通过他们的著作重新建立这种静态和等级化的关系，但是商业精英即使在消费士人所使用的物品时，也可能通过消费此物而从其他资源中获得社会认可，因此其目的并非模仿文人精英的消费习惯。这种二元范式只专注于社会阶层谈判问题，而过度简化了商人在政治、经济和文化领域实际生活的复杂性。因此，这一范式忽略了商人在士商竞争的领域之外可以证明、理解和愉悦自己的可能性。

---

① 关于盐商奢侈生活的其他描述，见李斗《扬州画舫录》，第 148～150 页。正如徐澄琪（Ginger Cheng-chi Hsü）所言："这段话经常被用作中国商人炫耀性消费的典型例子。"Ginger Cheng-chi Hsü, *A Bushel of Pearls: Painting for Sale in Eighteenth-Century Yangchow*(Stanford, CA: Stanford University Press, 2001), 14 – 15.

② 张勉治还提出，乾隆帝将商人描述为"习于奢靡"来达到自己的政治意图，其中包括获得文人精英的认同。Chang, *A Court on Horseback*, 245 – 246.

　　鉴于这些问题，我们必须重新考虑研究盛清时期商人的分析框架，将商业家族实际做过的事情纳入考察范围。一些学者已经开始描述中国帝制晚期商业家族的复杂图景。例如，当科举竞争变得更加激烈时，商业家族为了维持家族的繁荣和地位制定了不同的策略。安排一个儿子做生意被认为是与安排一个儿子学习应试同等重要的事情。正如曼索恩所讨论的，山东省的李家选择了他们最聪明的儿子留在家里，负责管理家族的投资。① 这里我们看到，当历史学者关注商人实际所做之事，仅仅将其阐释为商人意图进入文人精英阶层并不足以解释他们的目的和策略。我的论点并不是要否认士商之间的紧张关系。相反，我的观点是，虽然成为士人可能是商人的一个重要目标，但这绝不是他们生活中唯一甚至主要的关注点。我们应该在特定的历史背景下探索商人的目标和动机，并将其置于与其他社会群体的特定关系中进行考察。正如本书所要展示的，徽州盐商应该被置于盛清时期的政治环境中，尤其是他们与朝廷的关系中进行考察。

清廷与商人的新关系网络

　　18 世纪，徽州盐商与乾隆帝及其臣仆建立了广泛而密切的联系。这一网络是清帝江南族群政策的产物，同时让这些商人在盛清时期获得了前所未有的特权。

　　在过去的 30 年里，一些清史学者挑战了仅强调满人统治中汉化（sinicization）或同化（assimilation）的旧范式，这些旧范

---

① Susan Mann, *Local Merchants and the Chinese Bureaucracy, 1750 – 1950* (Stanford, CA: Stanford University Press, 1987), 70 – 93.

式认为清朝完全采用了汉人的政策和文化。这些学者开始专注于满人政策的内亚传统，将清朝理解为一个多族群和多文化的帝国。① 正如历史学者所提出的那样，清朝统治者将汉文化作为一个部分纳入其普世君权模型（a model of universal rulership），尽管它是一个很重要的部分，但其自身的内亚根基也参与了这一模型的塑造。无论清统治者对中华文明的认同有多深，他们仍保持其独特的族群身份和文化认同。② 以往的学术研究已经通过探索满人统治者对非汉人地区的行政管理和对非汉人口的政策，证明了清廷对这些政治策略的运用，及其对自我身份的构建。

那么满人统治者在汉人当中的统治权力发生了什么变化，尤其是在江南这一汉文化的摇篮和明朝的经济中心？毫无疑问，朝廷采用了明朝的政治策略来拉拢汉人中的文人精英，包括利用儒家思想、实行科举考试制度，以及招募汉人学者进入官僚机构。然而，盛清江南的政局与明朝截然不

① 比如：Evelyn S. Rawski, "Reenvisioning the Qing: The Significance of the Qing Period in Chinese History," *Journal of Asian Studies* 55, no. 4 (1996): 829 – 850; Pamela Crossley, *A Translucent Mirror: History and Identity in Qing Imperial Ideology* (Berkeley: University of California Press, 1999); Mark C. Elliott, *The Manchu Way: The Eight Banners and Ethnic Identity in Late Imperial China* (Stanford, CA: Stanford University Press, 2001); Joanna Waley-Cohen, "The New Qing History," *Radical History Review* 88 (2004): 193 – 206.

② 柯娇燕（Pamela Crossley）认为，"在清朝构建的那种普世主义的秩序中"，"满"和"汉"的标签是没有意义的。然而，她同意"该体制的一些部分来自产生于东北的汗的统治方式（khanship）。它们幸存了下来，并因其本来面貌而受到重视"。因此，她声称："作为普世主义者，18世纪的清朝统治者——尤其是乾隆帝——很清楚其秩序的多元来源，并在表达它们上一丝不苟。" Pamela Crossley, "The Rulerships of China," *American Historical Review* 97, no. 5 (1992): 1483.

同。正如孔飞力（Philip Kuhn）所展示的那样，即使是在最繁荣的乾隆时期，江南汉人的焦虑仍然存在。这些骚动或多或少与满人皇帝严厉的族群政策有关。[1]

在此背景下，清朝皇帝为了将权力投射到江南而发展出了自己独特的政治策略。史景迁（Jonathan Spence）在分析康熙帝与其包衣曹寅之间耐人寻味的关系时，展示了清朝政权巩固时期皇帝如何通过任命他的亲信为巡盐御史督办两淮地区的盐业，从而监视江南。[2] 通过关注皇帝的南巡，张勉治展示了康熙帝和乾隆帝在江南复兴御驾巡幸的传统，"为的是伸张和扩大清的民族—王朝统治（ethno-dynastic rule）"。[3]

江南盐业专卖制度的变迁也是清初族群政策的产物。清初，皇帝对其臣民的忠诚和道德操守持怀疑态度，尤其是江南的民众。[4] 此外，清统治者依赖盐商的税收以保障其军事胜利和领土扩张。[5] 于是自康熙以后，清廷为了解决这些问题，对从晚明继承而来的盐业专卖制度进行了两项重大改革：任命皇帝的旗人（特别是包衣）为盐政，以及设立总商职位以收编富裕的盐商为朝廷管理盐业。这两项改革使皇帝可以将他们的贴身仆从派到江南，同时便利了统治者，特别是乾隆帝从利润

---

[1] Philip Kuhn, *Soulstealers: The Chinese Sorcery Scare of 1768*(Cambridge, MA: Harvard University Press, 1990), 1 - 72, particularly 49 - 72.

[2] Jonathan Spence, *Ts'aoYin and the K'ang-hsi Emperor: Bondservant and Master* (New Haven, CT: Yale University Press, 1988), 166 - 212.

[3] Chang, *A Court on Horseback*, 27. （引文的中文翻译摘自张勉治《马背上的朝廷：巡幸与清朝统治的建构（1680～1785）》，第 22 页。——译者注）

[4] Kuhn, *Soulstealers*, 51 - 59.

[5] Alexander Woodside, "The Ch'ien-lung Reign," in *The Cambridge History of China*, vol. 9, ed. by John K. Fairbank (Cambridge: Cambridge University Press, 1986), 272 - 273.

丰厚的盐业中获得巨额财富。①

　　这些新的江南盐业专卖政策使得徽州盐商在乾隆年间迅速崛起。这些商人不仅积累了财富，还获得了他们在明朝无法获得的政治特权。更重要的是，制度变迁创造了一种全新的、动态的帝商关系。乾隆帝及其亲信和徽州盐商都在盐业专卖体制内建立起了人脉。皇帝任命亲信为盐政，督办盐业专卖事务，以及满足他的具体要求；而徽州盐商则通过在这两方面帮助皇帝的包衣，与他们建立了私人联系。因此，我们可以把清朝的盐业专卖制度比作一个棚架：虽然清帝及其官员表面上通过正式的官僚机构来行使他们的权力，但复杂的人际网络在体制内如藤蔓一般生长，这使得清廷和江南盐商二者能够进行沟通合作，从而达到自己的目的。

　　已有学者关注了清廷与商人之间的关系。② 何炳棣在他

---

① 赖惠敏详细论述了乾隆帝及其内务府如何从江南盐商那里获取经济利益，有时乾隆帝甚至拿走了本应上缴国库的钱。赖惠敏：《清乾隆朝的盐商与皇室财政》，《明清档案与历史研究国际学术研讨会论文集》，新华出版社，2008。陶博（Preston Torbert）也曾提及盐商与内务府之间的经济关系。Preston Torbert, *The Ch'ing Imperial Household Department: A Study of Its Organization and Principal Functions, 1662 – 1796*(Cambridge, MA: Harvard University Press, 1977), 103 – 110.

② Joseph Fletcher, "On Future Trends in Ch'ing Studies—Three Views, "*Ch'ing-shih wen-t'i* 4, no. 1(1979): 105. 傅礼初（Joseph Fletcher）已问过以下问题："除了皇帝的仆从（太监、包衣、旗人、士大夫），皇帝靠谁来支持中央政府的利益，以对抗地方士绅的利益？……朝廷在多大程度上与商人和其他非官僚体系人员进行了未公开承认的接触？"学者还认为，盐业专卖制度提供了一种富有的江南盐商可以与官府相互合作的机制。Thomas A. Metzger, "The Organizational Capabilities of the Ch'ing State in the Field of Commerce: The Liang-Huai Salt Monopoly, 1740 – 1840, "in *Economic Organization in Chinese Society*, ed. by William E. Will-mott(Stanford, CA: Stanford University Press, 1972), 9 – 45.

对扬州盐商的经典研究中注意到了乾隆帝与一位富有的盐商
江春之间的关系。[1] 在对乾隆帝的精辟分析中,吴才德(Al-
exander Woodside)描述了这位"爱商"(merchant loving)
的皇帝不仅在游历长江下游地区时到访盐商之家,还保护了
商人的特权。[2] 安东篱(Antonia Finnane)指出,清廷通过
科举和南巡的方式,与扬州盐商保持着密切的关系。[3] 在考
察 18 世纪的扬州为了南巡所做的建设和改造时,梅尔清
(Tobie Meyer-Fong)展示了乾隆帝如何将他的影响和皇权渗
透到扬州的景观,以及如何通过这些景观工程拉紧了扬州这
一江南中心城市与京师之间的关系,而资助和管理这些工程
的盐商在这种关系中起到了媒介作用。[4] 通过进一步关注乾
隆帝的南巡,张勉治认为,乾隆帝利用盐商来平衡士大夫的
社会力量,企图同时鼓励并控制商人精英的崛起。[5] 这些研
究成果指出了朝廷与江南盐商之间新的联系,展示了清帝
如何利用这些富人来实现朝廷的经济与政治意图,但没有
详细研究这些关系究竟是如何运作和构建的。商人和朝廷
是通过哪些渠道(例如,是通过机构还是个人、物质还是
文本)联系起来的?此外,以往的研究主要从朝廷的角度
来探讨这种关系,但这个视角在一定程度上忽略了商人的

---

[1] Ho, "The Salt Merchants, "159 – 161.

[2] Woodside, "The Ch'ien-lung Reign, "239 – 241, 272 – 273. 吴才德认为, 国
家的经济状况从根本上决定了盐商与皇帝之间的关系。"爱商"一词
出现在该书第 267 页。

[3] Antonia Finnane, *Speaking of Yangzhou: A Chinese City, 1550 – 1850* (Cam-
bridge, MA: Harvard University Asia Center, 2004) , 118 – 127.

[4] Tobie Meyer-Fong, *Building Culture in Early Qing Yangzhou* (Stanford, CA:
Stanford University Press, 2003) , 165 – 195.

[5] Chang, *A Court on Horseback*, 219 – 259.

角色，压制了他们的声音。商人在他们与乾隆帝及其包衣和官员的关系中扮演了什么角色，商人通过这种关系得到了什么好处？换言之，我们尚不能清楚地回答这些商人是如何以及为何建立并维护与朝廷的关系网络的。

本书从徽州盐商的角度探讨这些富商如何使用各种物来促进和加强他们与乾隆朝廷的关系。本书中的"朝廷"是指乾隆帝、内务府包衣和朝廷官员。虽然包衣和官员通常听从乾隆帝的命令，但也有证据表明，他们在某些情况下违背了乾隆帝的意愿。换言之，"朝廷"是由具有不同意志的成员组成的。尽管如此，徽州盐商与这些参与者建立了直接或间接的关系，同时扩大了自己在地方社会的影响力。他们与乾隆帝的包衣，甚至某些时候与乾隆帝本人密切合作，生产和采购精美的陈设供宫廷使用。同时，他们影响了江南奢侈品消费的品味与风格。他们还花费了巨大的财富和精力资助徽州的族谱修纂和祠堂建设，以扩大与朝廷官员的关系网，并促进了徽州的奢侈品消费。此外，他们还经过复杂的过程修建贞节牌坊，以参与朝廷在其家乡的教化工程，在当地宣扬朝廷推崇的道德模范。因此，徽州盐商利用他们与朝廷的联系，广泛地拓展了他们的影响力和关系网络。从结果来看，他们影响了国家政策、道德、品味和消费。

这种重要的朝廷与商人之间的关系启发了我们对满人统治者在明朝文化和经济中心地带的新战略及其政治影响的理解。这些由商人采购或制造的各式物，包括精美的陈设、宝贵的艺术品、珍稀的书籍和贞节牌坊，展示了徽州盐商的财富、广泛的社交网络、杰出的管理能力及高雅的品味。正是这些要素使他们成了为朝廷服务的完美人选。满人统治者不仅将徽州盐商纳入盐业管理，还有意无意地邀请这些富商参与了各种帝国工程，例如乾隆帝的大量宫廷收藏和道德教化运动。通过这种朝廷与商人的关系，乾隆帝克服了官僚体制的缺陷，加强了自己的控制力，扩大了朝廷在江南中心城市和徽州偏远乡村的统治权力。

盛清时期商人文化的转变

分析徽州盐商与乾隆朝廷之间的关系为我们审视商人在盛清时期的地位变化提供了一个新的视角。这个问题已经引起了历史学者的兴趣。已有的学术研究认为，从明末到盛清的政治和经济变化使文人对财富和贸易抱有更加欢迎的态度。本书超越了这一论述，提出在这个时期出现了一种全新的朝廷与商人之间的关系。为此，本书研究了清廷直接或间接重构社会秩序的方式，以及随之发生的商人社会地位的变化。[1]

从 16 世纪末到 18 世纪，越来越多的精英出于各种原因在入仕为官之外另谋生路。由于对百弊丛生的朝臣生活和由宦官把持的腐败政治感到失望，明末精英远离官僚体制，将精力投入造福地方的活动。满人的征服进一步推动了这一进程。正如韩德林（Joanna Handlin Smith）所说，发生在明清交替之际的战争和随后的清统治"动摇了文人为国家服务的忠诚，并促使忠于明朝的学者放弃官场，转向其他类型的生计"。在这种情况下，"许多文人质疑他们所处的政治和经济体制，以

---

① 梅尔清指出了理解商人在清朝新政权中不断变化的地位的重要性。Tobie Meyer-Fong, "Review of *A Bushel of Pearls: Painting for Sale in Eighteenth-Century Yangchow*," *Harvard Journal of Asiatic Studies* 62, no. 2 (2002): 466.

及与之相关的价值观"。① 不断增长的人口与有限的官职之间日益加剧的矛盾迫使许多精英寻找入仕以外的职业，这种趋势在盛清时期进一步延续。

与此同时，货币体系的变化改变了人们对财富和社会等级制度的态度。正如万志英（Richard von Glahn）在他对财神历史的经典分析中所述，盛清时期的商业经济表现出成熟稳定的特征，因此"与明末深陷繁荣与萧条之间的快速波动形成鲜明对比"。② 在这种背景下，财神的形象从以凶残力量为特征的邪恶之神转变为良善之神，并在 18 世纪成为"公共和家庭美德的完美体现"。当财神"使赞助其崇拜的商人所享有的财富正当化"时，人们对财富的态度便从焦虑变为享受。③ 实际上，惨烈的明清易代战争之后的经济复苏激发了 18 世纪的商业革命，使得更多人能够参与贸易。到了清中叶，更多的文人精英家族开始涉足商业活动。④

---

① Joanna Handlin Smith, "Social Hierarchy and Merchant Philanthropy as Perceived in Several Late-Ming and Early-Qing Texts," *Journal of the Economic and Social History of the Orient* 41, no. 3(1998)：423. 余英时也指出明清王朝更替战争迫使更多精英从商。余英时：《中国近世宗教伦理与商人精神》，安徽教育出版社，2001，第 208～209 页。

② Richard von Glahn, "The Enchantment of Wealth: The God Wutong in the Social History of Jiangnan," *Harvard Journal of Asiatic Studies* 51, no. 2(1991)：714.

③ 正如万志英所言，经济的快速增长往往带来货币的不稳定性和尚未与之匹配的社会机制，这些因素导致明末的江南经济"强劲，但波动也很大"。相反，在 18 世纪，云南铜矿的开采有助于建立"货币的可靠性和价格的稳定性"。行会和慈善机构的发展也为日益壮大的市场体系提供了必要的支持。Richard von Glahn, "The Enchantment of Wealth," 712 - 714.

④ Mary Backus Rankin and Joseph W. Esherick, "Concluding Remarks,"in *Chinese Local Elites and Patterns of Dominance*, 331.

　　这些变化共同导致了文人与商人之间关系的转变。正如冉玫烁（Mary Rankin）和周锡瑞（Joseph Esherick）所言，从明末到清中叶，"文人对商业活动的蔑视最终变得更像是形式上的，而非真实的"。明朝末年商人阶层与文人精英之间的界限开始变得模糊。冉玫烁和周锡瑞则进一步指出："到18世纪末，商人和士绅精英阶层的社会、文化融合很大程度上是在商业化的区域形成的。"①

　　这种社会重构为商人提供了一个更加灵活和流动的空间，使他们的商业背景能够得到社会认同。18世纪的地方史和私人文献对商人的描述开始呈现不同的特征。明朝关于商人的文字记载往往不提及他们的经商经历，有时甚至完全忽略他们的商业背景。与前人不同，清朝商人更愿意亲自或被他人指出他们从事的商业活动。例如，在清初关于商人慈善活动的记载中，这些商人的身份比起明末商人来说更加明显。②

　　除了政治和经济上的变化，18世纪新的盐业专卖制度也为盐商拓展了获取自身利益的新空间。当徽州盐商与他们最强大的赞助人乾隆帝及清廷建立物质和个人联系时，这种联系提供了一种崭新而强大的资源，使商人可以利用它来获取正当性和社会认可。这些商人在盐业专卖制度中的角色使他们在士人的著作中留下了身影。为徽州盐商撰写的传记往往明确指出他们的商人身份（即"商"或"贾"），并特别指出他们协助朝廷官员管理江南盐业的事迹。商人参与的帝国工

---

① Rankin and Esherick, "Concluding Remarks," 331. 余英时论述了16~18世纪精英阶层对商人态度的转变。余英时：《中国近世宗教伦理与商人精神》，第191~217页。

② Smith, "Social Hierarchy," 420-426.

程也为他们获得了朝廷的嘉奖，赢得了文人的赞誉。例如，居住在杭州的著名藏书家、徽州盐商汪启淑，由于他对清朝最大规模的皇家藏书工程《四库全书》的贡献，与主编此书的朝廷高官纪昀建立了私人关系。

18世纪中国特定的学术环境和实学运动的兴起也为商人地位的正当化开辟了新的社会空间。从17世纪到18世纪中叶，许多文人参与了从知行关系的辩论演化而来的实学的讨论。[①] 主张实学的人坚决反对"空谈"，主张"实践"，即将思想付诸行动。罗威廉（William Rowe）写道："到17世纪末和18世纪，经世之道（statecraft）的关注点已经与最初独立存在的学术运动相联系，这一运动倡导具有实用性或实质性的学问，强调仪式道德的正确性，以及有些格格不入的、常常看上去务实但不那么道德的管理技巧。"[②]

实学的兴起滋养了一种对盐商管理技能和实践知识的钦佩。这些技能和知识通过商人接触和承办之物而得到物质化的呈现。例如，满足乾隆帝品味的精致紫檀木柜能够被呈献给朝廷，正是基于盐商搜寻、采购木料与制作它们的能力。同样的，宏伟坚固的石牌坊也唯有依赖汪勋寻找到合适的石料、聘请能工巧匠的能力才能建成。这些物的成功制作彰显了徽州盐商将思想付诸实践的能力，从而为他们赢得了朝廷和同时代文人的赞誉。

---

① William Rowe, *Saving the World: Chen Hongmou and Elite Consciousness in Eighteenth-Century China* (Stanford, CA: Stanford University Press, 2001), 109 – 152, esp. 133 – 137.

② William Rowe, *China's Last Empire: The Great Qing* (Cambridge, MA: Belknap Press, 2009), 59.

18 世纪中国的商人和消费

在中国历史上，16～18 世纪以其经济的繁荣和消费的扩张而闻名。学者将这一时期称为第二次商业革命。[①] 明史学者已经证明，新进口的墨西哥白银、加速发展的区域和跨区域市场，以及对奢侈品消费日益增长的兴趣促成了中国的商业革命，尤其是在长江下游地区。[②] 这场商业革命一直持续到 18 世纪。在明清易代战争造成惨重的经济损失之后，清统治者的巩固政策为经济的迅速复苏奠定了基础。清朝很快进入了"盛世"，并成了"或许是全世界最商业化的国家"。[③] 奢侈品消费在整个帝国迅速复苏，尤其是在长江下游地区和北京。

明末奢侈品消费已获得学术界的特别关注。[④] 例如，艺

---

① 第一次商业革命从晚唐持续到了宋朝。从 8 世纪末到宋朝，中国经历了稳定的人口增长，摆脱了政府对市场的严格控制，经济专业化和商业化相应增强，区域间贸易和对外海上贸易增加，同时技术创新和城市化快速发展。Patricia Ebrey, *Cambridge Illustrated History of China*, 2nd edition (New York: Cambridge University Press, 2010), 141 – 143; Joseph P. Mc-Dermott and Shiba Yoshinobu, "Economic Change in China, 960 – 1279," in *The Cambridge History of China*, vol. 5, eds. by John W. Chaffee and Denis Twitchett(Cambridge: Cambridge University Press, 2015), 321 – 436.

② Timothy Brook, *The Confusions of Pleasure: Commerce and Culture in Ming China*(Berkeley: University of California Press, 1998).

③ Rowe, *China's Last Empire*, 122.

④ Clunas, *Superfluous Things*; Joanna Handlin Smith, "Gardens in Ch'i Piaochia's Social World: Wealth and Values in Late Ming Kiangnan, "*Journal of Asian Studies* 51(1992): 55 – 81; Li Wai-yee, "The Collector, The Connoisseur, and Late Ming Sensibility, " *T'oung Pao*, second series, vol. 81, fasc. 4/5 (1995): 269 – 302; 巫仁恕：《品味奢华：晚明的消费社会与士大夫》，中华书局，2008；张长虹：《品鉴与经营：明末清初徽商艺术赞助研究》，北京大学出版社，2010。

术史学者柯律格在其具有突破性的作品中指出，"新型奢侈品的生产和广泛流通，文化本身即是商品的理念，众多作家对奢侈品消费细节的关注程度，国家禁奢令的废弛，以及奢侈品消费有利民生的见解"标志着明末已然成为一个消费型社会。明末江南消费模式的根本转变是精英试图通过对"物"的估价和排名，来对商品进行区别对待的"品味发明"（invention of taste）。① 然而，相较于有关明末消费模式的丰富讨论，鲜有学者对18世纪消费型社会的特征进行细致的描述。②

　　同样，尽管学者指出商人是奢侈品的主要赞助人，但有关商人在奢侈品消费中所扮演的角色问题尚未在学术界得到应有的重视。③ 前文提及的文震亨的《长物志》证明了文人精英对新兴富人积极参与奢侈品消费的焦虑。正如本书所示，18世纪商人与各种名贵物品的互动显示了他们对奢靡之

---

① Clunas, *Superfluous Things*, 171.

② 乔迅通过关注从明末到清初用于家庭的装饰艺术，极具启发性地讨论了奢侈品如何与人类互动以及如何作为一种特权化的享乐。Hay, *Sensuous Surfaces*.

③ 韩德林提出了商人在明末商业革命中的角色问题。她指出："富有的商人可能给官僚精英带来了新的消费习惯。"Joanna Handlin Smith, "Review of *Superfluous Things: Material Culture and Social Status in Early Modern China*," *Journal of Asian Studies* 51(1992): 885–887. 韩德林简要地讨论了明末盐商汪如谦如何利用他富丽的园林来进入文人圈。Smith, "Gardens," 73–74. 一些学者对16世纪末至18世纪的商人赞助进行了研究。张长虹：《品鉴与经营：明末清初徽商艺术赞助研究》; Jason Chisheng Kuo, "Huichou Merchants as Art Patrons in the Late Sixteenth and Early Seventeenth Centuries," in *Artists and Patrons: Some Social and Economic Aspects of Chinese Painting*, ed. by Li Chu-tsing(Seattle: University of Washington Press, 1989), 177–188; Jonathan Hay, *Shitao: Painting and Modernity in Early Qing China*(Cambridge: Cambridge University Press 2001), 19–23, 42–50; Hsü, *A Bushel of Pearls*, 17–63.

物持续不灭的热情。换言之，从明末到清初，富商在奢侈品消费方面的存在感已经得到了同时代人的认可。因此，本书旨在将对奢侈品消费的分析扩展到 18 世纪，尤其是分析商人在盛清时期消费型社会中的角色。

正如接下来的各章所示，徽州盐商与朝廷的联系使他们能够在奢侈品消费中发挥重要且在一定程度上作为主导的作用。为了准备精致的贡物供朝廷使用，商人致力于生产、采购和收集贵重物品。当这些物品在北京与江南之间穿梭时，它们促进了京城和江南市场之间的品味和风格交流。乾隆帝和他的品味通过商人的消费在江南市场上流行起来。同时，商人能够成为潮流引领者正是因为他们对宫廷风格的熟悉，这与乾隆帝及其品味有着密切关联。

除了在江南中心城市的消费活动，徽州盐商还在乡村找到了新的奢侈品消费场所。在大城市以外的农村，这些商人有意识且持续地将从盐业专卖中积累的大量钱财送回他们的家乡徽州，以资助宗族建设。他们用精美的绘画和书法装饰他们祭祀先祖的祠堂，将常规的祭祀场所改造成装饰极为精美、具有审美情趣的建筑。他们还修建了华丽的贞节牌坊，在彰显引以为豪的家庭成员的美德时，也积极参与朝廷的教化工程。这些物品实际上成了儒家道德体系认可的奢侈之物。这些商业世家不仅以颂扬宗族与家族成就的奢侈纪念物来展示他们生意上的成功，还通过这些物所蕴含的文化和道德含义，加强和增进了与江南和北京的文人、官员的联系。

因此，这些物的流通突出了首都北京、江南的中心城市及商人的家乡徽州三地之间重要的三角联系，而这种联系具有物与人两种特性。不仅实物本身促进了这些联系，徽州盐商对这些物品的生产和消费也推动了不同地区和社会群体之间涉及资本、品味、声誉和道德问题的互惠关系。诚然，朝代的变迁并没有完全改变中国帝制晚期奢侈品消费的轨迹。在 18 世纪江南的中心城市，如扬州和杭州，商人致力于收藏和艺术赞助等文化事业，这与明末的奢侈消费遥相呼应。然而，通过研究商人与特定物之间的互动，本书还揭示了商人在盛清商业和消费中扮演的新角色。而探索明末与盛清奢侈性消费的变化，对我们理解第二次商业革命也有所启发。

近代早期世界中的中国商人和物质文化

来自不同文化的学者已用物质文化研究的视角来探索历史。对物的制作、流通和消费的研究使历史学者能够考察不同空间和时间中物与人之间的动态互动，从而研究消费社会、日常生活和全球贸易的关系。①

本书讨论的商人活动和社会趋势与近代早期欧洲的人和现象有着相似之处，例如商人的迅速崛起、商人收藏家的出现，以及商人作为艺术赞助人的显著地位。与 18 世纪中国的商人收藏家一样，欧洲的富商，如汉斯·雅各布·富格尔（Hans Jacob Fugger），在收藏史上发挥了重要作用。② 因此，

---

① 对于近代早期（1500~1800）物质文化研究的最新总结，见 Paula Findlen, "Early Modern Things: Objects in Motion, 1500 – 1800," in *Early Modern Things: Objects and Their Histories, 1500 – 1800*, ed. by Paula Findlen (New York: Routledge, 2013), 3 – 27.

② Mark Meadow, "Merchants and Marvels: Hans Jacob Fugger and the Origins of the Wunderkammer," in *Merchants and Marvels: Commerce, Science, and Art in Early Modern Europe*, eds. by Pamela Smith and Paula Findlen (London: Routledge, 2001), 182 – 200.

在解释商人与日俱增的影响力和他们对实物的兴趣时，我也得益于欧洲历史学者的研究。例如，在考察近代早期意大利收藏家对收藏自然物品的热爱时，宝拉·芬德伦（Paula Findlen）证明"旅行、发现和收藏都有助于加深一个人的身份认同感"。[1] 受其启发，在考察盛清盐商痴迷收藏的现象时，我也不禁好奇这些商人是如何思考自己的身份的。他们会把身份认同当作一个问题吗？当雷娜塔·阿戈（Renata Ago）分析 17 世纪罗马新兴"中产阶级"的财产时，她认为："这种物品积累的最终目标不一定是为了超越一个人的社会阶层并像贵族一样生活。"[2] 阿戈对经久不衰的社会效仿（social emulation）模型的挑战让我提出了本书的一个关键问题：18 世纪中国的盐商是否只想成为文人精英？

19 世纪之前在中国出现的一些社会经济现象有一部分是由全球经济增长和贸易扩张造成的。[3] 然而，我们不能脱离中国特定的社会结构、政治环境和文化背景来看待这些现象。

---

[1] Paula Findlen, *Possessing Nature, Museums, Collecting, and Scientific Culture in Early Modern Italy*(Berkeley: University of California Press, 1994), 294.

[2] Renata Ago, *Gusto for Things: A History of Objects in Seventeenth-Century Rome*, trans. by Paula Findlen(Chicago: University of Chicago Press, 2013), 8.

[3] 在过去的十年中，许多历史学者通过研究商品的制造、流通和消费是如何跨越国界甚至大陆来探索全球互动。以下是几个例子：Timothy Brook, *Vermeer's Hat: The Seventeenth Century and the Dawn of the Global World*(London: Bloomsbury, 2008); Caroline Frank, *Objectifying China, Imagining America: Chinese Commodities in Early America*(Chicago: University of Chicago Press, 2011); Anne Gerritsen and Giorgio Riello, "Spaces of Global Interactions: The Material Landscapes of Global History,"in *Writing Material Culture History*, 111 – 133.

例如，尽管在 18 世纪的中国和欧洲都出现了热衷收藏的群体，但"收藏家"这一概念仅在中国作为一个社会类别（social category）出现。① 这一社会类别的产生与明清政治变迁，以及清廷在全国范围内对书籍和物品进行大规模收集和分类有关。本书将探讨它们之间的联系。

正如高彦颐所说："虽然中国历史的**意义**必须在中国文化和历史动态的独特语境中寻找，但其**重要性**在于它能教给我们那些关于人类经验共通的丰富性的东西。"② 通过讲述这段 18 世纪中国商人文化的历史，本书旨在丰富我们对 18 世纪世界——也许还有现在——的人与物之间关系的理解。

史料与结构

本书采用了跨学科的方法来运用和分析从官方文书到族谱和民间故事、从文学文本到具体实物的各种材料。奏折、上谕、内务府档案等朝廷文书记录了徽州盐商与朝廷建立联系的策略。文集、笔记等文学材料提供了文人对商人活动的描述。诸如题跋、印谱等包含插图和说明的书籍使历史学者得以分析盐商的收藏活动。与此同时，盐商的家乡徽州也保存了丰富的地方文献。这些如今被称为"徽州文书"的文献包括族谱、书信、笔记、石刻等类型的资料，提供了有关商

---

① 宝拉·芬德伦和亚历克斯·斯塔特曼（Alex Stateman）对近代早期欧洲的收藏和商业化做了有益讨论。我将在本书第三章详细讨论"收集家"的概念。

② Dorothy Ko, *Teachers of the Inner Chambers: Women and Culture in Seventeenth-Century China* (Stanford, CA: Stanford University Press, 1994), 25.

人赞助宗族组织的有用信息。① 基于对徽州村民的采访而收集的口述资料，让我们了解今天的村民是如何看待并记忆富有的盐商的。超越传统的文字材料，本书也研究具体实物（包括家具、印章、碑刻和石坊）的物理特征和文化传记，从而揭示投资或制作这些物的商人的动机和意图。

全书共五章，分为三个部分。第一部分（第一章）交代本书的研究背景，考察徽州盐商崛起的历史和政治原因，以及他们与盛清时期朝廷的联系。这一部分解释了清廷如何通过任命皇帝的包衣为盐政官员并新设总商一职来改革既有的盐业专卖政策。这两项政策将清帝自己的人际网络植入盐业专卖体制，使朝廷能够有效地对长江下游地区最富庶的商业中心施加影响。另外，徽州盐商通过总商一职与朝廷建立了新的直接联系。这些商人于是利用清廷的族群政策获得了前所未有的经济和政治特权。

第二部分由两章（第二章和第三章）组成，重点介绍长江下游（江南）中心城市的商人活动。第二章考察徽州总商与 18 世纪江南最为名贵之物的互动。本章探讨了这些商人如何通过贡物、活计，以及《四库全书》工程的采购，生产并进献皇家使用之物。本章详细介绍徽州盐商如何从当地的作坊、市场和私人收藏中采购物品，他们如何运用自己的人脉和管理能力为朝廷"办差"。盐商不仅弥补了官僚系统在地方运作的缺漏，成为皇帝在江南的办事人，也促进了京城与江南之间风格和品味的交流。

---

① 关于徽州文书的详细介绍，见 Joseph P. McDermott, *The Making of a New Rural Order in South China: Volume 1: Village, Land, and Lineage in Huizhou, 900 – 1600*(Cambridge: Cambridge University Press, 2014) , 16 – 38.

　　第三章关注不同类型的物品，以盐商汪启淑及其印章收藏进行案例研究，探讨了盛清时期商人在收藏文化中的作用。乾隆帝个人对收藏有着浓厚的兴趣，并组织编纂了各种皇家目录，这使清朝社会开始认可收藏家这个群体。"收藏家"作为一个独特的社会类别出现，而收藏这一行为也逐渐被视为一种有价值的专业知识形式。本章将汪启淑的案例置于盛清语境中，考察汪启淑如何利用与其印章收藏相关的各种元素来维护自己作为收藏家的身份。与他同时代的人也认为他是一位痴迷印章的收藏家，精于印章鉴赏的专家，并具备聚积卓越藏品的财力。通过他收藏的物品，汪启淑承担起"收藏家"的角色———一种社会身份的新象征——从而使自己的社会地位合法化。

　　第三部分（第四章和第五章）走进徽州，考察商人在另一个地理和文化空间中与各种物的互动。第四章以棠樾鲍家为例，探讨盐商如何通过资助宗族建设工程，以实现其双重目的：一方面扩大其家庭或其宗族在徽州的影响力，另一方面加强与朝廷和江南中心城市显赫官员和文人的联系。通过追溯鲍家三大宗族工程——修新族谱、建造慈孝堂、捐赠义田——的建设过程，本章展示了鲍家商人如何资助特定的宗族建设工程，而这些工程被视为符合儒家道德规范的奢侈品。通过这些宗族之物，鲍家扩大了他们在徽州的影响力，并且在城市精英面前展示了自己的道德价值和高雅品味，并建立了乡村与城市之间的联系。

　　第五章考察了盐商在徽州歙县建造贞节牌坊中所起的作用。盛清时期，清廷鼓励并资助修建石牌坊等纪念性建筑物，其目的是向那些不识字的村民灌输儒家道德并彰显皇权的合法性。徽州盐商看到了扩大他们影响力的机会，于是投身徽州当地的贞节牌坊建设，以此弘扬那些获得了朝廷嘉奖的德行。虽然这些商人利用其经济实力参与国家的教化工程，但他们对这些牌坊的资金支持本身就是朝廷盐业专卖政策的产物。与此同时，这些纪念性建筑让这些富商提升声誉、展示财富，并宣扬自己在当地的主导地位。

* * *

本书通过将徽州盐商置于他们生产和消费的特定物品的生产、消费和流通的轨迹中，揭示了朝廷与这些富商之间重要而全新的关系网络。这一网络植根于清朝设计的盐业专卖政策，并通过物而得到进一步推动和加强。这一网络使得商人能将其影响力扩展到国家政治、品味消费及中央与地方的关系。关注这些物还展示了京城、江南和徽州之间的跨区域动态关系。通过探索这些新兴或复兴的社交网络和空间维度，本书在阶层谈判的研究范式之外分析探索商人自身的活动和动机，并突出了18世纪中国的政治、经济、社会的特征和转型。

第一部分

新政权：清廷与盐商

第一章　联结清廷

　　1757 年，乾隆帝第二次巡幸江南。富有的扬州盐商为乾隆帝的到来做了充足的准备。他们不仅资助了皇帝南巡，还为乾隆帝和他的随行人员提供了食宿和娱乐。早在乾隆帝到来之前，在朝廷派来的官员和太监的监督下，总商之一的江春（1720～1789，字颖长，号鹤亭）便为了迎接乾隆帝修葺了自家富丽堂皇的花园。事实证明，江春的准备工作非常成功。乾隆帝十分享受江春的园子，并为之赐名静香园。乾隆帝也出人意料地亲自接见了江春本人，并在接见时"亲解赐金丝荷包"，授江春和其他三位总商内务府奉宸苑卿一职。[①]

---

①　见乾隆二十二年二月初二日的上谕，高晋等编《南巡盛典》卷六十
　　九，1771，新兴书局 1989 年影印，第 8 页上。乾隆帝召见江春的故事
　　记载在阮元为江春和江昉所作的传记中。阮元：《江鹤亭、橙里二公合
　　传》，江春、江昉：《新安二江先生集》，1804，第 1 页上～7 页上。关
　　于南巡前江春与太监的互动，见太监张凤案，记录可见于高恒乾隆三
　　十年七月二十一日的奏折，军机处录副奏折 03－1397－053，中国第一
　　历史档案馆藏（下略）。关于奉宸苑的信息，见祁美琴《清代内务
　　府》，中国人民大学出版社，1998，第 93～94 页。又见 Charles O.
　　Hucker, *A Dictionary of Official Titles in Imperial China*(Stanford, CA: Stan-
　　ford University Press, 1985), 212.

　　盐商虽然在中国历史上早已是一个重要的群体，但盛清江南盐商所获得的经济和政治特权非同寻常。汉朝首先建立了盐业专卖制度，使中央政府成为唯一合法经营盐业并从中获取收入的机构。然而，由于官僚机构规模有限，往往无法管理好规模庞大的盐业，中央政府从一开始就需要将权力下放给盐商。作为唯一被允许行盐的持牌商人，这些商人获得了巨大的利润。到清代，以徽州人居多的江南盐商聚集在扬州、杭州，在两淮、两浙盐区经商。

　　江春是众多盐商的代表之一，这些盐商不仅受到朝廷的青睐，还通过收藏古玩、刊刻书籍、赞助艺术等方式参与江南的文化活动。本章开头的故事只是乾隆帝与江春亲密关系的开始。27 年后的 1784 年，乾隆帝第六次南巡时再次造访江春宅邸。这一次，江春介绍了他年仅 6 岁的儿子江振先。乾隆帝邀请江春之子许愿，江振先答曰，愿皇上赐他长寿。乾隆帝遂曰："长命至百岁。"谈话间，乾隆帝摸了摸江振先的头，将自己的荷包赐给了他。正如文人袁枚后来评论的那样，江春受到的皇恩"古未有也"。①

　　本章探讨盛清时期徽州盐商与清廷得以建立密切关系的历史和政治原因。正如我们将要看到的，这种朝廷与商人的交际网络起源于盐业专卖制度的变化。清朝的盐业专卖制度虽然延续了明朝的做法，但增加了两个新的元素：任命皇帝的包衣为盐政和设立总商职位。这两个变化为徽州盐商创造

---

① 江振鸿：《七弟振先墓碣》，江春、江昉：《新安二江先生集》卷十，第 1 页上～2 页上；袁枚：《诰封光禄大夫奉宸苑卿布政使江公墓志铭》，王英志主编《袁枚全集》（2），江苏古籍出版社，1993，第 576～577 页。

了与皇帝的包衣乃至皇帝本人建立联系的新机会。

本章分为四个部分。第一部分介绍盐业的制度史，探讨清廷如何使用专商世袭卖引纲法制作为清朝盐业专卖的基础。第二部分和第三部分讨论清廷如何制定两项新政策以实现其政治目标，扩大其在盐业专卖体系中的网络以及将汉人商人纳入盐业管理。最后一部分以供词为材料，展示盛清时期盐商如何利用制度变化与朝廷建立联系。

一 专商世袭卖引纲法制：明末的遗产

即使在明朝灭亡之后，盐业专卖体制的总体结构，特别是专商世袭卖引纲法制仍然完好无损。1617 年的专商世袭卖引纲法制的出现使徽州商人得以支配江南的盐业。因此，了解这种专商世袭卖引纲法制对于理解清朝江南盐商如何经营生意和积累财富至关重要。[①]

从粮盐交换的开中法到专商世袭卖引纲法

总的来说，明朝的盐业专卖政策经历了三个阶段：从基于粮盐交换的开中法到"以银换盐"政策，最后到专商世袭卖引纲法。这些阶段标志了明朝从国家控制的盐业向有着更多政商合作的垄断体制的转变。

明初，中央政府采用了一种粮盐交换的政策，以满足北方边陲对蒙古人进行军事防御的需要。盐商通过粮盐交换政

---

① 学者对明清时期的盐业专卖制度进行了广泛研究，因此本章对盐业专卖政策的讨论很大程度上建立在前人的研究上。

策将粮食运往边防要塞，换取官府出具的盐引，再凭盐引从指定的盐田买盐，然后到指定区域卖盐。[1] 在这个过程中，国家不仅控制着盐的生产，还以被杨久谊称为"批发商"的角色经营盐业。同时，商人在国家的控制下在边疆行盐。[2]

然而，1410 年代这种粮盐交换体系崩溃了，其原因是国家将盐分配给商人的过程往往迟滞，同时朝廷和权贵官员还在盐业专卖制度中滥用职权。该政策逐渐被一种货币化的"以银换盐"的政策所取代，这一系统于 1491 年制度化。在这一新制度下，商人只需向盐运使衙门支付白银即可获得盐业经营许可，从而免除了将粮食运送到边疆的麻烦。[3]

这种"以银换盐"的新政策引发了盐商之间的权力再分配。在该政策实施前，山西和陕西商人是向边疆运送粮食的主要商人群体。在地理上，这些商人的商区更靠近北方。然而，新的政策改变了这种情况。"以银换盐"政策允许盐商在盐运使驻地经营。于是，大量盐商迁往扬州、杭州等盐业利润丰厚的地区。徽州离这些盐区比山西和陕西更近，而新安江为徽州与江南之间提供了交通上的便利。徽州商人随后在江南扩展业务，并逐渐在那里的盐业中取得主导地位。[4] 他们的后代，即本书的主要人物最终成了盛清最有影响力的

①　Yang, "The Muddle of Salt, "16 – 18; Ho, "The Salt Merchants, "135.

②　Yang, "The Muddle of Salt, "18 – 19.

③　Yang, "The Muddle of Salt, "23 – 39;范金民：《明代徽州盐商盛于两淮的时间与原因》，《安徽史学》2004 年第 3 期，第 7 ~ 8 页；张海鹏、王廷元编《徽商研究》，安徽人民出版社，1995，第 159 ~ 162 页。

④　张海鹏、王廷元编《徽商研究》，第 161 页；Yang, "The Muddle of Salt, "39 – 42;范金民：《明代徽州盐商盛于两淮的时间与原因》，《安徽史学》2004 年第 3 期，第 8 ~ 9 页。

盐商。

新政策未能挽救明朝业已颓败的经济。相反，它削弱了明朝在北方边陲的军事力量，因为更多的商人内迁，不再向边疆运送盐粮了。此外，"以银换盐"政策下的钱款常常被朝廷当权者和官员挪用，而他们不再为边疆军队购买粮食。① 正如何炳棣所言："粮盐交换制度的崩溃为盐政带来了一段转型和混乱的时期。在此期间，边疆商人放弃了他们在北方的要塞，成了内地省份尤其是两淮地区的盐商。"② 为了解决这些问题，明朝于 1617 年做出了最后的努力。他们在两淮发起了另一项盐业专卖政策——纲法，即专商世袭卖引制度。③

依据纲法制，"国家将持有旧的两淮淮南区盐引的盐商组织成十个团体（纲）"。此时，官府还制定了一项只允许在官府纲册上注册了的商人拥有盐引的政策。这样，每个盐商都必须加入纲才能业盐。④ 通过这种专商世袭卖引纲法，盐商的经营与特定区域紧密相连。与允许商人在任何盐区进行交易的粮盐交换制度不同，在纲法制度下，特定商人在特定地区行盐。虽然商人此时受到国家更强的监管，但他们在业盐中也获得了更多的权力。纲法制一旦启动，商人——而

---

① 为解决这一困难局面，朝廷启用了一项新的政策，要求商人将白银而不是粮食运送到边疆要塞，以"作为获得盐引的前提条件"。Yang, "The Muddle of Salt," 42 – 44.

② Ho, "The Salt Merchants," 136.

③ Ho, "The Salt Merchants," 136; Yang, "The Muddle of Salt," 54.

④ 引文出自 Yang, "The Muddle of Salt," 55. 何炳棣还指出，纲指的是"盐商运盐的小型船队"或船运，并称只有能够提前支付盐业收入的商人才能获得盐引从而售盐。Ho, "The Salt Merchants," 136.

不是国家——即能在盐的"生产、初始收购、运输和零售"中发挥主导作用。因此，纲法制允许商人"在国家的许可下"控制甚至垄断盐业。[1] 这一政策孕育了有强烈事业心的江南盐商在清朝的崛起。

清朝在两淮盐区和两浙盐区的盐业专卖政策

1644 年后，新兴的清朝需要寻得一种简单可靠的收入来支撑其军事行动。盐业利润丰厚，但新的满人统治者缺乏管理国营盐业专卖体系的经验。因此，他们采用了明末的专商世袭卖引纲法，希望通过从盐商那里获取收入这一方式来迅速充盈国库。[2]

他们采用的系统由 11 个盐区组成。[3] 每个盐区根据盐产地和销售地之间的距离进一步划分为三个分区：盐的产地、靠近产地的区域、远离产地的区域。在远离产地的区域销售的盐税比在靠近产地的区域销售的盐税更重。征收重税的理由是官府认为在远离产地的区域销售的盐，由于需求量更

---

① Yang, "The Muddle of Salt, "64.

② 杨久谊讨论了清朝决策者就他们应该使用什么样的盐业专卖政策展开的辩论，见 Yang, "The Muddle of Salt, "134 – 137. 陈锋论述了清朝统治者如何在顺治年间重新确立盐业专卖的政策。陈锋：《清代盐政与盐税》，第 22 ~ 25 页。

③ 这 11 个盐区为河东、长芦、山东、两淮、两浙、福建、广东、四川、云南、陕甘、奉天。陈锋：《清代盐政与盐税》，第 59 ~ 60 页。奉天盐区是唯一清代新加上的盐区，前 8 个盐区为主要市场。Yang, "The Muddle of Salt, "74. 又见倪玉平《博弈与均衡：清代两淮盐政改革》，福建人民出版社，2006，第 9 页。

大，所以更容易销售出去。①

清廷在各个盐区实行不同的政策。两淮盐区和两浙盐区涵盖了清代最繁荣的地区——江南地区的盐业。由于其高额收入，清廷对这两个盐区特别重视。这在两淮盐区和两浙盐区离盐产地最远的分区最为明显，这类分区被称为"纲岸"。② 为了从这些纲岸获得税收，清廷采用世袭特许经营制度来管理业务。每个纲岸的百姓只能消费征收了纲岸盐税的盐。同时，只有拥有在纲岸售盐专卖许可证的商人才能在此地售卖额定的盐。由于这些纲岸往往人口较多，因此这些商人获利最多，国家的大部分收入也来自这些商人。③ 富裕的徽州盐商的大部分业务是在两淮和两浙的这些纲岸开展的。

许多学者得出结论，两淮盐区是清朝最重要的盐业市场。两淮盐区包括江苏、安徽、湖北、湖南、河南、江西等省的部分地区。两淮盐区以淮河为界，分为淮北和淮南两部分。据统计，"由于两淮占清代各时期盐业总收入的 40% ～

---

① 杨久谊认为："对靠近产地的区域所征收的盐税，比在对远离产地的区域销售的盐所征收的税率要低。这个政策的逻辑是，尽管由于更高的税收而导致价格上涨，但距离产地较远区域的盐仍然会销售出去，因为距离产地较远的事实使得非法盐出现的可能性较小，而且那里的人口较多，产生了足够的需求。……至于在盐产区，盐是免税的。" Yang, "The Muddle of Salt," 76. 又见杨久谊《清代盐专卖制之特点：一个制度面的剖析》，《中央研究院近代史研究所集刊》第 47 期，2005 年，第 5～6 页。陈锋也认为，盐商运盐越远，盐的价格就越高。清朝统治者和官员承认盐区划分的问题，但为了确保国家在两淮地区盐业的高收入，他们保持了该地区已有的划分。陈锋：《清代盐政与盐税》，第 59～75 页。

② 在另外两个盐区——长芦和河东，离盐产地最远的地区也被称为"纲岸"。

③ Yang, "The Muddle of Salt," 76 – 79.

50%，淮南纲岸每年所出盐税占全国盐税的 28% ~ 35%”，[①]扬州城是两淮盐业的中心。最富有的盐商（通常是扬州盐商）在淮南分区的纲岸经营他们的生意。[②]

由于其经济上的重要性，当下学者的关注点大多集中在淮南分区。[③] 清朝对淮南分区实行了独特的政策。杨久谊认为，这些做法是扬州盐商崛起的关键原因。正如他解释的那样，两淮的盐业专卖政策有两个显著特点。第一点也是最重要的一点是，在淮南纲岸，盐商获得专卖许可证（也就是“引窝”）行盐，但是不需要承包哪一个或哪几个州县的盐引额及盐税额（盐商认定的盐市场便是他的“引地”）。如果盐商认领了“引地”，他们就需要负责那里盐的购买、运输和零售。几乎所有的盐区都是采用既占“引窝”又占“引地”的方式，但淮南纲岸是个例外。淮南盐商只负责从产地购盐，然后从扬州运往其他地区。然而，他们不负责零售，零售由当地商人负责。淮南盐商因此避免了零售失败的危险。[④]

---

① Yang, "The Muddle of Salt, "97 – 98. 陈锋还得出结论，两淮地区的收入占全国收入的 49%。陈锋：《清代盐政与盐税》，第 171 页。

② 淮南分区只有部分地区属于纲岸。淮南纲岸的市场包括湖北、湖南、江西和安徽的部分地区。淮南纲岸盐商通常在产地购盐，然后从扬州运到汉口和南昌，再在那里卖给零售商。这些零售商最终将盐卖到湖北、湖南和江西。Yang, "The Muddle of Salt," 99 – 102.

③ 比如徐泓《清代两淮盐场的研究》，嘉新文化基金会，1972；陈锋《清代盐政与盐税》；倪玉平《博弈与均衡：清代两淮盐政改革》。

④ 商人将盐运到汉口，再由零售商将盐运往湖广（湖北和湖南）和南昌。在南昌，零售商将盐销售至江西省。在汉口和南昌，淮南盐商将盐卖给被称为“水商”和“水贩”的小货商。Yang, "The Muddle of Salt,"94 – 99；杨久谊《清代盐专卖制之特点：一个制度面的剖析》，《中央研究院近史研究所集刊》第 47 期，2005 年，第 19 ~ 20 页。王方中也指

　　淮南盐商也可以根据自己投入的资金来决定他们每年愿意出售的盐量，从而登记认购盐引数。如果一个盐商没有足够的资金出货，总商可以安排其他商人来认领他的盐引，以满足淮南纲岸的收入需求。由于这种特殊的安排，扬州盐商不需要"个别承包固定的盐税"，而且如果他们不行盐，就无须缴税，所以"他们被官府抄家的风险就非常低"。[①]基于这些制度优势，扬州盐商成为18世纪中国最富有的商人。[②]

　　覆盖江南盐业部分领地的两浙盐区，在盛清时期也为国家贡献了大量收入，在所有盐区中排名第二。[③]两浙盐区包括浙江、江苏、安徽、江西的部分地区。两浙盐商在盐区通过盐专卖许可证并认领引地行盐。[④]两浙盐商虽然没有淮南商人享有的经济特权，但他们仍然通过获得盐专卖许可证行盐从纲岸收获并积累了财富。事实上，明末以来一直主导杭

出，清政府在两淮盐区实行了特殊政策，但他没有详细讨论这一政策的好处。王方中：《清代前期的盐法、盐商与盐业生产》，陈然等编《中国盐业史论丛》，中国社会科学出版社，1987，第302页。

①　Yang, "The Muddle of Salt," 103 - 105. 又见杨久谊《清代盐专卖制之特点：一个制度面的剖析》，《中央研究院近代史研究所集刊》第47期，2005年，第20页。

②　除了这些制度上的原因，扬州盐商还享有在商业交易中使用白银的特权。正因为如此，这些商人才能够避免因银铜兑换比例不稳定而造成的经济损失。Yang, "The Muddle of Salt," 108 - 110.

③　清中叶，两浙盐区上交了907.281万两白银。陈锋：《清代盐政与盐税》，第74页。

④　王方中：《清代前期的盐法、盐商与盐业生产》，陈然等编《中国盐业史论丛》，第302页。

州（两浙地区中心）盐业的徽州盐商，很快从明清易代的破坏中复苏过来。① 这些盐商很快就与他们的扬州同行一起成为盛清最富有、最显赫的商人。

二 皇帝任命自己的旗人

清初沿用了明末的纲法制来建立自己的盐业专卖制度。然而，清统治者也让该体制有了两个新特点，以服务于他们新的政治意图。一是直接任命旗人——尤其是皇帝的包衣——作为江南盐院的盐政官员，且让他们长期留任。第二个特点是建立了总商制度，即国家任命富有的盐商来协助正式官僚系统中的盐政官员。通过这两项新政策，清朝皇帝将自己的个人网络植入盐业管理。江南盐商，尤其是两淮的盐商，同样充分利用了新的政策，巧妙地与盐官和朝廷两方面建立了联系。如下一节所示，这两个制度变革是清朝统治者族群政策的产物，其意外后果是推动了盛清时期徽州盐商的崛起。

为了帮助读者理解这两个新特点，我们先简要介绍一下清朝两淮盐区和两浙盐区有关盐业专卖复杂的官僚体系。② 地方盐政的领头官员被称为巡盐御史，康熙年间改称盐政。③

---

① 由于徽州通过新安江与浙江相连，浙江——特别是省会杭州——是徽州人创业的首选之地。范金民：《明代徽州盐商盛于两淮的时间与原因》，《安徽史学》2004 年第 3 期，第 11 页。

② 关于盐业专卖官僚体系的详细研究，见徐泓《清代两淮盐场的研究》，第 8～12 页；倪玉平《博弈与均衡：清代两淮盐政改革》，第 15～20 页。

③ 赵尔巽等：《清史稿》卷一百一十六，中华书局，1977，第 3351 页。

作为地方盐务的长官，巡盐御史或盐政监管盐业并征收税费。这种官员任命的具体形式在不同的盐区有所不同。以两淮盐区为例，由于盐业利润丰厚，盐政衙门独立于普通的省级官僚机构。这样盐政就可以独立地管理盐业和征税，而不用受制于地方官员。直到 1830 年，两淮盐政的职位才被废除，转为由一省之巡抚或总督兼任。[1]

两浙盐区的盐务运作方式则不同。自清初以来，"盐务的行政管辖权时而归于省级官员，时而归于盐政"。1726～1793 年，闽浙总督或浙江巡抚处理该地区的盐务。但是在 1793 年，乾隆帝为了杜绝与盐业相关的官吏腐败行为，曾请专为宫廷制作丝绸的杭州织造接管两浙盐政事务。该政策一直持续到 1821 年。[2]

一个比盐政地位低但仍然重要的职位是盐运使。在盐政的监督下，盐运使在基层管理各项工作，包括运盐、收税和分配钱财。[3] 盐运使通常是经殿试而进士出身的汉人官员。在乾隆、嘉庆年间，这些汉人官员也成了文人社群的中心，并组织了许多文化活动，这在扬州尤其明显。[4]

对于两淮盐区和两浙盐区的盐业专卖制度，清帝首先改革了巡盐御史和盐政的任命方式。清初沿袭明制，由都

---

[1] Spence, *Ts'ao Yin*, 174; Yang, "The Muddle of Salt," 213.

[2] Yang, "The Muddle of Salt," 212.

[3] 地方盐业专卖管理机构下设吏、户、礼、兵、刑、工六房。这六房的官员协助盐运使工作。在两淮盐区，由于处理的收入最多，甚至设立了 19 个房。这些部门的详细描述，见倪玉平《博弈与均衡：清代两淮盐政改革》，第 17 页。

[4] 见本书第四章盐运使曾燠的例子。

察院派出官员巡盐，而这些官员皆为进士出身的汉人。[①]
这种做法在康熙年间有了改变。正如学者所发现的，康熙
帝确立了以旗人为盐政的政策。[②] 在所有旗人中，清统治
者特别偏爱来自他们自己直接统辖的三个旗的旗人，即
"上三旗"。上三旗分别为镶黄旗、正黄旗、正白旗，每旗
包含满洲、蒙古、汉军。[③] 清帝特别青睐主管宫廷事务的
内务府的包衣。"包衣佐领被称为'内佐领'"，从而"相
对于'外'或非包衣的常规八旗佐领"。这些包衣因此被
视为"皇帝的私人财产"。[④] 在内务府任职的包衣也来自
"上三旗"。[⑤]

---

① 赵尔巽等：《清史稿》卷一百一十六，第 3349 ~ 3352 页。又见李克毅
《清代的盐官与盐政》，《中国社会经济史研究》1990 年第 4 期，第 41
页。倪玉平指出，巡盐御史或盐政由户部任命，并且通常任期一年。
倪玉平：《博弈与均衡：清代两淮盐政改革》，第 15 页。关于两淮盐区
的情况，见 Spence, Ts'ao Yin, 174. 关于两浙盐区官员的信息，见《两
浙盐法志》，同治本，《续修四库全书》第 841 ~ 842 册。

② Torbert, The Ch'ing Imperial Household Department, 103 – 104; 李克毅：《清
代的盐官与盐政》，第 41 ~ 42 页。

③ 关于"上三旗"和"下五旗"之间差别的更多信息，见 Elliott, The
Manchu Way, 79, 83, 404 – 405 note 147, 407 note 163.

④ Elliott, The Manchu Way, 83.

⑤ 定宜庄称，内务府的包衣三旗选自"上三旗"。内务府三旗被称为
"内三旗"，独立于"外八旗"。定宜庄：《满族士大夫群体的产生与发
展：以清代内务府完颜世家为例》，《商鸿逵先生百年诞辰纪念专集》，
中国广播电视出版社，2006，第 293 页。又见邱源媛《找寻京郊旗
人社会：口述与文献双重视角下的城市边缘群体》，北京出版社，
2014，第 20 ~ 21 页。由于"上三旗"隶属常规"外八旗"，定宜庄
和邱源媛似乎都将"内三旗"与"上三旗"区分开了。另外，陈国
栋称，由于"上三旗"的成员构成内务府，学者常常称"上三旗"
的包衣为内务府三旗或"内三旗"。陈国栋：《清代内务府包衣三旗
人员的分类及其旗下组织》，《食货》1982 年第 9 期，第 326 页。无
论如何，"内三旗"和"上三旗"的成员都是皇帝的旗人。

从康熙帝到乾隆帝，接到两淮盐区盐政任命的官员大多来自皇帝直接统辖的"上三旗"。正如史景迁在其经典研究中所述，1691～1695 年，从康熙帝那里接到该任命的满人官员中的大多数来自"上三旗"。1704～1713 年交替担任该职位的曹寅和李煦均为内务府包衣。① 这一趋势在雍正朝和乾隆朝得以延续。② 如表 1－1 所示，雍正帝任命了 4 名盐政。他们当中只有第一个是汉人官员，其他三人均为满人，并且其中至少两名隶属内务府。乾隆年间，任命皇帝的包衣为两淮盐政的现象达到顶峰。两淮盐区的 16 名盐政只有尹会一是进士出身的汉人官员。他是在雍正到乾隆的过渡期被任命的，并且在任时间仅有一年。其余的盐政均为旗人。他们当中有 12 人或为皇帝"上三旗"的人员，或曾在内务府任职。③

表 1－1　1723～1799 年两淮盐区盐政

姓名	旗属	任职年份	与内务府的关系
谢赐履	汉人	雍正元年至二年	
噶尔泰	满洲人	雍正二年至八年	

① 1684 年，清廷开始明显倾向于任命旗人为盐官。从 1687 年到 1714 年，史景迁注意到，"只有'满人'得到任命"。史景迁还发现，康熙三十年、三十一年、三十三年、三十四年任命的两淮巡盐御史全都是"上三旗"包衣。Spence, *Ts'ao Yin*, 174 - 175.

② 基于 1806 年末《两淮盐法志》的数据，陶博证明，从 1684 年到 1796 年，"旗人官员的总数达到 40 名，而汉人仅有 6 名"。Torbert, *The Ch'ing Imperial Household Department*, 104.

③ 陶博认为，在两淮盐区，内务府包衣"从 17 世纪末起，在盐务中占据了很强的（即便不是主导的）地位，而到 18 世纪末，他们几乎实现了垄断"。Torbert, *The Ch'ing Imperial Household Department*, 104.

续表

姓名	旗属	任职年份	与内务府的关系
伊拉齐	满洲人	雍正八年至十年	曾在内务府任职
高斌^a	满洲镶黄旗人*	雍正十年至乾隆元年	曾在内务府任职
尹会一	汉人	乾隆元年至二年	
三保	满洲人	乾隆二年至五年	
准太	满洲正黄旗人*	乾隆五年至九年	曾在内务府任职
吉庆	满洲人*	乾隆九年至十七年	曾在内务府任职
普福	满洲正黄旗人*	乾隆十七年至十九年	
吉庆	满洲人*	乾隆十九年至二十年	曾在内务府任职
普福	满洲正黄旗人*	乾隆二十年至二十三年	
高恒	满洲镶黄旗人*	乾隆二十三年至三十年	曾在内务府任职
普福	满洲正黄旗人*	乾隆三十年至三十三年	
尤拔士	满洲人*	乾隆三十三年至三十五年^b	曾在内务府任职
李质颖^c	汉军（?）正白旗人*	乾隆三十五年至四十年	曾在内务府任职
伊龄阿^d	满洲正白旗人（?）*	乾隆四十年至四十一年	曾在内务府任职
寅著	满洲人*	乾隆四十一年至四十三年	曾在内务府任职
伊龄阿	满洲正白旗人（?）*	乾隆四十三年至四十六年	曾在内务府任职
图明阿	汉军	乾隆四十六年至四十七年	
伊龄阿	满洲正白旗人（?）*	乾隆四十七年至四十九年	曾在内务府任职
全德	汉军	乾隆四十九年至五十二年	曾在内务府任职
徵瑞^e	满洲正白旗人*	乾隆五十二年至五十三年	曾在内务府任职
全德	汉军	乾隆五十三年至五十八年	曾在内务府任职
巴甯阿^f	汉军正白旗人*	乾隆五十八年	曾在内务府任职
董椿	汉军	乾隆五十八年至六十年	
苏楞额	满洲正白旗人*	乾隆六十年	曾在内务府任职
徵瑞	满洲正白旗人*	嘉庆元年	曾在内务府任职

续表

姓名	旗属	任职年份	与内务府的关系
书鲁	汉军正白旗人*	嘉庆元年至二年	
徵瑞	满洲正白旗人*	嘉庆二年至五年	曾在内务府任职

注：*表示直属皇帝的"上三旗"。此表包括雍正元年至嘉庆三年乾隆帝驾崩期间的官员姓名。除非另有说明，这些官员的姓名、在两淮任职的年份和履历均取自《两淮盐法志》，光绪本，《续修四库全书》第 842～845 册，上海古籍出版社，2002，卷一百三十一，第 15 页下～18 页下；卷一百三十七，第 25 页上～37 页上。这些官员的旗属均取自《清史稿》《清国史》《国史列传》，以及在线资料库《清代档案人名权威资料查询》。

a. 高斌传记，见赵尔巽等《清史稿》第三百一十卷，中华书局，1977，第 10629～10634 页。

b.《两淮盐法志》（光绪本）没有记录尤拔士的具体任命年份。根据《清代档案人名权威资料查询》数据库，尤拔士从乾隆三十三年至乾隆三十五年担任两淮盐政。

c.《两淮盐法志》（光绪本）称李质颖为汉军。据《清国史》，李质颖隶属内务府满洲正白旗。《清国史》第 7 册，中华书局，1993，第 683～684 页。

d.《两淮盐法志》（光绪本）称伊龄阿隶属正白旗。据《国史列传》，伊龄阿隶属内务府满洲镶黄旗。东方学会编《国史列传》卷十七，明文书局，1985，第 14 页上。目前尚不清楚哪处记录正确。

e.《清国史》第 8 册，第 666～669 页。

f.《国史列传》卷四十，第 7 页下。

g.《清国史》第 8 册，第 461～463 页。

此外，清朝皇帝还将盐政的任期延长了。[①] 原本盐政仅被允许在该职位任职一年。康熙年间，正如前文提到的，通过交替任命，曹寅和李煦分别任职长达 4 年和 5 年。乾隆年间，吉庆任职 9 年，全德和普福任职 8 年，高恒和伊龄阿任职 7 年，李质颖任职 5 年，准泰任职 4 年。[②]

---

① 徐泓：《清代两淮盐场的研究》，第 11 页。

② 我的数据与杨久谊的计算略有不同。杨称，全德任职八年半，吉庆和普福两人任职 8 年，高恒任职 7 年，准泰任职 4 年。Yang, "The Muddle of Salt," 221, note 30.

两浙盐政的任命与两淮盐政相似，但又有所不同。自1668 年起，康熙帝开始交替任命满人官员和汉人官员担任两浙盐政。[①] 然而 1688 年后，康熙帝"停止任命具有高级学位的汉人担任此职位，直到该朝之末只用满人"。[②] 康熙年间，这些官员仅任职一年。[③] 相比之下，雍正帝似乎并没有特别偏爱满人官员，安排了 3 名汉人官员和 2 名旗人。其中，改革两浙盐业专卖政策、大大促进盐业市场繁荣的汉人官员李卫得到了他的青睐，任职两年。[④] 然而从乾隆元年到嘉庆二年，旗人官员再次占多数。据《两浙盐法志》中的官员名单，有 29 名旗人和 12 名汉人官员获任（表 1 - 2）。即使一名汉人官员得到任命，他也经常与另一名旗人一同任职。例如，乾隆三年（1738）十月，汉人官员张若震被任命为布政使，主管盐务。次月，隶属镶黄旗的汉军旗人卢焯被任命为浙江巡抚，兼管盐务。1762 年，类似的人事安排再次发生，当时正蓝旗的索琳被派往两浙任布政使，江西的汉人进士熊学鹏被任命为浙江巡抚。[⑤]

表 1 - 2　1736 ~ 1797 年监管两浙盐区盐业专卖的官员

姓名	旗属及与内务府的关系	获任盐政的时间	获任时的官衔
嵇曾筠	汉人	乾隆元年	大学士、吏部尚书

---

① 见《两浙盐法志》卷二十二，第 2 页上 ~ 3 页下。
② Spence, *Ts'ao Yin*, 175. 史景迁的观察基本上是正确的。唯一例外发生在 1714 年，这一年康熙帝任命汉人陶彝为盐政。《两浙盐法志》卷二十二，第 5 页上。
③ 《两浙盐法志》卷二十二，第 2 ~ 5 页。
④ 张小也：《李卫与清代前期的盐政》，《历史档案》1993 年第 3 期。
⑤ 《两浙盐法志》卷二十二，第 6 ~ 7 页。

姓名	旗属及与内务府的关系	获任盐政的时间	获任时的官衔
张若震	汉人	乾隆元年九月	浙江布政使
张若震	汉人	乾隆三年十月	浙江布政使
卢焯	汉军镶黄旗人*	乾隆三年十一月	浙江巡抚
张若震	汉人	乾隆五年十月	浙江布政使
张若震	汉人	乾隆六年七月	浙江布政使
德沛	满洲人、宗室	乾隆六年七月	闽浙总督
常安	满洲正黄旗人*	乾隆七年二月	浙江巡抚
唐绥祖	汉人	乾隆十二年一月	浙江布政使
顾琮[a]	满洲镶黄旗人*	乾隆十二年十月	浙江巡抚
方观承	汉人	乾隆十三年五月	浙江巡抚
永贵	满洲正白旗人*	乾隆十四年八月	浙江巡抚
喀尔吉善	满洲正黄旗人*	乾隆十四年十二月	闽浙总督
觉罗雅尔哈善	满洲正红旗人	乾隆十六年十二月	浙江巡抚
周人骥	汉人	乾隆十九年六月	浙江布政使
鄂乐舜[b]	满洲镶蓝旗人	乾隆十九年八月	浙江巡抚
周人骥	汉人	乾隆十九年十一月	浙江巡抚
喀尔吉善	满洲正黄旗人*	乾隆二十一年二月	闽浙总督
杨廷璋	汉军镶黄旗人*	乾隆二十一年四月	浙江巡抚
杨应琚	汉军正白旗人*	乾隆二十四年二月	闽浙总督
明山	满洲正蓝旗人	乾隆二十四年四月	浙江布政使
庄有恭	汉人	乾隆二十四年五月	浙江巡抚
明山	满洲正蓝旗人	乾隆二十五年十一月	浙江布政使
索琳	满洲正蓝旗人	乾隆二十七年十月	浙江布政使
熊学鹏	汉人	乾隆二十七年十一月	浙江巡抚
觉罗永德	满洲镶蓝旗人	乾隆三十三年三月	浙江巡抚

续表

姓名	旗属及与内务府的关系	获任盐政的时间	获任时的官衔
崔应阶	汉人	乾隆三十三年十月	闽浙总督
熊学鹏	汉人	乾隆三十四年十二月	浙江巡抚
富勒浑	满洲正蓝旗人	乾隆三十五年十二月	浙江巡抚
熊学鹏	汉人	乾隆三十七年	浙江巡抚
王亶望	汉人	乾隆三十八年一月	浙江布政使
三宝^c	满洲正红旗人	乾隆三十八年三月	浙江巡抚
王亶望	汉人	乾隆四十二年九月	浙江巡抚
三宝	满洲正红旗人	乾隆四十五年三月	大学士、闽浙总督
李质颖^d	汉军（？）正白旗人*，曾在内务府任职	乾隆四十五年五月	浙江巡抚
富勒浑	满洲正蓝旗人	乾隆四十五年十一月	闽浙总督
陈辉祖	汉人	乾隆四十六年二月	闽浙总督
王晋泰	汉军正白旗人*	乾隆四十七年九月	浙江将军
福长安^e	满洲镶黄旗人*，曾在内务府任职	乾隆四十七年十月	户部侍郎
富勒浑	满洲正蓝旗人	乾隆四十七年十月	闽浙总督
福崧	满洲正黄旗人*	乾隆四十七年十一月	浙江巡抚
伊龄阿	满洲正白旗人（？）*，曾在内务府任职	乾隆五十一年四月	浙江巡抚
觉罗琅玕	满洲正蓝旗人	乾隆五十一年十月	浙江巡抚
顾学潮	汉人	乾隆五十四年三月	浙江布政使
海宁	满洲正蓝旗人	乾隆五十五年九月	浙江巡抚
归景照	汉人	乾隆五十五年十一月	浙江布政使
福崧	满洲正黄旗人*	乾隆五十五年十一月	浙江巡抚
觉罗长麟	满洲正蓝旗人	乾隆五十八年一月	浙江巡抚

续表

姓名	旗属及与 内务府的关系	获任盐政的时间	获任时的官衔
全德	镶黄旗人*， 曾在内务府任职	乾隆五十八年一月、 乾隆五十九年接任	以郎中衔任浙江盐 政，监管织造事务
阿林保	满洲正白旗人*	乾隆五十九年二月	运使
觉罗吉庆	满洲正白旗人*	乾隆五十九年七月、 乾隆六十年二月署任	浙江巡抚
岳谦	正白旗人*， 曾在内务府任职	乾隆六十年闰二月	内务府郎中
觉罗吉庆	满洲正白旗人*	嘉庆元年五月	浙江巡抚
玉德	满洲正红旗人	嘉庆元年八月	浙江巡抚
苏楞额	正白旗人*， 曾在内务府任职	嘉庆元年九月、 嘉庆二年接任	三品卿衔兼佐领
玉德	满洲正红旗人	嘉庆二年九月	浙江巡抚

注：* 表示的是直属皇帝的"上三旗"。此表包括乾隆元年至嘉庆二年的官员姓名。任命时间晚于乾隆帝驾崩也就是嘉庆三年以后的官员未列入此表。除非另有说明，这些官员的姓名、监管两浙盐业的年份、官衔均取自《两浙盐法志》，《续修四库全书》第841~842册，卷二十二，第5页下~8页下。这些官员的旗属均取自《清史稿》《清国史》，以及在线资料库《清代档案人名权威资料查询》。

a. 据《两浙盐法志》记载，顾琮隶属正白旗，但这可能是错的。根据《清史稿》中的传记，顾琮来自镶黄旗。赵尔巽等：《清史稿》卷三百一十，第10637~10639页。

b. 《两浙盐法志》没有说明鄂乐舜的旗属。根据《清史稿》的传记，鄂乐舜隶属镶蓝旗。赵尔巽等：《清史稿》卷三百三十八，第11060~11061页。

c. 《两浙盐法志》可能错误地将三宝记录为镶蓝旗人。据《清史稿》，三宝隶属正红旗。赵尔巽等：《清史稿》卷三百二十，第10761~10762页。需要注意的是，此处列出的三宝和曾任两淮盐区盐政的三保是两个不同的人。

d. 《两淮盐法志》（光绪本）称李质颖为汉军，据《清国史》，李质颖隶属内务府满洲正白旗。《清国史》第7册，第683~684页。

e. 福长安为傅恒之子。赵尔巽等：《清史稿》卷三百零一，第10451~10453页。

乾隆帝也倾向于从他自己直接统辖的"上三旗"中任命旗人来督办两浙盐业。29 名旗人中，有 17 人出自"上三旗"，一名是皇家宗室成员，其余则来自正红旗、正蓝旗或镶蓝旗。[①] 至少有 6 名旗人曾在内务府任职。[②] 有的年份，皇帝甚至直接任命内务府包衣管理两浙的盐务。例如，1795年，任内务府郎中的岳谦被皇帝派往两浙盐区。两淮盐区的官员来自"上三旗"的比例要高于两浙盐区。本章虽然没有系统地比较两浙盐区和两淮盐区的政策——这是一个值得单独研究的课题——但大部分杭州织造是内务府包衣。因此，可能由于乾隆帝已安排了自己的包衣在杭州担任要职，所以便不那么热衷于任命包衣监管盐业。[③] 尽管如此，在两浙盐区的旗人官员，尤其是那些出身"上三旗"的人，在人数上仍然超过了汉人官员。

清朝皇帝偏爱将旗人——尤其是那些出身"上三旗"的官员——任命为江南盐政这一倾向显然有其政治目的。康熙帝故意在两淮盐区扩大他的"个人官僚体系"（personal bureaucracy），以密切监视地方事务并确保他对该地区的控制。[④] 乾隆帝即位时，清统治者业已巩固了他们的权力，因此任命包衣监管盐业成为提供募款供宫廷私用的渠道。换言之，包衣的主要责任之一是从盐业专卖体系中

---

① 正蓝旗和镶蓝旗的旗人在 1759～1780 年控制了两浙盐业。
② 内务府包衣的实际人数完全有可能比这还多。
③ 事实上，乾隆帝命织造在 1793～1821 年接管了两浙盐区的盐业。Yang, "The Muddle of Salt," 212.
④ Spence, *Ts'ao Yin*, 213–225.

为乾隆帝谋利。[①] 如本书第二章所示，这些包衣还负责在江南为皇帝安排生产和搜寻各种精美之物。

三 任命总商

在清帝通过任命旗人甚至包衣来监管盐业，从而加强皇帝对盐专卖制的控制时，他们也将汉人盐商纳入江南的盐业专卖网络。这些商人被称为"总商"。他们通常是商人中最富有的那些，并且在盐业中承担了主要份额。他们协助巡盐御史或盐政和盐运使管理盐务。[②] 尽管总商在盐业管理中发挥了重要作用，但总商是一个非正式职位，因此我们缺乏关于该职位如何运作的详细的官方说明。然而，由于总商在盐务管理中的重要作用，以及这一位置所带来的特权，包括上谕、盐政的奏折、徽州的族谱和方志等在内的各类文献都记载了他们的活动和生平。这些资料往往是零散的，但它们提供了许多宝贵的信息，帮助我们研究这些总商的家庭背景，以及他们在两淮盐区和两浙盐区与

①　包衣不仅帮助皇帝从盐业中获利，还安排了年利率12%的"强制"贷款给盐商。关于清廷给盐商的贷款，见 Torbert, *The Ch'ing Imperial Household Department*, 106 – 108；李克毅《清代的盐官与盐政》，第42页；Yang, "The Muddle of Salt," 286. 杨久谊说明了乾隆帝如何以各种不同的名义，从他的包衣那里获得两淮盐区的钱财，例如"无着闲款"和"节省银"。Yang, "The Muddle of Salt," 262 – 289, 306.

②　许多学者都讨论过总商制度，例如 Ho, "The Salt Merchants," 137 – 138；王思治、金成基《清代前期两淮盐商的盛衰》，《中国史研究》1981年第2期，第67~68页；王方中《清代前期的盐法、盐商与盐业生产》，第305~307页；陈锋《清代盐政与盐税》，第32~38页；王振忠《清代两淮盐务首总制度研究》，《历史档案》1993年第4期；Yang, "The Muddle of Salt," 466 – 494.

朝廷建立联系的方式。

很多清朝总商是明朝盐商的后裔。据王振忠的研究，嘉靖年间，国家开始选派被称为"客长"的富商作为盐商的代表与盐官打交道。[1] 16 世纪，随着资本较少的边疆和内陆商人逐渐破产，幸存的内陆商人能够以低价从破产商人那里购买盐引，然后再以高价出售。[2] 这些在当时被称为"囤户"的商人主宰了盐的市场。这些囤户中有许多是清朝富有盐商的祖先。[3]

在两淮盐区和两浙盐区，清代盐商分为两类：负责运盐的"运商"和负责生产盐的"场商"。[4] 总商制度是为管理运商而设立的。[5] 这个职位是世袭的，因此通常由同一商户的两三代人担任，每个在位者都使用代代相传的相当于"商号"的行盐旗号，而不是他个人的真名。[6] 总商有两项主要任务：第一，检查每位运商是否根据其所购盐引运盐、售盐；第二，确保每位商人都按时承纳盐课。此外，总商还参

---

[1] 王振忠：《清代两淮盐务首总制度研究》，《历史档案》1993 年第 4 期，第 103 页。

[2] Yang, "The Muddle of Salt," 51 – 53.

[3] 藤井宏认为一些吴姓、汪姓、黄姓徽州盐商为明代权势较大的内地商人。这些商人是清代一些富有盐商的祖先。杨久谊引用了藤井的观点，见 Yang, "The Muddle of Salt," 65. 又见范金民《明代徽州盐商盛于两淮的时间与原因》，《安徽史学》2004 年第 3 期，第 8 ~ 9 页。

[4] Ho, "The Salt Merchants," 132 – 135；王方中：《清代前期的盐法、盐商与盐业生产》，第 305 页；Yang, "The Muddle of Salt," 69.

[5] 两淮、长芦、两浙、河东、山东、两广六大盐区实施了这一制度。陈锋：《清代盐政与盐税》，第 32 页。

[6] 在奏折中，皇帝和官员通常以行盐旗号来称呼商人。行盐旗号可世袭。如果儿子从父亲那里继承了总商的职位，那么这个儿子就会被皇帝和官员用与其父相同的行盐旗号来称呼。关于主要商家行盐旗号的列表，见林永匡、王熹《清代盐商与皇室》，《史学月刊》1988 年第 3 期，第 20 页。

与制定盐务政策，并稽查走私。[1] 这些总商所行职责通常被称为盐务，被视为官府公事或公务。盐政往往把他们当作自己的"左右手"。[2] 总之，这些总商广泛、深入地参与了盐业专卖管理，为盐政官员提供了不可或缺的协助。

总商制度在两淮盐区最为发达。在那里，盐商组织由大总或首总、总商，以及经营规模较小的散商组成。[3] 总商是在顺治年间首次任命的。[4] 两淮盐区通常有 24～30 名总商。首总通常不到 5 人，级别高于总商。首总制度始于 17 世纪末 18 世纪初，一直持续到道光年间。[5]

从宫廷档案和徽州方志来看，两淮的总商大多来自歙西

---

[1] 陈锋：《清代盐政与盐税》，第 32～35 页。杨久谊也指出："一旦首总对交给他们的问题进行了审议和决定，他们的决定将被巡盐御史或盐政作为政策采纳和执行，或由后者作为建议或请愿书提交给朝廷。" Yang, "The Muddle of Salt," 475.

[2] 例如，来自稠墅的总商汪蘬堂被称赞为能"综理盐务，当路倚之为左右手"。扬州文人金兆燕曾为汪蘬堂的妻子作传，在文中简要介绍了汪蘬堂。金兆燕：《汪夫人传》，《棕亭古文钞》，《续修四库全书》第 1442 册，上海古籍出版社 2002 年影印本，卷三，第 9～11 页。

[3] Ho, "The Salt Merchants," 137; 王振忠：《清代两淮盐务首总制度研究》，《历史档案》1993 年第 4 期，第 103 页；Yang, "The Muddle of Salt," 470.

[4] 总商制度最早在两淮盐区建立的时间目前尚不完全清楚。王思治和金成基根据郝浴的奏折提出总商最早建立于 1677 年。王思治、金成基：《清代前期两淮盐商的盛衰》，《中国史研究》1981 年第 2 期。然而，陈锋认为它是在顺治年间建立的。陈锋：《清代盐政与盐税》，第 33 页。

[5] 关于总商的数量，见 Finnane, Speaking of Yangzhou, 123, 356 note 27. 关于首总的信息，见 Ho, "The Salt Merchants," 137 - 138. 何炳棣指出，1724 年后任命首总的做法遭到禁止，但直到 1831 年，由 30 名总商形成的集团仍然把持着当地盐业。另外，王振忠认为首总制度不迟于 1768 年开始，并且直到 1822 年仍存在。王振忠：《清代两淮盐务首总制度研究》，《历史档案》1993 年第 4 期，第 101 页。

的一些村庄。这些村庄是许多盐商世家的故乡，包括潜口汪氏、稠墅汪氏、岑山渡程氏、潭渡黄氏、江村江氏、桂林洪氏、棠樾鲍氏。[①] 这里我选取江春作为一个突出而典型的例子，来考察这些徽州总商的背景和活动，尤其是他们群体内部及他们与朝廷之间的网络。

江春被认为是"18 世纪下半叶最富传奇色彩的总商"，并且深受乾隆帝的青睐，乾隆帝曾数次与之会面并赐礼。[②] 他的名字在奏折和上谕中最常被提及，这表明江春与朝臣甚至皇帝之间经常互动。虽然江春所享受的特权无可比拟，但他获得特权的方式具有代表性。因此，研究他的社会背景和活动可用来了解其他徽州盐商。

江春接替潭渡的总商黄履暹，并于 1768～1788 年在盐务方面起主导作用。江春来自江村，这是一个以他的宗族姓氏命名的单姓村。他的曾祖父江国茂放弃了科举道路，在扬州行盐。江国茂之子江演继承了家族生意。[③] 江演之子江承瑜继承了其生意，成了总商。江春于乾隆年间继承此位及江广达的行盐旗号。

---

① 关于两淮有影响力的徽州总商的基本资料，包括姓名、商号、家庭背景等，见 Wu Yulian, "Tasteful Consumption: Huizhou Salt Merchants and Material Culture in Eighteenth-Century China"(PhD diss. , University of California, Davis, 2012),48 – 55. 本书也会相应介绍一些总商的基本信息。

② Ho, "The Salt Merchants," 160. 关于江春的更多信息，见 Ho, *The Ladder of Success*, 287 – 289. 关于江春生平，见《两淮盐法志》，1806，卷四十四，第 15 页下～16 页上；阮元《淮海英灵集》，《续修四库全书》第 1682 册，戊集，卷四，第 19 页上～20 页上。

③ 关于江国茂和江演的生平，见《两淮盐法志》，1806，卷四十六，第 6 页；卷四十四，第 10 页下～11 页上。

江春晚年经商资本短缺时，乾隆帝曾动用内务府库银借钱给他。[①] 江春去世后，江家开始衰落，因此江广达的行盐旗号便很少出现在奏折里了。江春的堂弟江昉（1727～1793，字旭东，号橙里、砚农，行盐旗号江日泰）也是一名盐商，在湖北做生意。[②] 江昉和江春密切合作，帮扶彼此的事业。他们在扬州共同举办了许多宴会，甚至一起刊刻诗集。[③]

　　江春的家庭背景表明，这些徽州盐商的生意在很大程度上依赖于他们的家庭和宗族的关系。江春从其父那里继承了盐业生意和总商一职。虽然没有江春行盐的详细记录，但有证据表明江春和江昉在盐业上相互合作。除了家庭或宗族的网络，江春还与其他徽州总商保持复杂的关系。江春的家乡江村就在歙西。如前所述，在乾隆和嘉庆年间，几乎所有可验明身份的总商都来自该地区。[④] 这些总商的家乡距离很近，

---

① 李质颖乾隆二十七年正月二十八日（朱批奏折 04 - 01 - 01 - 0311 - 007，中国第一历史档案馆藏，下略）和乾隆三十九年四月初四日（军机处录副奏折 03 - 0619 - 030）的奏折中提到乾隆帝给江春借款。江春去世后，他的园林康山草堂被变卖。他的儿子继续使用江广达这一行盐旗号，并且直到 1821 年仍为总商。Ho, "The Salt Merchants," 160 - 161.

② 尤拔士在乾隆三十三年三月十四日的奏折（朱批奏折 04 - 01 - 38 - 0045 - 008）中以江昉的行盐旗号江日泰称呼他。阮元也提到江昉在湖北有生意。阮元：《淮海英灵集》，《续修四库全书》第 1682 册，戊集，卷四，第 24 页。何炳棣声称，江昉"作为诗人、艺术家和收藏家而声名鹊起"。Ho, "The Salt Merchants," 161. 江昉的父亲是江承瑜，他在怡亲王允祥的推荐下于 1723 年成为知府。关于江承瑜生平，见《两淮盐法志》，1806，卷四十五，第 11 页。康熙帝的第十三子允祥是雍正帝最信任的兄弟。

③ 江春和江昉的诗作通过《新安二江先生集》得以行世。

④ 来自祁门的著名盐商马曰琯和马曰璐兄弟是个例外。我将在本书第二章中详细介绍他们。

它们之间通常步行一天可达。[①]

同时，这些总商还保持通婚关系。例如，江昉娶了潭渡黄氏盐商代表人物黄履暹（行盐旗号黄源德）的侄女。在康熙、雍正年间，黄履暹的父亲黄以正因在盐业上取得成功，首次为黄家带来了财富。黄以正的四个儿子因其财富和社会影响被称为"四大元宝"。[②] 黄履暹是黄以正的次子，1758～1768 年成为两淮盐区最有影响的总商。官员不仅在奏折中称他为首总，并且在向皇帝提及一众商人时将他列于首位。[③] 黄履暹的弟弟黄履昊将女儿嫁给江昉，以此加强了江氏与黄氏二族的联系。由于同乡之谊和通婚关系，这些盛清时期的

---

① 王振忠通过步行和骑自行车的方式访问了岑山渡、棠樾、潭渡、西溪南等村。王振忠：《歙县明清徽州盐商故里寻访记》，《盐业史研究》1994 年第 2 期。我自己的田野调查也确认了潭渡、岑山渡、棠樾、潜口、稠墅、江村等村落彼此都距离不远。

② 黄以正的长子黄晟致力于出版事业。他的三子黄履昊是一名官员，官至汉黄德道道台。1757 年，乾隆帝授予黄以正四子黄履昂（行盐旗号黄中德）官衔。见林永匡、王熹《清代盐商与皇室》，《史学月刊》1988 年第 3 期，第 19～20 页；《潭渡黄氏族谱》，1731。或许是由于 1768 年的两淮盐引案——盛清时期最著名的贪污案之一，黄家的地位似乎有所下降，因为此后的奏折中很少提到他们的家族成员。1768 年的两淮盐引案是乾隆时期最严重的腐败案件之一。1746～1768 年，吉庆、普福、高恒三名盐政允许盐商交易超出他们各自配额的盐，但没有向朝廷提交与这些额外配额相应的税。乾隆帝发现了这些欠缴的税款，严惩了这些官员。吉庆在 1768 年前业已去世，普福、高恒被斩首处死。Chang, *A Court on Horseback*, 235－236.

③ 高恒乾隆二十年三月二十八日奏折（军机处录副奏折 03－0636－088）提到，黄源德自愿捐输 10 万两白银，用以修缮城墙。在乾隆二十二年九月十四日的奏折（朱批奏折 04－01－35－0456－016）中，以黄元德为首的盐商捐输了 100 万两白银。在乾隆二十五年九月十六日的奏折（朱批奏折 04－01－35－0459－004）中，黄源德和其他盐商共同捐赠了 10 万两白银，祝贺皇太后七十大寿。

徽州总商或多或少地建立了相互之间的联系。

总商与乾隆帝和内务府除了通过经营盐业建立关系，两淮盐商还通过"捐输"资助各种皇家工程。许多乾隆时期为征战而筹措资金的奏折提到了江春这位两淮盐商的首总。例如，1773 年，盐政兼包衣李质颖报告，以江广达和程谦德为首的两淮盐商愿捐银 400 万两，以助大小金川战役。[①] 两年后，伊龄阿在奏折中称：首总江春代表两淮五百盐商，再次向朝廷捐银 100 万两，以奖赏在金川得胜的将领。[②]

学者还注意到盐商对乾隆帝南巡的贡献。正如张勉治所

①　程谦德是来自岑山渡的程旃和程均共用的行盐旗号。岑山渡程氏商人在乾隆初年迅速崛起。程大典是晚明时第一位迁到扬州的岑山渡盐商。程大典的四个儿子——程量入、程量能、程爽、程量衡都在扬州经营盐业生意。程爽的儿子程洪、孙子程旃、曾孙程均均为盐商。程旃和程均为总商，他们共用程谦德这一行盐旗号。程洪的生平传记见于程文桂编《新安岑山渡程氏支谱》卷五，第 91 页下，中国国家图书馆藏。又见《两淮盐法志》，1806，卷四十三，第 26 页上。由于这一行盐旗号在 1749~1788 年的奏折中经常被提及，因此他们可能是首总，他们通常代表盐商与盐政进行交流，有时也与朝廷沟通。他们的行盐旗号被列于黄廷桂乾隆十四年四月十九日的奏折（朱批奏折 04-01-01-0181-001）中。李质颖乾隆三十五年闰五月十一日奏折（军机处录副奏折 03-7959-016）提到，程谦德和其他盐商愿捐输 400 万两白银以助大小金川战役。据全德乾隆四十九年九月初八日奏折（军机处录副奏折 03-0637-063），程谦德再次代表盐商捐输。在全德乾隆四十九年十一月二十六日奏折（军机处录副奏折 03-0637-064）中，程谦德代表其他盐商捐输 100 万两白银，用以资助皇帝的千叟宴。关于程氏商人的更多信息，见 Wu, "Tasteful Consumption," 49-51.

②　李质颖乾隆三十八年八月二十二日奏折，军机处录副奏折 03-7959-016；伊龄阿乾隆四十年九月二十一日奏折，朱批奏折 04-01-31-1247-007。档案中还有其他类似材料。比如，全德乾隆五十三年正月初四日奏折（军机处录副奏折 03-0637-075）称，两淮盐商愿捐输白银 200 万两，用于奖励在台湾击败天地会起义的士兵。又见王方中《清代前期的盐法、盐商与盐业生产》，第 305 页；陈锋《清代盐政与盐税》，第 34 页。张勉治也提到盐商对大小金川战役的捐输。Chang, A Court on Horseback, 225.

展示的，在 1750 年代和 1760 年代，扬州盐商向乾隆帝的前四次南巡"贡献"了大量白银，并举行了盛大的庆典来招待他。[1] 这些总商中的许多人来自徽州，而其中实力最强的江春不仅参与了巡幸的准备工作，还数次在其宅邸接待过皇帝。由于他们对南巡的贡献，江春和其他徽州总商获得了朝廷的嘉奖，这既包括荣誉称号，也有经济利益。[2] 乾隆帝似乎很满意徽商对南巡的筹备安排，他们还能够参加在江南之外举行的宫廷庆典。例如，1770 年初，乾隆帝携其母巡幸天津，江春率领十余名总商到天津迎接。负责天津盐业的长芦盐商本应为朝廷筹备接待，但在乾隆帝看来，长芦商人的准备工作"未免粗率"。相比之下，他对扬州总商对南巡的筹备颇为满意。于是乾隆帝特地让扬州盐商，也就是他口中的"谙事之人"，示范如何安排精彩绝伦的"杂技"，配上精致的"排当"，从而"以洽慈欢"。[3]

据不同的资料记载，乾隆帝不仅知道江春之名，还称赞他为"晓事"商人。在下一节的一个案例中，因为江春帮助盐政抓捕了一名逃出宫的太监，乾隆帝亲自认可了江

---

[1] Chang, *A Court on Horseback*, 219 – 259, particularly 226 – 233. 张勉治还提到，江春和一些总商会向更小的商人施压（甚至排挤他们），以此为自己谋利。又见 Meyer-Fong, *Building Culture*, 165 – 195.

[2] 张勉治认为，乾隆帝在不提高从盐商那里收取盐引费用的情况下允许盐商贩卖更多盐。Chang, *A Court on Horseback*, 228 – 229. 1762 年，乾隆帝奖励包括黄履暹、洪徵治、江春、吴禧祖、徐士业、汪立德、汪秉德、汪焘、程扬宗、程玓、吴山玉在内的徽州总商，以表彰他们对其第三次南巡的贡献。高晋等编《南巡盛典》卷七十，第 8 页上。

[3] 尤拔士乾隆三十四年十二月十二日奏折，朱批奏折 04 – 01 – 14 – 0035 – 066 – 0002；尤拔士乾隆三十五年二月二日奏折，军机处录副奏折 03 – 0618 – 070。关于"排当"的含义，见王汉民《"排当"考》，《湖南科技大学学报》2010 年第 6 期。

春的能力，并称赞他的行为"甚属可嘉"。乾隆帝还授予
江春若干荣誉官职，包括布政使，以及属于内务府的奉宸
苑卿。

乾隆帝也知道其他总商的名字。这些商人不仅经常被列
在奏折中，乾隆帝还特意要求盐政上呈为饥荒或其他皇家工
程捐输的商人名单。[1] 江春的案例或许可以说明他与乾隆帝
之间的亲密关系，而在皇帝与其他的总商之间也存在着类似
的私人关系。这种新发展出的朝商网络为徽州盐商提供了一
个前所未有的机会，使他们可以扩大自己在盛清社会各个方
面的影响力，本书后面的章节将详细讨论这些内容。

两浙盐区也实行总商制。这里的总商被称为"甲商"。与
两淮不同的是，两淮几乎所有有影响力的盐商在其生涯中都
曾担任总商，而两浙的情况则不太明了。史料显示，两浙盐
区一些有影响力的徽州盐商——其中大部分居住在杭州——
实际上也是总商。例如，雍正年间江南最著名的藏书家之一
吴焯（1676～1733，行盐旗号吴永丰）就是一位总商。[2] 与
扬州的许多徽州总商一样，吴焯的家族最初来自歙西严塘，
其曾祖父迁居杭州。[3] 因向朝廷捐银 11 万两而于 1729 年获

---

[1] 一个例子是吉庆乾隆九年九月十二日奏折，军机处录副奏折 03 -
0077 - 014 和朱批奏折 04 - 01 - 35 - 0620 - 004。

[2] 吴焯不仅是一位成功的藏书家，还是一位诗人。在他位于杭州的书斋
里，吴焯为文人举办了许多聚会。吴焯的两个儿子吴城和吴玉墀继承
了其父的藏书习惯。盛清时期，吴氏一族在杭州的藏书名盛一时。
Nancy Lee Swann, "Seven Intimate Library Owners," *Harvard Journal of Asi-
atic Studies* 1(1936):363 - 390. 又见徐雁平《花萼与芸香：钱塘汪氏振
绮堂诗人群》，《汉学研究》2009 年第 4 期。

[3] 张熷：《吴绣谷先生行状》，吴焯：《渚陆鸿飞集》，1924。

赐了一个更高的官衔。[①] 但是，部分杭州盐商的身份则难以辨明。例如，本书第三章将讨论的著名藏书家兼杰出印章收藏家汪启淑也是来自歙县的盐商。他在杭州业盐，后买得一个在北京任职的官衔，但他是否为总商则不得而知。尽管两浙盐区的总商制度并不发达，但纲法制和两浙的经济发展让杭州盐商快速致富。正如吴焯和汪启淑的案例所示，他们有足够的财力来赞助文化生产。杭州盐商和他们的两淮同行一样渴望与朝廷建立联系，并利用自己的特殊资源达成这一目标。两浙商人为乾隆帝及其母亲的寿辰献上盛大的贺礼。[②] 他们为乾隆帝南巡捐献了不菲的款项。[③] 两浙盐商在吴玉如的带领下，捐银 10 万两归入盐义仓项下，众商皆获赏御赐匾额。[④] 著名的观音祭拜圣地普陀山为那些试图讨好乾隆帝母亲的杭州盐商提供了契机。1771 年，两浙商人与两淮商人和长芦商人一同奉恩旨准令进京——这是一个朝廷赐予的殊

---

① 《两浙盐法志》卷十八，第 23～24 页。《两淮盐法志》（1806 年本）还记载了另一个名为吴元丰的盐商的行盐旗号。他或许是吴焯的亲戚。

② 例如，永贵 1751 年 6 月 10 日的奏折表明，商人吴玉如、薛大有、叶如春、吴大盛愿意捐献 5.5 万两白银为乾隆帝的母亲祝寿。见朱批奏折 04 - 01 - 14 - 0025 - 032。十年后的 1761 年，两浙盐区的盐商为乾隆帝的母亲寿辰再次捐银。庄有恭乾隆二十六年三月十七日奏折，朱批奏折 04 - 01 - 14 - 0032 - 038。当年晚些时候，一些两浙盐商还亲自到北京为乾隆帝的母亲祝寿。庄有恭乾隆二十六年十月十八日奏折，朱批奏折 04 - 01 - 14 - 0033 - 029。1770 年，两浙盐商希望资助万佛楼的修建，以为乾隆帝祝寿，但是他们的请求遭到了拒绝。熊学鹏乾隆三十五年正月初六日奏折，朱批奏折 04 - 01 - 14 - 0036 - 051。

③ 喀尔吉善乾隆十四年十二月十二日奏折，朱批奏折 04 - 01 - 35 - 0621 - 016。

④ 常安乾隆八年八月二十六日奏折，朱批奏折 04 - 01 - 35 - 0448 - 022；乾隆十一年八月十七日奏折，朱批奏折 04 - 01 - 35 - 0620 - 015。

荣，因为两浙商人可为乾隆帝的母亲仿办普陀山胜迹工程。[①]

综上，总商地位为盐商——尤其是扬州盐商——提供了一个与包衣及朝廷建立关系不可多得的机会。他们的筹款活动和组织能力使他们得到了内务府和乾隆帝的重视和信任。正如本节所展示的，总商一职是获得这些特权的基础。当总商相互联系时，合作与冲突并存。因此，下一节将考察徽州盐商如何使用不同的策略来赢得这一关键职位。

四　与清廷建立联系

为了利用盐业专卖的新政策，商人需要与盐政——皇帝的旗人和包衣——联系起来，从而成为盐业专卖体系的一部分。常规历史记载往往将这些伎俩视为腐败行为，因此常对个人关系网是如何与官府交织运作的议题讳而不言。然而，宫廷档案中的认罪供词包含了关于这个问题的丰富材料，使历史学者能够探索徽州盐商与朝廷官员建立个人网络的策略。

一个值得审视的案例发生在 1744 年。在该案例中，内廷官员企图干扰两淮盐总的任命。[②] 此案的主角是两位在宫廷任职的官员——江荄和喀通阿。他们为了给江荄在扬州的

---

① 富勒浑乾隆三十六年正月十二日奏折，朱批奏折 04 - 01 - 14 - 0037 - 003，04 - 01 - 14 - 0037 - 031。

② 内务府档案中有三份文件与此案例有关。其中两份为案件供词，一份来自江荄（内务府档案 05 - 0066 - 020），一份来自喀通阿（内务府档案 05 - 0066 - 021）。最后一份是傅恒的奏折（内务府档案 05 - 0066 - 019），是傅恒就此案对乾隆帝所做的汇报，他建议将江荄和喀通阿移送刑部。三份文件落款时间均为乾隆九年十月初八日。

盐商亲戚谋利，密谋伪造了给两淮盐区新任盐政吉庆的信件。此案的罪魁祸首江荧出身徽州盐商世家，但他的户籍在京郊的大兴县。1742 年，江荧以举人考取中书，他的考官即是内务府官员盛安。自 1742 年后，江荧与盛安保持一些联系，会在盛安生日或年节走动。盛安的儿子喀通阿也是江荧的同僚兼好友。

此案起因于江荧打算将他在扬州的盐商亲属介绍给吉庆，后者于 1744 年 7 月被任命为新的两淮盐政。当时江荧的叔叔江助周和江广达（即江春），以及他的亲戚汪启源和罗振裕都在两淮行盐。江荧为了帮亲戚讨好新任盐官，便让喀通阿向其父盛安索要书信一封寄给吉庆。江荧打算通过这封信请吉庆对他的亲戚多加"照应"和"照看"，意思就是在政务上多些照顾。为了帮助江荧，喀通阿邀请江荧到他家拜见其父，亲自面说。不幸的是，江荧的计划适得其反。盛安承认自己认识吉庆，但不愿写信给他。盛安认为自己直接联系吉庆不妥，因为他们两人之间地位有差。正如盛安所说，在他担任内务府总管时，吉庆才是个官阶低微的笔帖式。[①] 盛安对吉庆为人的看法较为负面，认为他是生意人，出身微贱，并且"做人平常"。

在盛安拒绝江荧和喀通阿的请求后，他们二人便打算从时任内务府总管的傅恒处要来这封信。喀通阿试图通过他个人熟识的傅恒的侄子官登来接近傅恒。这个计划同样失败了。最后，在江荧的施压下，喀通阿伪造了两封信，一封出

---

① 笔帖式的品秩通常为七品到九品，可由满洲、蒙古、汉军旗人担任，但仅限旗人，他们在内廷工作。Hucker, *A Dictionary*, 378; 祁美琴：《清代内务府》，第 107～108 页。

自其父盛安，一封出自傅恒。江蒸将这两封信送发给吉庆，而吉庆立即就发现这两封信是伪造的。

这件案子清楚地表明了江蒸的目标，即在其亲戚和新的盐政之间建立联系。江蒸后来交代，他想要盐政"照应"他在扬州的盐商亲戚。江蒸声称，盐政的恩惠对这些商人来说是"给些脸面"。然而，喀通阿的供述揭示了江蒸的真正目的，即通过与吉庆的关系，让他的亲戚获得总商一职。在江蒸看来，盐政任命的总商特别尊贵，或者用他的话说是"有脸面"。根据江蒸和喀通阿二人的供述，江蒸承认，他曾批评其他那些不是他亲戚的总商办事不妥。江蒸声称，相比之下他的亲戚练达老成，办事明了，这次求取给吉庆的书信也是希望新盐政能多照应自家亲戚。

江蒸一案凸显了盐政在两淮总商任命过程中的重要作用。尽管总商在盐业管理中发挥了至关重要的作用，但选择合格候选人的标准相当模糊。在 1677 年的一封奏折中，盐政郝浴表示，他挑选的 24 位盐商皆为"资重引多之人"。① 但是当盐商财富相当时，盐政又该如何选择呢？当时的户部侍郎奏称，盐院往往在总商内择其"办事明白"者或二三人，或四五人，任命为大总。② 然而，这也是一个相当模糊的标准。衡量管理能力的标准是什么？如江蒸一案所示，做出最后决定的人是盐政。他的个人喜好会影响甚至可能决定总商的人选。显然，新的盐政重新任命总商也是很常见的。

---

① 郝浴的原文件被王思治和金成基引用，见王思治、金成基《清代前期两淮盐商的盛衰》，第 67 页。
② 《两淮盐法志》卷二十五《课程九·经费上》，转引自王振忠《清代两淮盐务首总制度研究》，《历史档案》1993 年第 4 期，第 103 页。

因此，与盐政保持良好的关系是盐商获得总商地位的主要策略之一。由此，我们便可以理解为什么江蒸费尽心思帮助其亲戚与吉庆建立联系。

江蒸案也凸显了宫廷内务府关系网对盐业专卖制度的深度介入。事实上，江蒸计划的基础是在宫廷内部关系网中找到与吉庆有联系的合适人选充当桥梁。从根本上说，他的策略是想利用宫廷，尤其是内务府的人脉，为扬州的亲戚谋取特权。

内务府复杂的人际网络——家族关系、旗属背景、职务关系和个人友谊——为江蒸与内务府官员建立个人联系并最终接触到盐政本人提供了不同的途径。江蒸认识盛安是因为他们的师生关系，这是精英生活中的重要纽带，更与他们每个人的政治生涯息息相关。其后，江蒸试图通过喀通阿与其父盛安建立进一步的联系。江蒸也深知内务府内部上下级关系的重要性。江蒸之所以选择盛安写这封信，是因为盛安曾担任内务府总管。从他的视角来看（后来也确实得到证实），盛安一定认识吉庆，因为吉庆之前曾在那里任职。

清代的八旗制度也可以用于人际网络的建设。在遭到盛安的拒绝后，江蒸又试图通过朋友喀通阿与时任内务府总管傅恒建立联系。江蒸认为，因为喀通阿一家和傅恒出身同一个旗，他们一定相互熟识。事实上，喀通阿确实认识傅恒的侄子官登，并试图通过他安排这封信。

除了这些联系，江蒸与其同僚兼友人喀通阿的关系使其与这些官员建立联系成为可能。这份友谊使他能够请喀通阿帮忙安排盛安和傅恒的信。喀通阿供述，江蒸曾经质问他，如果他不帮忙安排这些信件，怎能称两人之间存在

"情谊"。正由于这种私人关系，喀通阿因为没能替江荄拿到他要的信而感到惭愧，并最终伪造了这些信件。

从表面来看，江荄对这起案件似乎负有全部责任，但归根结底，他在扬州的家人才是其行为的幕后推手。盐商家族将宗族或家庭成员派往北京，资助他们在京为官。江荄试图把自己的叔叔和官员联系起来，是为了帮助他的"本家亲戚"。从这层意义上说，扬州总商正是通过他们的宗族或家庭关系与盐政建立了联系。

如江荄案所示，徽州盐商通过复杂的宫廷关系网获得总商职位，这一职位又进一步让徽商与宫廷加深联系。如前所述，总商不仅经营盐业，还负责安排和主持皇帝南巡等各种事务。管理这些事务使这些商人能够直接与皇帝身边的侍从互动。太监张凤的案例正说明了这种联系。1765 年，张凤与宫中的其他太监赌博输了钱，决定出逃。6 月 21 日，张凤盗取了皇后的金册及后宫的其他宝物后潜逃，并谎称自己是休假归省。7 月 29 日，张凤乘船抵达扬州。为了筹钱继续他的旅程，张凤试图将赃物中的一块表卖给首总江春。9 月 4 日，江春向盐政高恒报告，有一操北方口音的男子在他的宅邸附近徘徊，意在托卖物品。高恒暗中派遣差役到江春家。最后，在差役的帮助下，江春抓捕了张凤，并将其押解到了高恒的衙门。张凤最终被送回内务府受审。[①]

本案在说明盐政高恒与总商江春之间密切关系的同时，也揭示了事发前江春与太监张凤的交往。的确，正如张凤后

---

① 何炳棣曾简要地提及此案，见 Ho, "The Salt Merchants, "160. 更多详细信息见高恒乾隆三十年七月二十一日奏折，军机处录副奏折 03 - 1397 - 053。

来供述的那样，他曾经到扬州考察过静香园的陈设和装饰，当时乾隆帝正计划在其第二次南巡期间游览此处。张凤于是就这样遇到了江春，并且很可能和江春一起办过差事。也就是说，总商通过为南巡办差与宫廷的人建立了联系，其中包括朝廷命官，也包括皇帝身边的侍从。[①] 最终，鉴于江春在抓捕逃宫太监过程中的贡献，乾隆帝赐予他前面提到过的表彰和荣誉官职。

上述案例表明，在徽州盐商、乾隆帝、内务府、皇帝的侍从、皇帝的包衣兼盐政之间存在错综复杂的网络关系。徽州盐商用不同的策略与各方建立联系。基于此，他们成功地将自己的人际网络渗入朝廷网络和盐业专卖体制，由此获得了他们在盛清时期特殊的经济和政治特权。

* * *

清初，统治者沿用明末的专商世袭卖引纲法制以重振盐业，目的是征税以支持其军事征伐并巩固其统治。通过纲法制，一小部分商人垄断了两淮、两浙盐区的盐业，在短时间内积累了大量财富。此外，在淮南纲岸实行的售卖盐引但不认领引地以及盐商可自行决定行盐数量的特殊政策对扬州盐商尤为有利，使他们成了帝国最富有的商人群体之一。

在沿用明末政策的同时，清朝皇帝还引入了两个独特

---

① 扬州总商早在乾隆朝以前就已经跟宫里的太监建立了联系。例如，1714 年，康熙帝发现总商马德隆曾试图贿赂在内务府茶房做事的太监。参见李煦康熙五十二年十二月初九日奏折，《李煦奏折》，中华书局，1976，第 149 页。

的变化以改革盐业专卖制度：系统性地任命旗人官员——特别是内务府的包衣——来担任这一利益丰厚的职位，以及设立总商。这两项变革服务于清廷自己的政治意图：清朝皇帝能够将自己的人际网络渗入盐业专卖体制，使他们比明朝皇帝更有效地在最富裕的江南商业中心发挥自己的影响力。同时，这些新政策为徽州盐商在盛清获得前所未有的经济和政治特权提供了机会。旗人官员，尤其是皇帝自己的包衣，被派往江南担任巡盐御史或盐政，为商人提供了与朝廷尤其是内务府结成直接联盟的机会。徽州盐商通过总商一职将自己的人际网络整合进了盐业专卖体系。

凭借新进的政治地位和积累的财富，这些徽州盐商开展了许多工程来强化并展示他们的特权。这些工程往往与实物紧密相关并以实物为中心，其产生地从江南的中心城市延伸到盐商远在徽州的家乡。这些商人首先需要巩固与朝廷的直接关系。对商人来说，实现这一目标最有效的方法之一就是从江南采购和生产上等精美之物供宫廷所用。这就是下一章的主题。

第二部分

寻物江南

第二章　置物清廷

　　1772 年，内务府总管英廉命李质颖办理宁寿宫颐和轩内里装修，而宁寿宫是为乾隆帝退位后所修建的精致宅邸。作为乾隆帝亲信的包衣，李质颖当时是两淮盐政。该命令附有详细的说明，其中包括烫样一座（立体模型）、营造尺一杆（工部使用的标准尺）。不久，英廉又寄给李质颖另两个宫殿烫样各一座，让其制作内檐装修，并一同寄来 96 幅画样。接到朝廷的来信后，李质颖立即开始制作。他选择了熟悉宫廷室内装修、被他称为"熟谙妥商"的盐商来办理。这些商人采购装饰所需的优质材料，挑选和聘请能工巧匠，择吉日开工，上紧成造。8 个月后，即 1773 年 9 月 10 日，所有工程均已完成。仔细查验成果后，李质颖将每件物品都小心打包，并让自己的仆从乘船将包裹运送到北京。①

　　这个历史片段描述了 18 世纪扬州盐政为宫廷所办众多差事之一：采购和制造皇家使用之物。颁布这些任务的乾隆帝酷爱江南之物。他收集艺术品和古董，还要求某些特定物品在江南制作。江南明末及盛清时期以盛产精美之物而闻名于世。声名

---

① 　李质颖乾隆三十八年七月二十四日奏折，朱批奏折 04 - 01 - 14 -0041 - 021。

鹊起的同时，该地区还拥有全国技艺最为精湛的能工巧匠。基于这些原因，乾隆帝的包衣，即盐政被任命采购和生产供宫廷所用之物。然而，在江南生产这些东西绝非易事。从实际操作考虑，宫廷内檐装修应在紫禁城内制作，在那里工匠可以根据建筑的实际空间进行定制。[①] 因此，与京城相距甚远的江南并不是制作宫廷用品的理想场所。虽然这些精美的物品都进入了北京的宫殿，但历史学者并不清楚实际的采购和生产过程：皇帝是如何从江南收集如此多的物品，这些物品是如何被寻找和生产的，谁又为这些东西买单？本章旨在回答这些问题。

本章将揭示扬州盐院的一个重要功能，即帮助清廷在江南采购和生产大量宫廷所用之物。奏折中常称这种安排为"办差"。出身皇帝包衣的扬州盐政受朝廷之命掌管此类事务。然而，盐政单凭一己之力无法完成这些差事。扬州总商于是帮助盐政搜寻、购买、制作这些物品。在大多数奏折中，这些商人助手被称为"熟谙商人"或"熟谙妥商"。[②]

---

① 张淑贤：《扬州匠意：宁寿宫花园内檐装修》，故宫博物院、柏林马普学会科学史所编《宫廷与地方：十七至十八世纪的技术交流》，紫禁城出版社，2010，第125页。

② 在奏折中，用来称呼商人的术语虽略有差异，但都表达了这些商人不仅熟悉这些差事且办事可靠的意思。例如，"熟谙商人"被用在了李质颖乾隆三十五年七月初二日奏折，朱批奏折 04 - 01 - 14 - 0036 - 034。"熟谙妥商"被用在了李质颖乾隆三十八年七月二十四日奏折，朱批奏折 04 - 01 - 14 - 0041 - 021。"谙熟妥商"被用在了李质颖乾隆二十九年四月初四日奏折，收入《宫中档乾隆朝奏折》第35册，台北"故宫博物院"，1982，第179~180页。"晓事商人"被用在了李质颖乾隆三十八年十月初六日奏折，军机处录副奏折0133 - 091；009 - 1937 - 1938。转引自张淑贤《扬州匠意：宁寿宫花园内檐装修》，《宫廷与地方：十七至十八世纪的技术交流》，第136页。

新改革的盐业专卖制度使这些精制物品从江南运往北京成为可能。如本书第一章所示，清代盐业专卖政策的变化使商人与朝廷建立了全新的直接关系。本章通过追溯由盐商采购和生产的物品的循环流动，考察这些奢侈品如何提供了一个商人得以促进和加强他们与朝廷联系的有效渠道。同时，探索盐商如何办理这些精美物品的过程揭示了乾隆帝在江南中心城市获取财富和物资的机制。

本章由五个部分组成。前三个部分考察商人呈交给皇帝的某一类特定物品：贡物、活计，以及提交给《四库全书》编纂工程的善本。第四部分解释盐商的财力在这些任务中的角色。最后一部分考察这些物品的流动如何在朝廷和江南之间建立了一种品味和风格的循环。

一 在扬州办贡

乾隆帝通过大范围运作的朝贡制度从江南收获了大量的精美物品。这些贡物大多是江南市场流通的商品。本节考察这些贡物如何被搜寻、选择和进献给皇帝的。虽然两淮盐政是宫廷指定的办贡人，但扬州盐商通过他们广泛的关系网络，为准备这些奢侈品提供了不可或缺的帮助。

朝贡制度在中国有着悠久的历史。① 这一制度的名称来

---

① 自 1930 年代以来，西方学者一直在研究中国的朝贡制度，以理解中国的对外关系。费正清首先建立了具有影响力的朝贡制度模型。他认为，通过外国人献上的贡物，中国统治者可声称其有“天命统治全人类”。中国皇帝还派遣自己的使节到国外“授予玉玺并重整质国的统治者”。与此同时，外国通过朝贡制度来获得与中国贸易的许可。John K. Fairbank, "Tributary Trade and China's Relations with the West,"*Far East*

自"贡"，即献给中国皇帝的礼物。虽然"贡"在英文中被翻译为"tribute"，但正如欧立德（Mark Elliott）所指出的，这两个词的含义并不完全对应。"贡"这个字"其实是指献给皇帝的**任何礼物**"。因此，朝贡制度是"构建皇帝与任何可能接近他的外人之间关系的框架"——这里的"外人"包括"朝廷外的所有人"。[①]

中国存在两种形式的贡——外贡和内贡。外贡指贡物由外国使节赠送给中国皇帝，作为中国与其他国家外交关系的一部分。外国使节向中国皇帝赠送礼物并遵行宫廷仪式，以承认中国的崇高地位。与此同时，这些外国使者也从皇帝那里收到贵重物品，更重要的是获得与中国进行贸易的机会。

内贡发生在帝国内部，在皇帝与他的臣民之间。[②]为了

Quarterly 1, no. 2(1942): 135, 136. 后来的学者重新评估了费正清的模型。傅礼初展示了清朝与中亚国家的关系中实施朝贡制度的复杂性和灵活性。Joseph F. Fletcher, "Ch'ing Inner Asian, c. 1800," in *The Cambridge History of China*, vol. 10, eds. by Denis Twitchett and John K. Fairbank(London: Cambridge University Press, 1978), 35 – 106. 在 1995 年的美国亚洲研究协会年会上，两个会议小组集中讨论了朝贡制度，旨在"重新考虑朝贡的多层次政治、经济和礼仪意义"，并研究清代朝贡制度的"实际影响"。这两个小组讨论的摘要参见 http://208.75.20.218/absts/1995abst/china/csess46.htm，2015 年 12 月 31 日查阅。

① Mark C. Elliott, *Emperor Qianlong: Son of Heaven, Man of the World*(New York: Longman, 2009), 128 – 129. 更多有关朝贡制度的信息，见该书第 126 ~ 161 页。

② 学界对内贡的研究较少，尤其是在英语书写的研究中。中国学者已发表了先驱性的作品。例如，杨伯达考察了清代从广东省呈递给皇帝的

表达对皇帝的钦佩和忠诚，少数特权群体会向朝廷进献礼物，这其中包括皇室贵族、有资格的官员，在某些特殊情况下也包括平民。作为回应，皇帝会以恩惠或其他好处奖励进贡之人。因此，内贡提供了皇帝与臣民之间的沟通渠道，同时强调了君臣之间的等级关系。这些皇帝与臣民的互动是以礼物交换作为媒介来进行的。

　　乾隆帝将朝贡制度完全纳入其政治文化。① 在他统治期间，与进贡有关的档案"宫中进单"大量增加——总计占清代贡单总数的一半。这表明了朝贡制度在乾隆朝的重要

　　贡物。Yang Boda, "The Characteristics and Status of Guangdong Handicrafts as seen from Eighteenth Century Tributes from Guangdong in the Collection of the Former Qing Palace," 收入《清代广东贡物》，故宫博物院，1987。董建中也研究了清代贵族和官员呈递的内部贡物。董建中：《清乾隆朝王公大臣官员进贡问题初探》，《清史研究》1996 年第 1 期。又见陈国栋《内务府官员的外派、外任与乾隆宫廷文物供给之间的关系》，《台湾大学美术史研究集刊》第 33 期，2012 年。在 1995 年的美国亚洲研究协会年会上，贾宁在她的论文"Tribute, Frontier, and Manchu State Remaking: Mongol Tribute in Seventeenth and Eighteenth Century China"中讨论了两种朝贡制度的形式。在同一场会议中，朴兰诗（Nancy Park）也考察了省级官员向皇上呈递的内贡，并讨论了上贡的负担如何与 18 世纪腐败的兴起有关。http://aas2. asian-studies. org/absts/1995abst/china/csess 46. htm；http://aas2. asian-studies. org/absts/1995abst/china/csess65. htm，2016 年 5 月 15 日查阅。

① 清代的朝贡制度在康熙年间开始制度化，并在乾隆时期达到顶峰，之后逐渐衰落。现存记载康熙年间贡物的文件极少。杨伯达声称："康熙年间进单仅存五件。"然而，雍正统治时期保存了 500 多件进单，这表明朝贡制度在 18 世纪早期逐渐发展起来。Yang, "The Characteristics and Status," 40.

地位。① 更重要的是，贡物的数量和质量都超过了别朝。通过比较雍正和乾隆年间广东省的宫中进单，杨伯达发现，"这些［乾隆年间］物品的种类、质量和数量都以几何级数量增加"。18 世纪后，如道光年间，龙袍、珍贵的紫檀木家具和玉制的书案装饰等贵重物品则从宫中进单上消失了。②

乾隆时期，进贡的形式多种多样，进贡的原因和场合也五花八门，这进一步表明了乾隆帝对地方官员进贡的鼓励。清代的固定进贡是"岁贡"或"常贡"。进贡者应在一年中的三个特定日子主动向皇帝献上他们的贡物——万寿节、新年和端阳节。除了这些"例行"的进贡，个人还可在其他场合献上贡物。例如，官员可以在皇帝巡行泰山、五台山和江南时献上贡物。这种进贡因此被称为"迎銮贡"或"路贡"。③ 进贡在乾隆年间变得十分普遍，甚至可以在没有任何理由的情况下进行。官员可以简单地在乾隆帝召见他们时献上礼物。④

乾隆帝甚至会要求上贡特定的物品。这些他指定的贡物

---

① 董建中：《清乾隆朝王公大臣官员进贡问题初探》，《清史研究》1996年第 1 期，第 40 页。自康熙以来，贡物在被称为"宫中进单"和"贡档"的宫廷档案中有完备的记载。贡档是由养心殿造办处制作的，记录进单的"条目、数量以及皇帝的评价"。正如杨伯达指出，宫中进单被官方称为"贡单"或"贡折"。朝廷文员往往称为"进单"。杨伯达估计，现存乾隆年间的贡单有一万多件。Yang, "The Characteristics and Status," 40, 45.

② Yang, "The Characteristics and Status," 46, 50.

③ 康熙帝和乾隆帝热衷在热河的皇家猎苑木兰围场狩猎。这些狩猎活动为皇室贵族和官员提供了一个进贡的机会，这种进贡被称为"木兰贡"。董建中：《清乾隆朝王公大臣官员进贡问题初探》，《清史研究》1996 年第 1 期，第 42 页。

④ 这类进贡被称为"召见贡"。

通常很难在北京找到或制作。① 因此，他会指派具体官员来寻找这些物品，而这一任务经常落到在地方为官的他的包衣身上。这些并非官员自愿进献的"礼物"被称为"传办贡"。

作为乾隆帝亲信的包衣，扬州盐政除了需要自己奉上大量的贡物，还要负责为朝廷安排传办贡。② 然而，盐政并非独自处理如此大规模的办贡差事。相反，他们通常"选商领办"。③ 正如奏折所示，这些商人就是扬州总商。例如，1793年，当新任命的盐政巴甯阿调查他的前任全德的办贡时，他传见了以徽州盐商洪箴远为首的总商，并询问他们全德是如何处理贡物的。巴甯阿通过调查得出结论："两淮备物输忱，向由商等敬谨承办。"④

虽然宫廷档案中包含了大量关于扬州贡物的贡单，但缺少

① 董建中：《清乾隆朝王公大臣官员进贡问题初探》，《清史研究》1996年第1期，第42页。

② 杨久谊认为盐政的重要职责之一便是上贡。Yang, "The Muddle of Salt," 248.

③ 例如，这一表达被用在了寅著乾隆四十一年十月三十日奏折，朱批奏折04-01-12-0176-064。

④ 巴甯阿乾隆五十八年四月初三日奏折，朱批奏折04-01-12-0243-092。洪箴远来自出了好几位著名总商的歙县桂林。最著名的洪姓商人是洪徵治（1710～1768，行盐旗号洪充实）。早在1762年之前，洪徵治就被赐"奉宸苑卿"的官职，后来又因其对第三次南巡的贡献而被乾隆帝提升一级。高晋等编《南巡盛典》卷七十，第8页上。1762年后，行盐旗号洪箴远频繁出现在奏折中。郑志良认为，这个名号可能是指洪徵治的长子洪肇根。郑志良：《论乾隆时期扬州盐商与昆曲的发展》，《北京大学学报》2003年第6期，第101页。为何洪肇根不使用他父亲的旗号仍不清楚，但无论如何洪肇根在盐业经营上获得了成功。扬州民间传说提到洪箴远是扬州盐商的首领。王振忠：《〈淮南宴客记〉小考》，《盐业史研究》1996年第2期，第65页。更多有关洪姓商人的信息，见洪业远编《桂林洪氏宗谱》卷五，1923年本；李斗《扬州画舫录》，第235页。

对办贡过程的详细描述。宫廷档案之所以缺少办贡过程的记录，可能是贡物该由谁负责在当时是含糊不清的，有时人们甚至会在这一问题上产生冲突。事实上，乾隆帝和他的一些官员也的确同意两淮盐政"理应备办贡物"，让商人办贡为"非敬谨之道"。① 但是，通过对上谕、奏折和地方笔记中零散材料的收集整合，我们可以玉贡为例来重建商人为乾隆帝备办这些奢华之物的过程。

一个关于玉贡的案例出现在乾隆帝回复全德 1784 年奏折的上谕中，该上谕描述了盐政伊龄阿如何委派总商江春安排一批贡玉。这些玉器是伊龄阿在 1784 年乾隆帝南巡时进贡的。全德的奏折记载，江春首先安排了一些"买卖人"去购买玉器。在乾隆帝接受这些玉器之后，江春通过盐政给买卖人安排奏销。② 这些上谕和奏折没有具体说明这些玉器的买卖人是谁，但一份玉器走私案的供词及笔记中的记录揭示了江春和一位玉器卖家顾又简之间密切的个人关系。1779年，盐政伊龄阿调查了涉及顾又简的玉器走私案。在审判过程中，罪犯牛四供认他将玉石从新疆运到扬州后，将其卖给了李泰来和顾又简。③ 虽然宫廷档案没有具体说明这两个人是谁，但李斗的《扬州画舫录》中关于与江春交往之人的章节

---

① 准泰提出了这一主张，乾隆帝同意了他的说法。准泰乾隆九年七月初一日奏折，朱批奏折 04 - 01 - 35 - 0449 - 017。

② 《清实录》卷一千二百零七，中华书局，1986，第 53 ~ 54 页；卷一千二百零八，第 9 ~ 10 页；卷一千二百零九，第 22 ~ 23 页。全德能够揭发这起案件，是因为伊龄阿没有向购买这些玉器的商人偿还总共 60 万两银子的费用。这些商人随后向新的盐政报告了这一问题。

③ 更多有关这一案件的信息，见伊龄阿乾隆四十三年十一月十四日奏折（朱批奏折 04 - 01 - 08 - 0192 - 006）和乾隆四十三年十一月十六日奏折（朱批奏折 04 - 01 - 08 - 0192 - 004）。

记录了顾又简的传记。如该传记所载："顾廉，字又简，苏州人。精鉴识古器……由贫困起家，而能慷慨若是，有识者服焉。"[1] 寥寥数语将顾又简描绘成一个出身贫寒，却在短时间内变得相当富有且慷慨的人。因为他的传记既没有提到他的功名也没有提及他的文学才能，顾又简可能从未参加过科举考试，也没有受过正规教育。同时，据上文所引档案，顾又简以 1.7 万两银子从牛四处购得玉料。由此可以推断，顾又简很可能参与玉石买卖，他或许在新疆直接买卖玉石，又或者参与玉器的制作和出售。我们很难确定顾又简是否就是1784 年帮助江春获得玉器的商人，但有理由认为顾又简可能向江春提供了一些玉器用于进贡，这一买卖当然会给顾又简带来好处。与此同时，顾又简也有可能帮助了江春评估和挑选玉器。

正如这个例子所示，徽州盐商江春与江南买卖人的关系帮助他找到了可进献给皇帝的潜在贡物。顾又简当然不是唯一与江春交往的人。江春还认识其他能工巧匠。例如，来自歙县的书法家汪大黉就是自鸣钟专家。他在江春家住了几年，江春"常以汪所制充贡"。[2]

除了这些买卖人和工匠，徽州盐商还与可以帮助他们评估物品质量的鉴赏家广泛结交。这一社会关系网络在进贡古董和古代艺术品时尤为重要。虽然乾隆帝经常命令他的包衣从江南寻找古董、书法、绘画和善本，但他拒绝了这些类别中的大多数物品，要么是因为他断定贡物是伪造的，要么仅

---

① 李斗：《扬州画舫录》，第 278 页。
② 许承尧：《歙事闲谭》，第 674 页。汪大黉的传记也被记录于《扬州画舫录》第 282 页。

仅是因为贡物不够好。即便是因擅长办贡而赢得乾隆帝称赞的李质颖——他最青睐的包衣之一——也有达不到他标准的时候。1770 年 6 月，李质颖提交了 60 张藏经纸、16 张宣纸、米芾大字手卷一轴，以及著名诗人和书法家苏轼的书法作品。[①] 然而，乾隆帝拒收了所有的书法作品，并宣布它们为赝品。[②] 随着乾隆帝逐渐培养起自己高超的鉴赏技能，并保持了对艺术品的高要求，进贡者如何确保艺术品的质量和真伪变得尤为重要。[③]

在这一背景下，商人对各类古董、绘画和书法鉴赏家的赞助，在帮助他们评估艺术品时起到了至关重要的作用。例如，江春的朋友汪舸被描述为"鉴赏古画及铜玉器，得秘法"。另一位受江春赞助的有才之士文起因其对古董了如指掌而闻名，并享有鉴赏家的声誉。[④] 江春绝不是唯一与这些人交往的盐商。事实上，在 18 世纪的扬州，大多徽州总商世家以交往擅长各种艺术的有才之士而闻名。歙县棠樾的鲍志道一家——鲍家在乾隆后期产生了三代总商——与擅长辨识古器、鉴赏书画的黄德煦是朋友。[⑤] 在这些鉴赏家的帮助下，总商所进之物才有可能够达到乾隆帝的标准。例如，

① 李质颖乾隆三十五年闰五月初二日奏折，朱批奏折 04 - 01 - 14 - 0036 - 038。
② 中国第一历史档案馆、香港中文大学文物馆合编《清宫内务府造办处档案总汇》（34），人民出版社，2005，第 107、110 页。
③ Kohara Hironobu, "The Qianlong Emperor's Skill in the Connoisseurship of Chinese painting," *Phoebus* 6, no. 1(1988)：56 - 73；董建中：《从进贡、抄家看乾隆朝清宫书画的收藏》，《明清宫廷史学术研讨会论文集》，紫禁城出版社，2011。
④ 李斗：《扬州画舫录》，第 280、282 页。
⑤ 李斗：《扬州画舫录》，第 151 页。

1780 年，乾隆帝接受了由盐政伊龄阿代表江春进贡的几幅画作①——这也是他在那年唯一接受的画作。②

徽州盐商与买卖人和有才之士的广泛联系使他们能够为乾隆帝搜寻到大量奢华之物。然而，搜获和评估这些贡物只是办贡的第一步。盐商还建立了一套用以存贮和进献这些贡物的专门系统。巴甯阿 1793 年的一份奏折对此提供了宝贵信息。正如前文所述，在那一年，乾隆委派巴甯阿调查前任盐政全德任职期间是否营私舞弊。他特别指示巴甯阿留意全德对贡物的管理。正如巴甯阿所报告的：

> 两淮备物输忱，向由商等敬谨承办，全前院并不经手。迨蒙赏收一二件外，发回物件均交商等具领存贮务本堂，预备配搭再进。历年记有档册可凭。③

如该奏折所示，徽州盐商开发了一个贡物管理系统，其中包括记录所有贡物的完整档册，以及一个特定的贮存贡物的仓库——务本堂。务本堂为扬州总商办公之所，是存聚费用之处，同时有堂商专门管理。④ 此外，商人不仅呈递贡物，还建立了接收、记录和保存贡余（被皇帝拒绝的贡物）的系

---

① 从理论上讲，官衔较低或没有官衔的没有资格亲自向皇帝进贡礼物，但他们的贡物可以由符合资格的官员进贡。例如，扬州盐商通常通过盐政进贡礼物。

② 董建中：《从进贡、抄家看乾隆朝清宫书画的收藏》，《明清宫廷史学术研讨会论文集》，第 439 页注 8。

③ 巴甯阿乾隆五十八年四月初三日奏折，朱批奏折 04－01－12－0243－092。

④ 王振忠：《清代两淮盐务首总制度研究》，《历史档案》1993 年第 4 期，第 103 页。

统，继而等待另一个机会再次进贡。就这样，盐商既没有浪费这些昂贵的物品，也没有浪费他们的时间，还为下一次进贡做好了准备。换言之，徽州盐商建立了一套整饬有序的系统来办贡，并在他们自己职权允许的前提下管控贡物。

当乾隆帝向江南的盐院索要大量精致贡物时，两淮盐政便需要提供大量的贡物。这些需求为徽州盐商帮助盐政获取和统筹贡物打开了大门。商人与当地买卖人和鉴赏家的社交和赞助网使他们能够获得并评估那些符合乾隆帝标准的贡物。盐商办贡也减轻了盐政的负担，并加强了他们与皇帝包衣之间的联系。

二 制作活计

除贡物外，乾隆帝还征用了在北京和全国其他地方的能工巧匠来制作供宫廷使用之物，即活计。① 在位期间，乾隆帝要求扬州制造各种各样的物品。本节着重介绍在扬州所制之物的生产过程，并探讨徽州盐商在其中起到的作用。具体而言，我将分析乾隆帝的品味如何指导这些物品的生产，以及盐商如何在实际生产中顺应他的严格要求。

在乾隆帝传旨所制之物中，玉活计是最常出现的。② 他

---

① Evelyn Rawski, *The Last Emperors: A Social History of Qing Imperial Institutions* (Berkeley: University of California Press, 1998) , 175 – 176. 更多有关造办处和工匠的信息，见吴兆清《清代造办处的机构和匠役》，《历史档案》1991 年第 4 期。

② 扬州作坊以制作大型玉器闻名，著名的《大禹治水图》的玉山就制于扬州。徐启宪、周南泉：《〈大禹治水图〉玉山》，《故宫博物院院刊》1980 年第 4 期。又见傅崇兰《中国运河城市发展史》，四川人民出版社，1985，第 338 页。

还要求制作许多其他的物品，如金叶、笺纸、包括碗碟和家具在内的日常用品。① 除了个别物品，他还下令在扬州制作大套件物品。其中最著名的一项是制作乾隆宁寿宫花园的内檐装修和装饰物件。该项目的订单包括各种各样的物品，如窗户、瓷瓦，以及各种家具或家具部件。②

正如办贡那样，皇帝经常任命盐政来管理这些精美物件的生产。两淮总商再次提供了必要的帮助。通过考察盐政所办的一个具体活计，我们可以追踪实际的生产程序。在此，我们将以李质颖为长春园蕴真斋所制内檐装修为例来追溯这一生产过程。③

1770 年 6 月 5 日，内务府总管三和向乾隆帝呈递了蕴真斋窗户和碧纱橱的画样。乾隆帝批准后，三和将这些贴签画样和营造尺寄给了李质颖，并请他安排这些物品的制作。22日，李质颖接到宫中来文，随即开始制作。李质颖在其后来的奏折中如是汇报：

> 奴才遵即选派熟谙商人，一面赴苏州挑买紫檀，选

① 例如，1769 年，盐政尤拔士被要求在扬州制作金叶。尤拔士乾隆三十四年十月初六日奏折，朱批奏折 04 - 01 - 14 - 0035 - 032。又见李质颖有关于宁寿宫制作瓦片的奏折。李质颖乾隆三十八年七月二十四日奏折，朱批奏折 04 - 01 - 14 - 0041 - 021。有关伊龄阿在扬州制作碗碟的奏折，见伊龄阿乾隆四十四年十二月初四日奏折，朱批奏折 04 - 01 - 14 - 0043 - 073。

② 这些要求是在乾隆三十五年至四十年下达的，当时乾隆帝的包衣李质颖担任两淮盐政。Nancy Berliner, et al. , *The Emperor's Private Treasures from the Forbidden City* (New Haven, CT: Yale University Press, 2010) , chapter 3, especially 130 – 136。

③ 朝廷让江南作坊制作内檐装修的情况可能并不常见，这个例子展现的采购制作过程与其他物品相似，因此有助于理解盐商与朝廷之间的关系。

> 雇工匠，酌定新式花纹，一样成作，于闰五月十一吉日
> 开工……自开工之后，奴才每间日赴工所查看，务求精致，
> 不使少有粗糙。严督加工赶办，兹于六月二十八日完工。①

正如这一奏折所示，尽管收到内务府命令的人是盐政，但是实际执行具体制作的是盐商。这一工作包括两项主要任务——采购原料与选雇工匠。②

遗憾的是，现存宫中档案并没有提供关于这些物品在扬州实际生产过程的详细信息。③ 然而，通过分析紫檀木的物质性及其在盛清时期的供给状况，我们可以了解这些商人完成这些活计时所处的情况，并重建他们采购原料的方式。紫檀是一种紫褐色、有光泽的硬木。紫檀常被比作美玉，因其木料美丽并难以雕刻。④ 紫檀主要生长在马来半岛和印度尼西亚。在中国，广东和广西也出产一些紫檀，但数量很少。因此，大多数紫檀是从东南亚进口的。⑤ 明

---

① 李质颖乾隆三十五年七月初二日奏折，朱批奏折 04 - 01 - 14 - 0036 -
　034。

② 制作玉器的过程稍有不同。由于玉料在未经朝廷许可的情况下不得
　在当地买卖，朝廷通常会将未经雕琢的玉石提供给盐政。然而，盐
　商仍然需要购买制作材料，如宝砂，即一种用于琢磨玉石的磨砂。
　盐商也负责雇用玉匠、为其支付工资并提供伙食。全德乾隆五十七
　年十月初四日奏折，朱批奏折04 - 01 - 36 - 0116 -010。

③ 张淑贤注意到中国历史文献很少记录制作工艺。按张淑贤的说法，许
　多工匠不识字，于是他们往往口头传授他们的知识。另外，对记录建
　造信息感兴趣的文人往往缺乏必要的知识来理解生产程序，因此他们
　的记录并不准确。张淑贤：《扬州匠意：宁寿宫花园内檐装修》，《宫
　廷与地方：十七至十八世纪的技术交流》，第 125～126 页。

④ Berliner, et al. , *The Emperor's Private Treasures*, 112.

⑤ 胡德生：《传统硬木家具的木材》，《故宫博物院院刊》1989 年第 2 期。

清宫廷都很青睐紫檀。因其木材硬度，紫檀是制作家具的完美材料：它经久耐用，且可以进行精雕细刻。然而，紫檀的硬度与其漫长的生长周期相关，这也限制了它的供给和产量。明代朝廷大量储存了这一材料。[①] 然而，由于生长缓慢，紫檀的供给在过度消费的压力下迅速减少。到了明末，就连以前在东南亚充足的紫檀木也几乎消失了。到了清中叶，由于紫檀木料来源的减少，朝廷不得不收集市场上能找到的任何紫檀。[②]

正如杢斋轲的奏折所记，这些商人前往苏州购头木材。这表明在清中叶，扬州市场上并没有很多紫檀。我尚未看到关于这些商人如何找到紫檀的直接资料，但是从明清时期的木材贸易文献中我们可以看出，徽州盐商的关系网在这一过程中发挥了重要作用。富有的徽州盐商在自己的宅邸使用紫檀家具，因此他们应该知道在哪里能买到这种珍贵的木材。据一位名叫吴炽昌的幕僚所记，他曾被邀请参加一位著名徽州盐商在家中举办的聚会，并对这位盐商住所一阁中两壁的装饰印象深刻：两壁覆有雕刻精美的山水人物的紫檀花板。[③]

历史学者已经指出，从明末起，徽州商人开始主导江南的木材生意，尤其是婺源县的商人。这些商人从位于中国西南的四川、贵州等木材资源丰富的地区采购各种木材，然后

---

① Craig Clunas, *Chinese Furniture* (London: Bamboo, 1988) , 40.

② 胡德生：《传统硬木家具的木材》，《故宫博物院院刊》1989 年第 2 期，第 89 页。

③ 吴炽昌：《客窗闲话》，《续修四库全书》第 1263 册，卷三，第 8 页上～9 页下。这位富商应该是来自徽州桂林的总商洪徵治。王振忠：《〈淮南宴客记〉小考》，《盐业史研究》1996 年第 2 期，第 65 页。

在江南市场上售卖这些材料。① 正如范金民研究所示，1738
年，徽州商人在苏州拥有至少 94 家木材行。② 由于扬州总商
大多来自徽州，这些盐商很可能是通过他们的同乡关系在苏
州搜寻到了这些珍贵的木材。

这些总商还经常为朝廷采购除紫檀之外的其他珍贵木
材。军机处保存的一份文件——显然是一份奏销档案——
记录了从 1758 年至 1762 年总商采购的各种物料。③ 根据这
份文件，五位总商——黄源德、江广达、徐尚志、王履泰、
李永大——采办了清廷青睐的包括紫檀在内的珍贵木材，比
如红木、黄杨、鸂鶒木、楠木和湘妃竹。④ 名单上的前三位
商人来自歙西。⑤

购买这些珍稀材料已经是艰巨且复杂的任务，但这仅
是整个活计生产的第一步，接着是选雇工匠。制作这些物
品绝非易事。其质量和数量必须符合乾隆帝的严格要求和
指示——因为是衡量工匠技能的最终标准。

尽管这些物品是在扬州生产的，但是乾隆帝及其仆从
仍通过各种沟通机制仔细监督并严格控制生产过程。⑥ 如

---

① 更多有关帝制晚期中国徽州商人木材生意的详细介绍，见李琳琦《徽
商与明清时期的木材贸易》，《清史研究》1996 年第 2 期。

② 范金民：《清代苏州城市文化的繁荣写照——姑苏繁华图》，熊月之、
熊秉真主编《明清以来江南社会与文化论集》，上海社会科学院出版
社，2004，第 285 页。

③ 军机处录副奏折 03 - 1102 - 014。

④ 更多有关这些硬木的信息，见胡德生《传统硬木家具的木材》，《故宫
博物院院刊》1989 年第 2 期；Clunas, *Chinese Furniture*, 37 - 41.

⑤ 徐尚志是来自路口的徐士业的行盐旗号。林永匡、王熹：《清代盐商与
皇室》，第 20 页。有关黄源德和江广达的信息，见本书第一章。

⑥ 张淑贤：《扬州匠意：宁寿宫花园内檐装修》，《宫廷与地方：十七至
十八世纪的技术交流》。

上文所示，内务府首先向盐政发送指示，这通常包括画样、营造尺及作为最终成品立体模拟物的烫样。[1] 这些烫样、草图和营造尺明确规定了装饰的大小、结构及设计。[2] 此外，朝廷还细致地对房间壁板或其他部件上雕刻的特定花纹加以详细说明。通常皇宫里的工匠先设计图案，然后由乾隆帝审查。乾隆帝确认设计之后，工匠便绘制图案的草图并将其下发给盐政。至于更细腻的设计图样，盐政需要聘请画家或工匠将业已雕刻在这些物件上的花纹绘图，将其呈递给乾隆帝进行详细审查。[3] 如果乾隆帝对成品不满意，工匠必须重新制作这些物品。

玉器的制作过程受到了朝廷更加严格的管控。除了宫廷自有的玉作坊如意馆，乾隆帝还在地方设立了 8 个作坊来制作玉器。因为居住在扬州的玉匠技艺高超，地处扬州的作坊为朝廷制作了各种各样的玉器。[4] 乾隆帝通常会亲自审核生产过程中的每一个步骤，并根据自己的审美标准将成品划分

① 例如，乾隆三十七年，内务府总管英廉给两淮盐政李质颖发信，命令他为宁寿宫内的颐和轩制作内部装饰。同时还寄送了一个烫样和营造尺。一个月后，英廉又给李质颖发了乐寿堂和景祺阁的两个内部设计烫样，以及 96 幅草图。李质颖乾隆三十八年七月二十四日奏折，朱批奏折 04 - 01 - 14 - 0041 - 021。

② 更多案例见张淑贤《扬州匠意：宁寿宫花园内檐装修》，《宫廷与地方：十七至十八世纪的技术交流》，第 135～154 页。

③ 例如，在李质颖完成了宁寿宫的内部装修后，他将装修上的雕镂花纹绘图，与装修部件一起送京呈览。李质颖乾隆三十八年七月二十四日奏折，朱批奏折 04 - 01 - 14 - 0041 - 021。

④ 杨伯达：《元明清工艺美术总叙》，《故宫博物院院刊》1984 年第 4 期，第 6 页。扬州作坊生产了大型玉器和许多小型物件，如玉盘、屏风和装饰品。例如，伊龄阿曾收到宫廷下发的 12 块未雕琢的玉石和 3 块玉子（天然小片玉石），并被委托制作不同类型的玉盘。伊龄阿乾隆四十四年十二月初四日奏折，朱批奏折 04 - 01 - 14 - 0043 - 073。

为不同等级。① 有时，乾隆帝会要求盐政呈递一份待作玉器的木样供他审查，以确保其设计和雕刻技术符合他的个人标准。② 其他一些时候，他会下发一件已成做玉器作为样品，供盐政复制。③

没有什么比满足乾隆帝的标准更加重要——这是地方工匠的最终目标，也是商人雇用工匠的基本准则。那么，乾隆帝的标准是什么？正如前文所引李质颖在其奏折中所述，他旨在将这些紫檀家具做得"精致"而不"粗糙"。乾隆帝也曾抱怨他最近从扬州收到的物品质量低劣。据乾隆帝说，制作这些物品的工匠"不如式"，即没有完全遵照模型的样式，而且成品本身也相当"粗糙"。④

这两处资料表明，一名合格的工匠需要掌握两项技能。第一，他需要能够避免制作过程中的任何缺陷，例如雕刻装饰物、抛光表面或组装作品时的错误。从这个意义上说，他的技术要能制作出一个复杂精致而不粗糙的物品。第二，工匠需要能够精确地遵循宫廷的指示。工匠需要熟悉宫廷青睐的风格，并具备重造这种风格的技能。宫廷并不总是下发模型或详细说明，宫廷有时允许当地工匠为待作物品设计图

① Yang Boda, "The Glorious Age of Chinese Jades, "in *Jade*, ed. by Roger Keverne(New York: Lorenz Books, 1995) , 162.

② 1771 年，李质颖通过家仆从朝廷收到一大块未经雕琢的青白玉石和四幅画样。这块玉石质量很高。李质颖安排玉工用木头制作样品，供乾隆帝审阅。最后这块玉石被制成了著名的"丹台春晓玉山"。李质颖乾隆三十六年五月初二日奏折，朱批奏折 04 - 01 - 14 - 0037 - 075。

③ 例如，在乾隆四十三年，朝廷将 6 个成做玉痰盂下发给伊龄阿，要求他按照这些样式去制作相同的物品。伊龄阿乾隆四十四年十月二十六日奏折，朱批奏折 04 - 01 - 14 - 0043 - 085。

④ 全德乾隆五十年三月十二日奏折，朱批奏折 04 - 01 - 12 - 0209 - 016。

案。在这种情况下，要知道如何创造符合皇帝标准的设计就更考验工匠的技巧了。①

如前一节所述，盐商广泛的关系网让他们得以和技艺最高超的工匠合作。例如，总商江春的一位朋友谷丽成就以"宫室之制"而闻名。如李斗所记载的："精宫室之制，凡内府装修由两淮制造者，图样尺寸，皆出其手。"② 不难想象，谷丽成一定协助江春完成了一些宫室装修之作。江春的朋友潘承烈也擅长房屋建筑。江春的另一位朋友、扬州本地人文起则因其对各类"工程做法"的广博知识而闻名。③ 潘承烈和文起很可能也参与了一些宫廷的制造工程。

最后，除采购材料和雇用工匠外，盐商还帮助监督生产过程。李质颖就曾说，他只是"不时"去作坊检查进度。④ 相反，他任命"晓事商人，遵照发来尺寸详慎监造"。⑤ 鉴于这些生产的规模和复杂性，一位负责盐业的盐政不可能同时独自监督整个制造过程。⑥ 在这种情况下，盐商可能是实地检查制造过程事实上的监督者。

---

① 更多有关盛清时期朝廷和地方之间技术交流的讨论，见《宫廷与地方：十七至十八世纪的技术交流》中的多篇文章。

② 李斗：《扬州画舫录》，第 278 页。

③ 李斗：《扬州画舫录》，第 278、282 页。

④ 李质颖乾隆三十九年四月初四日奏折，《宫中档乾隆朝奏折》第 35 册，第 179~180 页；李质颖乾隆三十八年七月二十四日奏折，朱批奏折 04 - 01 - 14 - 0041 -021。

⑤ 李质颖乾隆三十八年十月初六日奏折，军机处录副奏折 0133 -091。转引自张淑贤《扬州匠意：宁寿宫花园内檐装修》，《宫廷与地方：十七至十八世纪的技术交流》，第 136 页。

⑥ 李质颖曾表示，盐商安排制作了所有的内檐装修，且在完工后他"不能细加查核"这些物品的成本。李质颖乾隆三十六年七月十五日奏折，朱批奏折 04 - 01 - 14 - 0037 -072。

三 为皇帝搜寻善本

贡物和活计是为清廷提供物品的常规渠道。与此同时，乾隆帝会展开一些特殊的工程，这些工程也为商人提供了为皇家办差的机会。《四库全书》的编纂就是这类工程之一。乾隆帝计划通过《四库全书》来收集国内的所有书籍并为之制作副本。他这样做不仅是为了恢复历代皇家藏书的悠久传统，也是为了展示他个人对汉文化的包容和掌握。[1] 在收集过程中，许多书籍——尤其是珍贵的书籍——为私人收藏，无法从市面上得到。乾隆帝无法直接接触江南一些最大的私人图书收藏，便委托有此途径的盐商充当代理来寻找那些书。因此，这些善本便使扬州盐商成为朝廷的完美代理人。通过这些商人的关系网络，乾隆帝才得以完成其覆盖全国的图书收集工程。更重要的是，他还将皇家势力发展到前所未有的地方化且细化的程度。

对《四库全书》收书过程的简介将有助于我们了解乾隆帝如何以及为何要将盐商纳入这一工程。1772 年，朝廷建立了一套包含广泛关系网的制度体系来展开《四库全书》工程。第一步是从全国收集每种书的最佳版本。为四库收集藏书的过程分为四个阶段。第一阶段，各省从书主那里访求图书。第二阶段，这些书被集中到"书局"，经由当地名人宿儒校阅评估。第三阶段，书局将选择每本书的最佳版本。第

---

[1] Kent R. Guy, *The Emperor's Four Treasuries: Scholars and the State in the Late Ch'ien-lung Era* (Cambridge, MA: Harvard University Press, 1987) , 16 – 17; Elliott, *Emperor Qianlong*, 117 – 123.

四阶段，督抚把选定的书籍送到北京。这些书被送到皇宫后，朝廷再聘请包括一些在朝的政府高官和当时的文坛领袖在内的 700 余名编辑、校订和誊写，为所有收录的作品进行编纂、审定，并仔细地编写提要和目录。①

在整个过程中，从私人藏书者那里收集书籍是最为困难且复杂的部分。乾隆帝首先传旨各地督抚，后者继而将乾隆帝的命令传达给其辖下的知府。接着，知县派他手下的文吏（教官和训导）在当地寻找私人藏书。与此同时，乾隆帝要求督抚，特别是那些私人藏书发达的省份的督抚，建立被称为"书局"的专门机构，以接收、挑选和评估有价值的书籍。② 总体上，参与《四库全书》工程的官僚机构上至总督和巡抚，下到知县和文吏，他们都通过书局运作。

然而，即便是这个复杂的网络也无法集齐乾隆帝想要的所有书籍。正如不久之后的一份上谕所示，乾隆帝对江南一些最著名的汉人藏书家的声誉有所耳闻，他担心官员无法彻底访获这些私人藏书。乾隆帝意识到了这个问题，便转向他的盐政和总商，让他们在著名商人藏书家居住的扬州寻找书籍。

1773 年 4 月 20 日，乾隆帝命令两江总督高晋在江浙寻找和购买书籍。迫于压力，高晋立即加快了在江苏的寻书工作，并将收集到的书籍送到苏州书局。③ 同时，高晋给扬州

① 有关收集书籍过程的具体讨论，见黄爱平《四库全书纂修研究》，中国人民大学出版社，1989，第 22~35 页。

② Guy, *The Emperor's Four Treasuries*, 88 – 89.

③ 正如高晋乾隆三十八年闰三月十五日奏折所述，他已于 1772 年在苏州建立了一个书局。《纂修四库全书档案》，上海古籍出版社，1997，第 79~82 页。

知府发出"飞札"一封，要求他亲自调查属于盐商马裕家族的藏书，并列出一份藏书清单。马裕是著名艺术赞助者兼盐商马曰璐（1697～1766?，字佩兮，号半槎）的儿子。马曰璐和他的兄弟马曰琯（1688～1755，字秋玉，号嶰谷）被称为"扬州二马"，他们在18世纪的扬州通过赞助各种文化活动而声名鹊起。他们的书斋是江南最好的藏书处所之一。[1]尽管马氏兄弟作为艺术赞助者而闻名于世，但他们也是总商。马曰琯因捐银赈灾受到了乾隆帝的认可与赞扬。[2] 马裕本人被称为总商，他继承了其父的藏书。[3] 高晋在仔细检查了马裕的书目后挑选了133本书，并将其中的68本交给了苏州书局。至于剩下的65本书，高晋命令扬州官员把它们从马家借来，并在扬州就近检查。

　　然而，随着1773年4月24日乾隆帝上谕的颁布，在扬州的寻书过程彻底改变了。乾隆帝决定让扬州盐政李质颖负责这项工作，并让总商代为收书。正如他在上谕中所述：

　　　　李质颖系翰林出身，于典籍气味尚近，且现为盐政，查办尤易为力。止须派总商内晓事之人，如江广达等，令其因亲及友，广为访借，不必假手吏胥，更可不致滋扰。[4]

① Arthur W. Hummel, ed. , *Eminent Chinese of the Ch'ing Period*(*1644 – 1912*) (Washington, DC: U. S. Government Printing Office, 1943) , 559 – 560. 下文此文献简称 *ECCP*。

② 三保乾隆四年三月初二日奏折，朱批奏折 04 – 01 – 01 – 0036 – 025。

③ 黄廷桂乾隆十四年四月十九日奏折，朱批奏折 04 – 01 – 01 – 0181 – 001。

④ 军机大臣乾隆三十八年闰三月初三日遵旨传谕李质颖，《纂修四库全书档案》，第 72～73 页。

正如这份上谕所示，乾隆帝认可扬州盐商是江南最杰出的藏书家；更重要的是，他明白获得这些私人藏书的最有效途径是通过商人的个人关系，这种个人关系可能由于商人间的既有商业往来而存在，同时他们对扬州的私人藏书了如指掌。

在接下来的两周，乾隆帝密切追踪了用盐政和总商取代两江总督高晋及其官僚的过程。李质颖迅速响应乾隆帝的命令，业已在扬州挑选了8名总商，并命令他们在5月11日之前"因亲及友，广为访借"。李质颖还将马裕传唤到衙门，并向其宣读了乾隆帝的上谕。如李质颖所述，马裕"欣喜踊跃，即将书目呈出"。5月19日，乾隆帝表示，已送至苏州书局的书以及留在扬州衙门的书都应转给李质颖，由他一并处理。① 至此，李质颖终于取代了高晋和扬州的地方官员，成为《四库全书》工程寻书的负责人。②

下面的奏折表明，这些总商很好地完成了他们的工作。在官员从马裕的藏书中挑选了776本之后，乾隆帝仍然怀疑马裕有其他善本另藏。为了消除乾隆帝的怀疑，李质颖承诺将"详细秘访"马裕的私人书斋。这句话中的关键字"访"的意思是"拜访和质询"，这意味着需要在亲密或私人的条件下对马裕的藏书进行仔细调查。李质颖向以江春为首的总

① 两淮盐政李质颖奏解送马裕家书籍折（乾隆三十八年闰三月二十日），《纂修四库全书档案》，第86～88页。乾隆帝下发给高晋、萨载和李质颖的上谕，见《纂修四库全书档案》，第91～92页

② 乾隆三十八年闰三月十五日，高晋上奏称他已将处理马家藏书一事全权交给李质颖。《纂修四库全书档案》，第79～82页。又见乾隆帝在乾隆三十八年闰三月初三日给李质颖的上谕，《纂修四库全书档案》，第72～73页。

商询问马家的情况。这些总商后来向李质颖汇报：

> 马裕为人小心谨饬。今所送之书目，乃其家因卷帙繁多，虞其遗失，逐一登明，以便查考，系伊家原有之藏书私账，所以纤悉不遗，俱开在内。江广达等闲时常到其家，曾见此书目。[①]

如这一报告所示，江春多年来一直是马家的朋友，且经常去马家。江春与马裕建立友谊可能是因为他们都是总商。由于这种关系，江春本人也看到了马裕的私人书目。因为这一书目与马裕向官员出示的书目相符，江春可以证实马裕已经向官员展示了一切。正如上文所述，这次搜书成功的关键是江春与马裕的私人之谊。如果没有他们的密切关系，乾隆帝的包衣李质颖将无法询访马裕的私人藏书，至少不会轻易或迅速地达成。正如李质颖在同一份奏折中说的那样，基于这些总商的报告，他最终确信马裕"似无别有秘藏之事"，确实已将他的全部藏书书目呈献给了朝廷。

乾隆帝还担心在收书过程中可能产生官吏的不端行为。这些善本性质特殊，且大部分由私人收藏家保存，这可能让当地胥吏有机可乘。在 1773 年 6 月 6 日下发的上谕中，乾隆帝下令："毋使承办之员从中扣留缺少，及胥吏等借端需索。"[②] 在他看来，盐商的参与将有助于避免这些可能

---

① 李质颖乾隆三十八年四月十九日奏折，见《纂修四库全书档案》，第 101~103 页。即便马裕没有上交所有藏书，以江春和马裕的熟悉程度，江春仍有可能给出相似的报告。

② 乾隆帝下发给三宝的上谕，见《纂修四库全书档案》，第 116 页。

由胥吏引起的不端行为。商人与藏书家的个人关系能够阻止他们胁迫或勒索其他藏书家。皇帝与商人合作的策略似乎是成功的。正如 1774 年 9 月 6 日李质颖在给乾隆帝的最后一封奏折中所汇报的：

> 臣……未尝设立书局，亦未委员承办，假手吏胥，似不致有抵换需索等弊。[①]

最终，扬州的征书活动大获成功。李质颖共呈递图书 1780 种，其中有 932 种是由江春和其他总商上交的。[②] 江苏向朝廷递交的书籍最多，共 4808 种。[③] 这些书近 1/5 是由总商找到的。

四　盐商的资金支持

正如之前所讨论的，采购和制作供宫廷使用的精致物品绝非易事。盐政本就与当地商人和工匠少有联系，加上他们的主要职责是管理两淮盐业，这已经足够繁杂了，再要让他们独立办理如此大量的精致物品更是难上加难。扬州盐商利用与商人、

① 李质颖乾隆三十九年八月初一日奏折，见《纂修四库全书档案》，第 235 页。

② 寅著乾隆四十二年六月十五日奏折，见《纂修四库全书档案》，第 623 页。

③ 大部分藏书在乾隆三十九年之前已收集完毕并被运到北京。浙江呈递了 4600 种书，在江苏之后排名第二。见黄爱平《四库全书纂修研究》，第 35 页；江庆柏《乾隆朝浙江省向四库馆呈送图书的数目》，《历史档案》2009 年第 3 期，第 121 页。

工匠、艺术与古董鉴赏家之间广泛的关系网络以及他们的管理能力，为盐政提供了不可或缺的协助。然而，除了这些原因，这些富商的经济实力也帮他们奠定了为朝廷服务的另一基础。

如前所述，两淮盐政为宫廷筹备供应三种类型的物品：主动呈进的贡物、传办贡，以及朝廷委托制作的活计。理论上，准备这些物品的费用应该包含在各项常规预算中，但事实往往并非如此。宫廷档案显示，在许多情况下，总商不得不自掏腰包来购买这些昂贵的物品。

我们首先简要介绍一下办理这些宫廷所用之物的财政安排，以便更好地了解商人在办理这些差事时的经济角色。主动呈进贡物的预算应来自盐政自己的俸禄。在乾隆三十五年之前，盐政能够在两种途径中选择其一，来为他们的贡物买单：使用官府资金或他们自己的"养廉银"。然而在 1770 年，军机大臣傅恒建议将两淮盐政的俸禄提高到 1.5 万两，以迫使盐政自行支付进贡的全部费用。[1] 乾隆帝批准了傅恒

---

① 学者已对贡物和活计的财务状况进行了详细的研究，见 Yang, "The Muddle of Salt," 289–308; 赖惠敏《清乾隆朝的盐商与皇室财政》,《明清档案与历史研究国际学术研讨会论文集》。基于他们的学术研究，我在这里简要介绍从雍正到乾隆时期官员支付进贡费用的方式。雍正年间，两淮盐政用了 1.5 万两"养廉银"来办贡。然而在乾隆年间，由于贡物数量的增加和质量的提高，盐政的津贴变得不足。相应的，有关办贡费用的政策开始改变。第一次变化发生于乾隆六年。乾隆九年七月初一日，盐政准泰呈递了一份有关两淮办贡的奏折。他声称，在乾隆五年他被任命为盐政之前，他的前任一直使用"闲款"来支付贡物，有时他们甚至要求盐商去采购货物。准泰认为这种做法不合适。因此，从乾隆六年开始，他决定将这笔"闲款"送回朝廷。然而没有这笔"闲款"，准泰自己的养廉银就不够进贡了，于是他设立了一个供办贡使用的每年 1.2 万两的专款。同年，两淮成立了一个名为"外支银"的每年 4.8 万两的专款用于支付办贡费用，1.2 万两的办贡专

的建议，并且这个政策在其统治期间一直有效。①

尽管如此，盐政使用商人的钱来安排自己的贡物仍然是很常见的。这种做法变得如此普遍，以至于引起了乾隆帝的注意。1776 年，乾隆帝命寅著调查前盐政伊龄阿，因为他发现伊龄阿呈递了其养廉银难以负担的贡物。乾隆帝便怀疑伊龄阿一定是请盐商为他安排贡物，并将贡物"据为己有"。乾隆帝将这指责为"尤属非理"。②伊龄阿显然没有从中吸取教训，4 年后再次遭到乾隆帝指责。1780 年 9 月，在伊龄阿呈递了一些贡物后，乾隆帝立即在另一份贡物清单上又找到了伊龄阿的名字。乾隆帝很快发现伊龄阿第一次呈递的礼物实际上来自盐商。乾隆帝愤怒地写道：

款则成为"外支银"的一部分。然而从 1741 年到 1761 年，乾隆仍然希望盐政用他们的养廉银来办贡。杨久谊表示，乾隆十四年初，乾隆帝写信给暂时代理盐政一职的高晋，抱怨前盐政吉庆完全使用"外支银"来支付办贡的费用，而不是使用其俸禄。政策于乾隆二十六年再次修订。这一年，由于两淮盐政的俸禄降低到了 1 万两，盐政高恒提议设立一个每年 4 万两的专款以作为"外支银"的备用款。Yang, "The Muddle of Salt," 296 – 302. 这一专款被称为"外支不敷银"。

① 乾隆三十五年，傅恒还规定"外支银"只能用于支付"朝廷指定办理的工程和装修"。Yang, "The Muddle of Salt," 304. 换言之，盐政被指望使用自己的俸禄来支付传办贡和估计之外自愿进贡之物。例如，乾隆四十一年，皇帝派遣新盐政寅著去询问前盐政伊龄阿是否以适当的方式安排了贡物。在他给皇帝的报告中，寅著表明伊龄阿遵循了乾隆三十五年到四十年担任两淮盐政的李质颖制定的规则。伊龄阿效仿李质颖的做法，从自己的养廉银中拿出 1.7 万两银子来安排每年的贡物。寅著乾隆四十一年十月三十日奏折，朱批奏折 04 – 01 – 12 – 0176 – 064。

② 寅著乾隆四十一年十月三十日奏折，朱批奏折 04 – 01 – 12 – 0176 – 064。

> 从前因两淮盐政等往往令商人代办贡件，曾经降旨严
> 禁，并将节省银两分别清厘，务令盐政商人不相牵混。[①]

乾隆帝想要禁止盐政使用盐商的钱来进贡，以维持盐政的预算与盐商自身财富之间的明确界线。然而，乾隆帝频繁下发上谕来禁止这一肆无忌惮的做法，甚至委派官员去调查这些行为的事实，恰恰揭示了这种做法普遍存在。

与理应由官员自己支付的贡物不同，"传办贡"和"活计"的制作则由两淮盐政设立的两项专款来支付：每年 4.8 万两的"外支银"和每年 4 万两的"外支不敷银"。当"外支银"不足时可用"外支不敷银"支付传办贡和宫中活计的费用。[②] 正如学者已提出以及接下来我的证据将表明的那样，在乾隆年间，这两项专款的钱是从盐商那里筹集的。每年这些专款如有剩余的部分也会被送到内务府银库。[③]

尽管这些专款是用来支付这些物品的，但在许多情况下，它们并没有被用于这一目的。例如，乾隆三十六年九月十八日，李质颖呈报了在扬州制作玉器的支出。李质颖提到他在前一年办过玉活计 35 件，但其中只有 19 件需用"外支不敷银"奏销，其余 16 件因工价无多，无须开报请

---

① 伊龄阿乾隆四十五年八月二十三日奏折，朱批奏折 04 - 01 - 14 - 0043 - 006。

② Yang, "The Muddle of Salt," 298 - 301; 赖惠敏：《清乾隆朝的盐商与皇室财政》，《明清档案与历史研究国际学术研讨会论文集》，第 923 ~ 924 页。

③ Yang, "The Muddle of Salt," 298; 赖惠敏：《清乾隆朝的盐商与皇室财政》，《明清档案与历史研究国际学术研讨会论文集》，第 920 ~ 926 页。

销。① 这类情况经常出现在奏折中，并被称为"奏销"。这些奏折被用来上报制作活计的费用供皇帝审查。② 换言之，正如李质颖那样，其他盐政也没有使用专款里的钱来支付活计费用，而是扬州盐商在为这其中一些昂贵的物品买单。

后来的一份关于玉器制作的奏折更详细地展示了这一过程。乾隆五十七年十月初四日，盐政全德报告，负责制作这些玉器的盐商已经支付了工匠的工资和伙食费以及制作材料的成本。由于盐商已经付了款，全德计划将节省下来的 4 万两，即全部的"外支不敷银"，交给宫中的造办处。③ 令人惊讶的是，乾隆帝在十七日下发了一条上谕指责全德。

> 向来两淮每纲应征外支不敷银四万两，存贮运库，原以备成做活计之用……是该商等于前项应征之外，复又出资给发工匠，殊非恤商之道，殊觉小气。④

正如这一上谕所示，乾隆帝之所以愤怒，是因为全德违背了他的意愿去压榨商人，他们在这个过程中甚至被收取了两次费用：先是应征为支付宫中活计制造费用而设的"外支不敷

---

① 见李质颖的奏折，朱批奏折 04 - 01 - 35 - 0911 - 028。
② 例如，尤拔士乾隆三十四年六月十七日（朱批奏折 04 - 01 - 35 - 0908 - 006）呈递了一份奏折汇报制作玉器的开销。在奏折中，他表明 50 件玉器中有 3 件并不昂贵，因此他不必使用专款支付费用。另一相似的案例见李质颖乾隆三十七年八月初八日奏折，朱批奏折 04 - 01 - 14 - 0040 - 007。
③ 全德的奏折，见朱批奏折 04 - 01 - 36 - 0116 - 010。
④ 乾隆帝的上谕下发于乾隆五十七年十月十七日。全德乾隆五十七年十一月初四日奏折，朱批奏折 04 - 01 - 35 - 0932 - 002。

银"，后又应盐政要求为实际的制作费用买了单。

这种商人既为预算提供资金，又为朝廷活计实际成本买单的做法，部分是由制作过程中实施的奏销制度所导致的。商人必须首先自己支付制作或购买这些昂贵物品的费用，之后从朝廷那里获得奏销。例如，盐政尤拔士曾呈递了一份有关商人在常贡之外，再进玉器古玩的奏折。尤拔士在这一奏折中代表盐商写道，因上年传办之物甚少，所费无多，所以商人表示："今若开报价值，具领银两……难以自安。"[1] 商人在这里表达的"不安"情绪可能只是托词。正如他们为皇帝的征战自行捐输一样，这些商人希望通过充盈皇帝的私人银库来赢得他的青睐。从实际操作来说，清廷实行奏销制度的逻辑是，朝廷只需在制作或购买物品后支付它们的确切成本，从而避免了处理预算与实际支出之间差额的麻烦。与此同时，实施奏销制度使得个人财富成为一项核心需求：只有具有相当财富的人才有能力通过承担这些任务来为盐政提供帮助。从这个意义上讲，富有盐商便成了清廷的理想合伙人。

资金的流动并非单向。尽管这些商人资助了各种供宫廷使用之物，他们从皇帝那里赢得的青睐可能会为他们的盐业生意带来额外的利润。清宫档案记载，乾隆帝有时允许扬州盐商在每纲额定之盐外交易额外的数量，从而增加其利润。[2]例如，正如张勉治详细讨论的那样，由于盐商对乾隆帝1761年南巡的贡献，乾隆帝允许他们交易额外的盐但不"向商人

---

[1] 尤拔士乾隆三十四年六月十七日奏折，朱批奏折 04 - 01 - 14 - 0035 - 0071。

[2] 吉庆乾隆十一年闰三月奏折，军机处录副奏折 03 - 0612 - 048。

增收引费"。① 乾隆帝的慷慨可能是由多种情况导致的,例如防止江南的盐短缺。然而在许多情况下,他还想"恤商"以使他们有足够的资金来经营买卖,从而确保盐税。虽然很难计算出商人在这种与朝廷的利益交换中收获了多少,但作为充盈皇帝私人银库的回报,商人获得了经济利益。这些互惠的经济利益构成了朝廷与商人间关系的另一个维度。

在处理这一复杂的支付过程中,不同的群体在决定由谁为这些奢侈品买单时都有自己的考量,这些考量有时互相矛盾。如前面的例子所示,乾隆帝拒绝让商人为这些朝廷下旨制作的活计自掏腰包。正如乾隆五十七年十月十七日的上谕所示,在全德要求商人为玉器买单时,乾隆帝批评全德"小气"。乾隆帝希望这些费用由额定的预算(即外支不敷银)支付,或至少他更愿意认为是这样。如果花费的是商人的个人钱财,他不免对其中暗含的腐败表示不安。然而在其他情况下,乾隆帝也使用过商人的资金,即使方式较为间接。乾隆帝曾让李质颖制作淳化轩装修。李质颖在盐商的帮助下完成了这一活计。然而,乾隆帝因商人的报销心生不满,因为盐商奏销的费用高于他的预期。当乾隆帝就费用问题质询盐运使郑大进时,郑大进不得不认同商人提奏的开支"实属荒唐",并指责商人"习气"不正。据郑大进说,商人总是购买最昂贵的材料并支付工匠索要的任何工钱,即使这些工人"任意浮开"。最后,乾隆帝认同了郑大进对商人的批评并决定只批准一半的奏

① Chang, *A Court on Horseback*, 228 – 231. 又见林永匡、王熹《清代盐商与皇室》,《史学月刊》1988 年第 3 期,第 20 页;乾隆二十一年闰九月二十四日上谕,收入高晋等编《南巡盛典》卷二,第 13 页上。

销。换言之，商人支付了另一半费用。①

除了乾隆帝，内务府在办贡制作活计的过程中扮演了重要角色。鉴于扬州盐政主要来自内务府且节省下来的专款也将直接流向内务府，我们有理由认为，内务府可能想利用商人的雄厚财力来为活计买单。在某些情况下包衣会违背皇帝意愿，他们的这些行为可能由多种因素造成，这些因素超出了本章的讨论范围。尽管如此，皇帝和内务府之间时而相左的态度表明，"宫廷"本身并非一个利益一致的集团，而是包括了许多不同利益的集合。

与此同时，盐政经常代表商人请求皇帝允许他们为委办之物买单。我们诚然可以把这种请求理解为包衣试图从商人那里榨取钱财的一种方式。然而，正如前文提到的那样，由于他们可能从朝廷获得潜在的经济利益，这些商人自己也想要通过为这些委办之物买单来赢得皇帝的青睐。

无论是谁想让商人买单，他们不同的甚至是截然相反的态度揭示了一个包括皇帝、内务府和商人在内的复杂的利益网络。有时是皇帝的包衣想用商人来支付费用，有时是商人自己希望为朝廷做出贡献，从而获得未来的利益，还有可能是皇帝为了强调他关心臣民而展观的姿态。不管怎样，所有这些利益和动机的相互作用给扬州盐商创造了为朝廷备办物品的机会，从而建立并加强了朝廷与商人之间的新联系。

---

① 李质颖乾隆三十六年七月十五日奏折，朱批奏折 04 - 01 - 14 - 0037 - 072。

五 朝廷与江南之间的品味循环

到了乾隆年间，清廷已通过南巡深刻地影响了扬州的景观。许多历史建筑和风景名胜被重建或翻新，以款待和取悦皇帝及其随从。[①] 随着中央政治权力深入江南，代表宫廷品味的风格在这一地区变得流行。正如著名画作《姑苏繁华图》所描绘的那样，苏州的店主和商人售卖着符合"京式"或"上帝"标准的物品。这些物品是呈递给宫廷、供皇帝使用的东西，店铺的广告招牌会凸显这一特征。许多当地店铺利用这些广告来强调朝廷与他们所销售的特定商品之间的联系，如"上用缎纱""进京贡缎""进京蜡烛""官窑"。[②]有关如何定义"京式"或"上贡"风格的问题超出了本章的范围，但"京式"或"上贡"的标签能发挥"品牌"效应表明宫廷品味在江南市场上日益流行。[③] 确实，正如范金民所述，当地商人在他们的商铺招牌上使用"上用""内造"等形容词说明贡物在当地社会中被视为高品质且令人向

---

① Meyer-Fong, *Building Culture*, 165 – 195; Finnane, *Speaking of Yangzhou*, 188 –199.

② 赖惠敏讨论了《姑苏繁华图》中招牌的用途，并提出这些商品中有许多实际上是在江南制作、供宫廷使用的。赖惠敏：《寡人好货：乾隆帝与姑苏繁华》，《中央研究院近代史研究所集刊》第 50 期，2005 年，第 214 ~ 219 页。

③ 有关"京式"是否存在，如果存在的话它又是什么含义的问题是需要单独研究的主题。我在这里只是借用了画中出现的这一词语，来描述朝廷偏爱的风格在江南市场上的接受情况。

往的奢侈品。[1] 因此，通过为朝廷采购和制造物品，徽州盐商不仅推动了大量珍贵物品的流通，还促进了京城与江南之间的风格和品味交流。也就是说，这些商人扮演了中间人的角色，促进了南方和北方、中央和地方之间品味与风格的融合。

徽州盐商的风格受到了乾隆帝的青睐，这种风格主要体现在其宅中使用和展示之物。在其南巡期间，乾隆帝参观了扬州商人的住宅并对他所见之物很感兴趣。例如，徽州盐商汪玉枢在扬州拥有一座富丽的园林。乾隆帝在南巡期间曾三次到访汪玉枢的宅邸。汪玉枢在园林里陈列的九块太湖石给乾隆帝留下了特别深刻的印象。他写了两首诗来赞美这些石头，并给园林赐名。[2] 最终汪玉枢奉旨选两块太湖石入御苑。[3]

除了传统上被宫廷或精英所珍视的物品，乾隆帝还喜爱甚至欣赏盐商所使用的新奇装饰物，如用于窗格的大玻璃板。中国早在元代就生产玻璃，但直到清代玻璃板才被用于窗格。[4] 玻璃的这种新用途可以追溯到欧洲技术的引进。玻璃窗格在17世纪由欧洲传入中国，包括扬州盐商在内的中

---

[1] 范金民：《清代苏州城市文化的繁荣写照——姑苏繁华图》，熊月之、熊秉真主编《明清以来江南社会与文化论集》，第271页。

[2] 有关这座园林、这些石头以及汪家的更多信息，见李斗《扬州画舫录》，第166~172页。乾隆帝的诗被记录在李斗《扬州画舫录》，第166页。又见明光《从葭湄园到九峰园：扬州盐商诗人汪玉枢父子考略》，《扬州大学学报》2020年第4期。

[3] 李斗：《扬州画舫录》，第169页。

[4] 杨伯达：《元明清工艺美术总叙》，《故宫博物院院刊》1984年第4期，第14页。

国精英人士 18 世纪开始使用它们。① 比如汪玉枢就在刚刚提
到的这座扬州的园林里使用了玻璃窗。正如李斗所描述的,
汪玉枢的玻璃板相当大,大约数尺,且"不隔纤翳"。另一
处小廊厅俯瞰园林且依偎着一块令人惊艳的太湖石,汪家在
这里还使用了五色玻璃。商人青睐这些玻璃窗,因为它们很
好地补充了园林的设计,让人们能够在室内享受自然景色。
汪玉枢的设计给乾隆帝留下了深刻的印象,他给汪玉枢的一
个带玻璃窗的厅赐名为"澄空宇"。② 由于乾隆帝对玻璃的
痴迷,他的宫中园林里处处可见玻璃。③

　　如前所述,大多数供宫廷使用的内部装饰是在紫禁城内
完成,因为这样更易制作出完全符合宫室尺寸的物件。但是
乾隆帝选择费心尽力地在江南制作一些内部装修。因此,我
们有理由认为他可能想要让他的宫殿效仿他在江南见到的一
些风格,尤其是那些商人住宅的风格。

　　的确,通过命令盐政在扬州制作内部装饰,乾隆帝有意
将这些物品所表达的"江南风格"融入宫廷的家具和建筑。
张淑贤认为,通过制作宁寿宫花园的内部装修,扬州的一些
独特工艺技术被引入朝廷。例如,当时在中国南方广泛使用
的一种被称为"贴雕竹黄"的技术被宫廷采用,以制作家
具。这项技术要求工匠在一片竹子内侧的黄皮上雕刻精美的
图像,然后将雕刻好的皮作为装饰嵌到家具上。工匠首先将
竹子内侧的黄皮煮沸、晾干、平整,然后将这些皮粘在其他
物品的表面上。接下来,工匠将在这些皮上雕刻各种图像。

---

①　Berliner, et al. , *The Emperor's Private Paradise*, 175.

②　李斗:《扬州画舫录》, 第 168 ~ 171 页。

③　Berliner, et al. , *The Emperor's Private Paradise*, 175.

这项技术被用于制作宁寿宫的家具，包括木屏风和隔扇之类的物品，还被用于装饰槛墙。一张放置在宁寿宫倦勤斋内精美的紫檀木床也是用这些经过雕刻的竹皮装饰的，它至今仍保存在紫禁城。[①]

我们很难判断这些装饰是商人设计的，还是工匠和鉴赏家设计的。无论如何，商人的奢侈品消费确实扩大了他们与那些具有审美品味的人之间广泛的关系网络，并培养了他们评估精致物品的知识和能力。同时，如前一节所述，商人的财富为制作这些珍贵物品提供了资金。基于这些因素，扬州盐商成为满足皇帝需求的最佳代理人。

通过朝廷与盐商之间的这种互惠关系，他们促进了南北品味和风格的融合。乾隆帝对商人之物的偏好和评价使他能够在江南展现和融入自己的品味；富有的扬州盐商不断调适自己的品味以"效仿朝廷为休闲环境定调的北京"。[②] 因此，朝廷通过商人对珍贵物品的消费影响并塑造了扬州的品味与风格。梅尔清认为："扬州盐商及他们的赞助人日益成为当地品味的引领者……将扬州城改造为首都向南的延伸，而非江南的北部前哨。"[③] 同时，由于商人与宫廷所用之物的广泛接触，他们有更多机会了解宫廷的风格并习得再造这一风格所需的知识。当"京式"在江南市场上流行时，这些富商在皇帝的支持下，在扬州景观上留下了他们的印记。在此背景下，盐商在朝廷的支持下成为江南的潮流引领者。

---

① 张淑贤：《扬州匠意：宁寿宫花园内檐装修》，《宫廷与地方：十七至十八世纪的技术交流》，第 154～160 页。

② Hay, *Sensuous Surfaces*, 313.

③ Meyer-Fong, *Building Culture*, 167.

* * *

本章以商人如何为皇室提供各种精美之物为入手点，探讨了清廷与徽州盐商之间的动态关系。通过详述盐商通过当地作坊、市场和私人收藏准备三类进献皇室之物，揭示了这些盐商如何为作为两淮盐政的皇帝包衣"办差"，并为后者提供了不可或缺的帮助。史料显示，这些物品的性质——它们的稀有性、精湛的工艺和高昂的成本——使盐商成为供应它们的理想代理人。这些盐商与江南当地的商人、工匠和鉴赏家之间广泛的社交关系网使他们能够搜寻和购买这些珍贵的物品。同时，盐商建立的一套系统化的办理流程将盐政官员从这些繁杂的差务中解脱出来。盐商的经济实力使他们成为购买或生产这些昂贵物品的可靠来源。最后，盐商的高雅品味帮助他们了解和满足皇帝的高标准。因此，通过为皇室办理这些物品，商人建立并加强了与皇帝和内务府的直接联系。

扬州盐商为朝廷"办差"能让我们更好地理解乾隆帝的统治方式。担任江南盐政的包衣在地方社会中拓展了皇帝的人脉；然而，这些包衣缺乏与当地商人和专家的联系。在此背景下，盐商凭借其广泛的社会关系充当了皇帝的私人代理（personal agent），以克服皇帝通过包衣建立的人际网络的局限性。这些商人不仅补充了正式的国家官僚系统，而且扩大了乾隆帝渗透全国的非正式关系网和强化了对江南的控制。学者业已讨论乾隆帝偏爱"非正式和个人化的政府"，这种政府依赖"皇帝的个人权力和权威，并通过非正式干预来处理官僚机构中无法正常运转的因素"。[1] 如本章所示，江南盐商构成了乾隆帝非正式联系（informal connections）的一部分。这些直接的和个人的联系使皇帝能够接触到江南这一极具战略意义地区的经济、社会和政治网络，同时促成了商品、服务、资本和文化在朝廷与这一关键地区之间的流动。

最后，这些物品由江南向皇室的流动揭示了品味在建立朝廷与盐商之间联系时发挥的重要作用。乾隆帝在索要或接受进呈之物时表达了自己的品味。相反，商人根据朝廷的信号形成了自己的品味。盐商的生活方式让他们得以与当地商人、鉴赏家、工匠和不同领域专家之间建立广泛的社会关系网。这种生活方式还培养了他们在挑选和评估精致贵重之物时所需的知识和品味。盐商对奢侈之物的追求造就了他们的文化底蕴，让他们得以服务和取悦皇帝。

---

[1] Zhang Ting, "'Penitence Silver' and the Politics of Punishment in the Qianlong Reign(1736 – 1796)," *Late Imperial China* 31, no. 2(2010):62.

第三章 "藏家"之藏

1772 年，乾隆帝开启了《四库全书》编纂工程，搜寻、收集和复制国内的所有书籍。乾隆帝特别要求私人藏书家将其私藏珍本借给朝廷复制。两年后，即 1774 年，复杂的寻书过程结束，乾隆帝自豪地昭告天下，自己收齐了全国最珍贵的书籍，已拥有全国规模最大的藏书。同年 6 月 22 日，乾隆帝赏赐汪启淑等三位藏书家各一部《钦定古今图书集成》，以嘉奖他们为朝廷献书之功。乾隆帝评论道，这部集成"人间罕觏"。在随后的几年中，乾隆帝还赏赐给这些藏书家御制《钦定平定准噶尔方略》。除此之外，乾隆帝还赐予这些藏书家专为其藏书所作之诗，并由他御笔写成。收到这些赏赐后，汪启淑在其家乡綮潭——一个位于徽州歙县南部的小村庄修建了一座"御书楼"以保存朝廷赏赐的书籍并同时建造了一座"御诗亭"来展示御诗这一特殊的礼物。许多学者到此参观，或作画，或作诗为文，赞扬汪启淑所获之殊荣。①

在这个故事中受到表彰的富有盐商汪启淑（1728～1798，

---

① 关于乾隆帝给汪启淑的赏赐，见乾隆三十九年五月十四日上谕，《纂修四库全书档案》，第 210～211 页。

字秀峰、慎仪，号讱葊、槐谷）出生于徽州一个成功的商业家庭，其一生大部分的时间在杭州经营盐业生意。汪启淑和上文提到的其他三位藏书家中的两位，即鲍士恭和马裕，多次得到乾隆帝的赏赐，以表彰他们对其图书收藏的贡献。他们三人也有着相似的背景：都出身于徽州盐商家庭，都居住在江南中心城市。这段历史不仅揭示了盛清中国蓬勃发展的收藏文化，更重要的是它凸显了乾隆帝的工程与徽州盐商的私人收藏之间一种新型动态关系。如本章所示，这些新发展起来的朝廷与商人的互动塑造并改变了盛清中国的收藏文化。

收藏文化在 18 世纪发生了显著变化。乾隆帝热衷于收藏各种物品，并致力于制作大量藏品目录，这将盛清的收藏文化与晚明区分开来。宫廷不仅引领了 18 世纪盛行的收藏活动，皇家的收藏工程也认可了“收藏家”作为一个特定社会群体的存在，并增加了他们的可见度。在这种情况下，收藏成为一种被认可且有价值的专业知识形式。

为响应朝廷在收藏界不断扩大的影响力，一些富有的徽州盐商趁此机会开始投身于打造自己的私人收藏。与他们的商人收藏家前辈不同，这些商人不可避免地被吸纳到了宫廷的收藏工程。当这些收藏家向宫廷收藏捐赠大量物品时，他们获得了以皇帝的赞誉和认可为形式的文化资本。他们与朝廷的联系使这些商人赢得了同时代人的钦佩，并得以享受前所未有的可见度和关注度。

为了在这种新的政治和文化环境中找到商人收藏家的位置，我们需要一种新的阐释方式来分析这些商人的收藏动机。对商人热衷收藏的传统阐释认为，晚期帝制中国的商业精英是为了模仿文人的行为而扮演起了收藏家和艺术赞助者的角色。本章将以著名的藏书家和印章收藏家汪启淑为例，我认为模仿精英的行为并不是商人收藏家的动机，至少不是唯一的动机。在详细分析汪启淑对其印章收藏所进行的精心打造和慷慨展示的基础上，我们能清楚地认识到，汪启淑意图将自己作为一名收藏专家进行展示，而这是一种使他能够被社会看到并得到认可的自我形象。在"收藏家"业已成为一个新形成的社会类别的环境下，富商将自己塑造成这一类别的成员，以此获得社会认可。

本章首先展示乾隆帝在建立宫廷收藏上的努力如何创造了一个独特的政治和社会背景，"收藏家"作为一个社会类别正是在这一背景下得以成立。紧接着我将讨论徽州盐商收藏家如何通过将贵重物品呈献给皇帝获得朝廷的表扬和嘉奖，从而被吸纳进宫廷的收藏工程。最后重点介绍汪启淑及其印章收藏。我将考察汪启淑如何通过突出与该收藏相关的特定元素，巧妙地将自己塑造为印章收藏专家的角色，以及这些元素如何定义了他的身份。

一 作为一种社会类别的"收藏家"

收藏书籍、书法、绘画等物在中国有着悠久的历史。早在宋代，朝廷和富有的精英就已热衷收藏，"关于书籍、艺术品和古董的收藏和写作成了受过教育的精英和君主巧妙地争夺文化领导权的舞台"。① 明末，经济的繁荣进一步带动了

① Patricia Ebrey, *Accumulating Culture: The Collections of Emperor Huizong*(Seattle: University of Washington Press, 2008), 17. 艾朗诺（Ronald Egan）对北宋精英的收藏及其审美进行了富有启发性的讨论。Ronald Egan,

奢侈品消费的热潮，收藏文化达到了一个新的高峰。包括学者和商人在内的大量社会精英致力于建立自己的私人收藏。一些文人甚至开始以"品味"（即如何对物品进行评价和排名）作为衡量一个人社会地位的指标。①积攒物品的能力，或者说更重要的是评估物品的能力能帮助个人获得社会认可。随着这场商业革命在盛清时期的扩张，收藏文化继续蓬勃发展。盛清的收藏文化继承了明末的一些模式，然而宫廷收藏日益扩大的影响力为其带来了新的特征。收藏这一行为由学术精英令人仰慕的文化爱好转变为创造社会认同的基本要素。在此背景下，"收藏家"逐渐成为一种新的社会类别。

　　残酷的明清易代战争扰乱了社会经济结构，摧毁了明末一些最可观的私人收藏。例如，嘉兴嘉禾人项元汴是明末最著名的收藏家之一。②1645年，清军攻陷嘉禾，项氏家族几代积累的藏品"尽为千夫长汪六水所掠"。正如清初书画商吴其贞记载，战后"项氏六大房物已散尽"。③战争使那些在

The Problem of Beauty: Aesthetic Thought and Pursuits in Northern Song Dynasty China(Cambridge, MA: Harvard University Press, 2006). 收藏书籍一直被认为是一项广受尊重的精英活动。宋代以来私家藏书目录数量的增加表明，私人藏书在明代以前已经蔚然成风。

① 见柯律格关于"品味发明"的讨论，*Superfluous Things*, 171.

② 有关项元汴收藏的研究，见刘金库《明代项元汴和他的收藏世界（上）》，《荣宝斋：鉴赏与收藏》2010年第11期；刘金库《明代项元汴和他的收藏世界（下）》，《荣宝斋：鉴赏与收藏》2011年第1期。

③ 仅有少数几件藏品在项元汴之子项毗的努力下得以保全。吴其贞：《书画记》，邵彦校点，辽宁教育出版社，2000，第99页。两段材料的引用和讨论见张长虹《品鉴与经营：明末清初徽商艺术赞助研究》，北京大学出版社，2010，第218页。

收藏上倾注了时间和资本的明末大族深感不安，却也意外地在清初促成了收藏文化的复苏。项元汴的许多藏品重新出现在市场上以供购买和再收藏。换言之，许多私人藏品因战乱从藏家手中流出进入市场。

朝代更迭带来的政治不确定性也促使个人从事收藏活动。正如学者所论述的，关于收藏的话语激发了拒绝为清廷效劳的明朝忠臣对明末文化的追忆。[①] 一些明末官员即使愿意效力清廷，也仍担心自己会在新建立的清朝中失去地位。这种焦虑使他们投身于收藏。以孙承泽为例，他 1631 年中进士，并在明末被任命为知县，后受任于李自成政权，1644 年后效力清廷。然而，由于朝廷的政治斗争，孙承泽 1654 年被永久罢官。此后，孙承泽便致力于写作和收藏，最终出版了一部关于他自己私人收藏的著作。[②]

乾隆年间，收藏文化达到了一个新的高峰。事实证明，清朝复兴战后经济的政策是行之有效的，这促成了财富的积累，并为奢侈品消费提供了沃土。在经济得到发展的同时，成熟的市场体系也促进了贵重物品的流通。包括皇帝、宗室、学者和商人在内的财富拥有者，无论其社会地位如何，都通过礼物交换、商业行为和赞助收集新藏品。收藏再次风靡江南和都城北京。

---

① 李惠仪：《世变与玩物——略论清初文人的审美风尚》，《中国文哲研究集刊》第 33 期，2008 年。

② 该书题为《庚子消夏记》。孙承泽因为与陈名夏的关系被罢官。关于孙承泽的更多信息，见 Frederic Wakeman, Jr. The Great Enterprise: The Manchu Reconstruction of Imperial Order in Seventeenth-Century China(Berkeley: University of California Press, 1985), 425, 796 – 798, 962 – 963, 988; ECCP, 669 – 670.

然而，盛清时期收藏文化的兴起并不是对明末同一现象的简单重复。盛清收藏文化的一个新特点关乎对"收藏家"这一独特社会群体的新认知。我并不是说收藏家只存在于盛清时期。相反，本章的重点是强调作为一种新型社会类别的收藏家的形成过程和可见度。

历史学者可以通过追踪"收藏家"一词的使用情况，更直观地量化收藏家作为一个社会群体的可见度。《四库全书》的数据显示，从明末到盛清，"收藏家"一词的使用频率稳步增长。这个词一共出现了 64 次，其中 11 次是在明末，其余出现在 1781 年前的清代。[①] 这个词最早出现在著名文人王世贞的文章中，指的是书法收藏家。[②] 明清之际，由于私家收藏绵延不断，书籍、绘画和书法收藏目录不断增多，"收藏家"一词出现的频率不断增加。[③] 到了 18 世纪，由于宫廷

[①] 我的数据来自 1781 年编修的《四库全书》，因此许多乾隆年间的书籍未被包含在内。我们有理由认为，"收藏家"一词在 18 世纪的使用范围比这里讨论得更广。

[②] 王世贞：《弇州四部稿》，《景印文渊阁四库全书》第 1279～1281 册，台湾商务印书馆，1983，卷一百七十，第 16 页下；《弇州四部续稿》，《景印文渊阁四库全书》第 1282～1284 册，卷一百五十七，第 8 页下。在另一位明末学者汪珂玉 1643 年完成的作品《珊瑚网》中，"收藏家"一词出现了 4 次，指代绘画收藏家。汪珂玉：《珊瑚网》，《景印文渊阁四库全书》第 818 册，卷二十一，第 31 页上；卷四十二，第 44 页下；卷四十三，第 13 页上；卷四十六，第 27 页下。

[③] 汪琬、冯武、姜宸英、钱曾、朱彝尊、高士奇、毛奇龄、沈季友在他们的著作中都提到了收藏家，用来描述那些收藏善本、珍贵画作和书法作品的人。汪琬：《尧峰文钞》，《景印文渊阁四库全书》第 1315 册，卷四十一，第 22 页下；冯武：《书法正传》，《景印文渊阁四库全书》第 826 册，"自叙"，第 2 页上；卷九，第 17 页上；姜宸英：《湛园集》，《景印文渊阁四库全书》第 1323 册，卷八，第 37 页上；卷八，第 50 页下；朱彝尊：《曝书亭集》，《景印文渊阁四库全书》第 1317～1318 册，卷四十

对收藏的兴趣日益浓厚，这个词的使用范围显著扩大。不仅
有更多的书籍和个人使用这个词，其含义也得到扩展。

乾隆帝对壮大宫廷收藏的热情和不懈努力提供了一个使
收藏家成为一个高可见度社会群体的环境。乾隆帝对收藏的
兴趣促进了北京乃至全国各地收藏文化的兴起。①从数量上来
说，乾隆帝是最成功的收藏家。为了巩固对其博学的臣民的
影响、享受获得心仪物品的乐趣，乾隆帝将自己训练成了艺
术鉴赏家和实践者，并收集了各种各样的艺术品。他的收藏
来自世界各地，这既显示了他广泛的兴趣，也代表了他"扩
张中央权力"的决心。②随着贵重之物的持续积累，乾隆帝编
纂了用来记录和展示宫中所藏书籍和艺术品的目录。除了本
书第二章中介绍的《四库全书》，乾隆帝还出版了《钦定石渠
宝笈》等艺术品目录及《钦定西清古鉴》等古董目录。③

五，第7页上；高士奇：《江村销夏录》，《景印文渊阁四库全书》第826
册，"凡例"，第1页上；毛奇龄：《西河集》，《景印文渊阁四库全书》
第1320～1321册，卷六十八，第18页上；沈季友编《檇李诗系》，《景
印文渊阁四库全书》第1475册，卷十，第25页下。著名藏书家钱曾的
《读书敏求记》中使用"收藏家"代指书籍收藏者。摘自纪昀、永瑢
等编《钦定四库全书总目》卷一百三十五，第7页。孙承泽在《庚
子消夏记》（《景印文渊阁四库全书》第826册，卷二，第9页上；卷
六，第7页下；卷八，第6页下）中三次使用了"收藏家"一词。

① 关于乾隆帝收藏兴趣的讨论，见 Harold L. Kahn, "A Matter of Taste: The
Monumental and Exotic in the Qianlong Reign," in *The Elegant Brush: Chinese
Painting Under the Qianlong Emperor, 1735 – 1795*, eds. by Ju-hsi Chou and
Claudia Brown(Phoenix Art Museum, 1985), 293 – 297.

② 关于乾隆帝的收藏，见 Elliott, *Emperor Qianlong*, 113 – 117.

③ 不仅乾隆帝本人热衷收藏，京城其他贵族和高官也参与了这些文化活
动。乾隆帝之子永瑆即以其在艺术制作和收集方面的才能而闻名。

乾隆帝热衷于收藏并致力于编纂御制目录，这使他和他的朝臣能够系统地追踪、整理和记录内廷所藏之物。这些目录不仅记录了藏品的作者、大小、重量等基本信息，而且还对这些藏品的收藏历史进行了追溯和整理。因此，这些皇家收藏全面审视了收藏活动本身，并以前所未有的规模突出了收藏家的存在。的确，御制目录最常使用"收藏家"一词。例如，编纂者在给《四库全书》撰写提要时，需要追溯特定书籍的流通历史，因为许多善本是私家藏书收集和保存的，所以"收藏家"一词在提要中被提及八次。① 另一本御制目录《钦定天禄琳琅书目》也三次使用了这个词。② 御制绘画和书法目录也用此词描述一件艺术品的收藏情况。记载宫廷书画的图录《钦定石渠宝笈》六次提及"收藏家"。③ 古董目录《钦定西清古鉴》也用"收藏家"来指代收藏青铜器的个人。④

乾隆帝追溯古董和艺术品源流的爱好——或者说他表现

① 纪昀、永瑢等：《钦定四库全书总目》卷六十六，第 39 页下；卷八十五，第 17 页下；卷一百一十二，第 30 页下；卷一百一十三，第 26 页上；卷一百二十六，第 20 页下；卷一百五十三，第 14 页上。在明代书籍《家藏集》的提要中，"收藏家"一词出现在文前。吴宽：《家藏集》，《景印文渊阁四库全书》第 1255 册，"提要"，第 1 页下。这个词也出现在吴其贞《书画记》的提要中。此书被朝廷列为禁毁书。《四库全书》收入了禁毁书的提要。《景印文渊阁四库全书》第 5 册，第 352 页。

② 《钦定天禄琳琅书目》，《景印文渊阁四库全书》第 675 册，卷一，第 20 页下；卷二，第 29 页上；卷九，第 7 页下。

③ 《钦定石渠宝笈》，《景印文渊阁四库全书》第 824~825 册，卷六，第 13 页下；卷十，第 43 页下；卷二十九，第 68 页上；卷二十九，第 81 页上；卷四十二，第 23 页下；卷四十二，第 41 页上。其中一个条目（卷二十九，第 81 页上）记录了康熙五年王鸿绪书写的跋文。

④ 《钦定西清古鉴》，《景印文渊阁四库全书》第 841~842 册，卷二十三，第 86 页上；卷三十，第 7 页上。

出来的爱好——也认可了收藏家的存在。例如，在评论某幅宋画时，他解释说，他无法确定此画的收藏历史，因其"上下左右边幅都似截去不全，故无作者及收藏家姓名印识"。①除了用"收藏家"指前藏家，乾隆帝还用它指当时的藏家，比如在评论著名画家米元晖的画作时，他表示自己最近从一位匿名收藏家那里购买了这幅作品。②

随着"收藏家"一词使用范围的扩大，其含义也在18世纪得到了拓展。据《四库全书》，"收藏家"一词直到清初仅出现在书籍、绘画、书法的目录或题跋中，并且仅指这类藏品的拥有者。③然而在盛清时期，这个词开始被用来描述那些收集其他物品的人，例如砚台和青铜器。④换言之，"收藏家"一词的使用范围已经扩展到多样材质藏品的收藏者。同时，这个词开始出现在除目录和赏鉴类书籍之外的文献中。例如，1734年新版《山西通志》的"凡例"中，编者声称山西"自古少收藏家"，因为交通不便限制了

---

① 见乾隆帝对宋画《大禹治水图》的评论。《御制文集》，《景印文渊阁四库全书》第1301册，二集，卷十八，第3页上。
② 见乾隆帝对米元晖《潇湘白云图》的评论，参见《钦定石渠宝笈》，《景印文渊阁四库全书》第824～825册，卷四十二，第41页上。乾隆帝还用"收藏家"来指代书画藏家（《钦定石渠宝笈》卷四十二，第23页下）和图书藏家（《御制文集》二集，卷十四，第8页上）。
③ 唯一的例外是毛奇龄的《西河集》。他使用"收藏家"指代古琴的藏家。毛奇龄：《西河集》卷六十八，第18页上。
④ 一位匿名作者在他的作品中也称砚台藏家为"收藏家"，见《砚山斋杂记》，《景印文渊阁四库全书》第872册，卷三，第7页上。《四库全书》的注释表明该书作者一定生活在18世纪。关于青铜器的记载，见《钦定西清古鉴》，《景印文渊阁四库全书》第841～842册，卷二十三，第86页上；卷三十，第7页上。

图书贸易。① 从一本方志使用"收藏家"一词的现象来看，"收藏家"一词的普及程度和流传范围变得更加广泛。

关于收藏这一行为所含价值的话语也发生了变化。"收藏"的意义从明末的仅供个人欣赏和享受的爱好，转变为盛清时期的学术追求。换言之，学术研究成为盛清时期收藏文化的重要因素。这一转变提高了收藏活动的声望，并进一步促进了收藏家作为一个社会类别的形成。

明末的收藏被描述为一种追求个人乐趣的休闲活动。作为对这一明末遗风的回应，清初的收藏家主张收藏的学术价值。例如，清初著名收藏家姚际恒"将收藏和考证作为提倡小学和传播古代礼仪和制度知识的理由"。② 正如李惠仪所言："姚际恒可能觉得有必要把他的研究和明末的研究区分开来，后者在当时常常被批评为不过是一种轻佻、虚荣的'品味和鉴赏的练习'。"③ 在 18 世纪，蓬勃发展的考据运动对这一转变起到了重要的推动作用。这一思想运动旨在通过音韵学、词源学、古文字学等"一套认识论统一的方法"来研究和发现古代经典的本义。正如艾尔曼（Benjamin Elman）所说："考据话语的出现涉及将证据和核实置于经典传统组织和分析的中心。"④ 就像考据学者采用系统和技术的方法

---

① 觉罗石麟等："凡例"，雍正《山西通志》，《景印文渊阁四库全书》第 542~550 册，第 6 页上。

② Li Wai-yee, "The Collector, The Connoisseur, and Late Ming Sensibility," *T'oung Pao*, second series, vol. 81, fasc. 4/5 (1995) : 273, note 6. 姚际恒的传记见 *ECCP*, 811.

③ Li, "The Collector, "273, note 6.

④ Benjamin Elman, *From Philosophy to Philology: Intellectual and Social Aspects of Change in Late Imperial China* (Cambridge, MA: Harvard University Press, 1984) , 26, 45.

来发现经典的"真正"含义一样，收藏也被视为个人追求本义的渠道。

乾隆帝个人对艺术品的鉴赏和评价方式也为这种收藏中的研究倾向提供了例证。古原宏伸认为，乾隆帝对书画的鉴赏"绕过了明代及清初学者和收藏家主要基于风格的传统鉴赏"。相反，他依靠文本证据来评估一件艺术品。[①] 换言之，乾隆帝的鉴赏从基于风格的分析转向了与文本考察相关的领域。

宫廷对其大量藏品的管理也表现并促进了这种收藏意义从审美愉悦到学术追求的转变。当大量的艺术品、古董和书籍流入宫廷时，乾隆帝会命令官员描述、分类和标示每一种类型的物品。这些官员的努力最终编纂了大量御制目录，其中包含了对每件藏品的详细描述，以及对特定藏品的沿革考述。换句话说，御制目录的编纂是为了研究皇帝的藏品。例如，《四库全书》工程不仅仅是简单地收藏书籍，它的主要目的之一是通过系统地收集、编目和编辑书籍，以促进对帝国所有书籍所含之内容及其历史的研究。因此，这一工程将"雅闲之乐"贬为"轻佻琐碎"，旨在为学者提供正确且准确的文本。[②]

在这种背景下，当收藏家作为一个有价值的专家群体出现，且收藏成为一种学术探究的机制时，18世纪末和19世纪初的精英便开始讨论这一群体的特点。这进一步标志着收

---

① Kohara Hironobu, "The Qianlong Emperor's Skill in the Connoisseurship of Chinese Painting,"*Phoebus* 6, no. 1(1988) : 60.

② Li, "The Collector," 299. 关于为何编修《四库全书》的讨论，见 Elliott, *Emperor Qianlong*, 121.

藏家的形成。① 例如，洪亮吉曾将收藏书籍的个人（"藏书家"）分类排序到一个等级系统中。

> 藏书家有数等。得一书必推求本原，是正缺失，是谓考订家……次则辨其板片，注其错讹，是谓校雠家……次则搜采异本，上则补石室金匮之遗亡，下可备通人博士之浏览，是谓收藏家……次则第求精本，独嗜宋刻，作者之旨意纵未尽窥，而刻书之年月最所深悉，是谓赏鉴家……又次则于旧家中落者，贱售其所藏，富室嗜书者，要求其善价，眼别真赝，心知古今，闽本蜀本，一不得欺，宋椠元椠，见而即识，是谓掠贩家。②

洪亮吉的著述将收藏书籍的个人即"藏书家"按等级排序。按照洪亮吉的标准，并不是所有的书籍收藏者都能被称为"收藏家"。相反，藏书家应根据他们的学术水平被分为不同的类别。换句话说，他们的类别取决于一名收藏者与他研究和考察书籍的能力之间的关系。因此，洪亮吉的名单上排在第一的"考订家"是指能够理解书的"本原"并能提供补充的人。排在其次的"校雠家"拥有区分书籍版本的知识，并能够订正错误。他以学术能力而非收藏能力来区分这两类人。处于中间位置的"收藏家"是指积累和保存不同书

---

① 除朝廷外，私人收藏家和鉴赏家也使用这个词。例如，收藏书法拓片的李光暎曾说，在他所处的时代，所有的收藏家都在努力收集王羲之书法的拓片。李光暎：《金石文考略》，《景印文渊阁四库全书》第684册，卷八，第5页下。

② 洪亮吉：《北江诗话》，《洪亮吉集》，刘德权点校，中华书局，2001，第2271页。

籍版本的人。他们不能纠正文中的错误，但他们保存的书籍可以增进其他学者的学问。在洪亮吉看来，这些人的身份是通过他们的收藏活动和藏品本身来决定的。这些收藏家的地位虽不如考订家、校雠家，但高于赏鉴家。鉴赏家只知道书的版本，却不能理解它的真正含义。洪亮吉通过比较收藏家与其他类别，给收藏家下了一个定义：收藏家是擅长搜采书籍的人，其收藏有助于学术进步。从根本上来说，洪亮吉的分类揭示了一位学者对收藏家（此处特指书籍的收藏家）业已形成了一个特定社会群体的认知。这些致力于藏书的个人已逐渐成长为一个可见的群体，以至于洪亮吉认为不仅有必要承认他们的存在，而且还需要审视他们作为一种独特的社会形态的特点。

洪亮吉绝不是唯一注意到收藏家存在的士人。19世纪初，学者钱泳也认识到收藏的普遍性，并在他的笔记《履园丛话》中将"收藏"单独列为一节。这一节记录了其所见著名字画的资料。他将这些字画藏家分为三个等级：最高的是真正的鉴赏家（"赏鉴"），第二级是想要参与鉴赏的爱好者（"好事"），最底层的无非是逐利者（"谋利"）。① 钱泳论述了考据与赏鉴的关系。他重申了考据（即寻找文本的本义）在收藏文化中的重要性，洪亮吉也强调了这一点。钱泳说，宋元时期的收藏家缺乏进行考据的能力，因此他们为书画所作的跋文往往是"空疏不切"的。然而，与洪亮吉的分析相反，钱泳强调了可以让收藏者区分物之真伪的鉴赏能力的重要性。钱泳认为，考据和赏鉴都是成为一名合格收藏家的必要条件。

---

① 钱泳：《履园丛话》，张伟点校，中华书局，2006，第261页。

晚清著名藏书家耿文光延续了这一有关收藏家的讨论，他强调收藏和赏鉴缺一不可。耿文光认为："收藏而不择善恶，皆不可称家。"① 值得注意的是，耿文光对"家"这个字的强调不仅表明了他将收藏家视为一个特定的社会类别，也暗示了对他来说，收藏家是一群掌握某种特定知识的人。耿文光认为，只有那些既能积累又能评价书籍的收藏者才能被称为"家"。无论清代中晚期的学者如何评价学术和鉴赏在收藏文化中的作用，这些精英对收藏家是谁、收藏是什么等问题的不断讨论，都反映了社会对这一新群体的认识程度在不断提高。

二　为皇帝收藏

18 世纪，乾隆帝对皇家收藏的热衷推动了整个帝国收藏文化的繁荣，徽州一些富有的盐商在这一舞台上发挥了主导作用，在当地社会积极建设私人收藏。这当然不是中国历史上商业精英第一次参与收藏。在明末，商人像他们同时代的文人精英那样广泛参与奢侈品消费。他们对收藏出手大方，极尽奢华，以至于学术精英觉得有必要抱怨商人的"庸俗"品味，以贬低这些商人努力的价值。然而，盛清时期特定的政治社会背景，特别是商人参与朝廷的收藏项目，提高了这些商人在收藏文化中的知名度和影响力，从而使他们有别于明末的前辈。

乾隆帝对拥有珍贵藏品的热情鼓励了私人收藏。在江

---

① 耿文光：《万卷精华楼藏书记》，黑龙江人民出版社，1992，第 3863 页。

南，学术和商业精英都积累了大量的书籍、艺术品和古董。他们撰写诗文，赞美自己及他人私人书斋中收藏的古董、书法和绘画。① 在私人藏家中，一些徽州盐商的收藏享誉全国。他们中的一些占据了城市收藏界的中心。例如，本书第二章介绍过的马曰琯和马曰璐兄弟就拥有当时全国最著名的绘画和书法作品、古董和金石拓片收藏。② 他们珍藏的书籍善本使他们得以为《四库全书》的编纂做出贡献。

盐商也在老家徽州进行收藏活动。黄崇惺是潭渡总商的后代，他曾编著《草心楼读画集》一书，记录了他为其家族以前收藏过的画作所做的跋文。③ 在这本书中，黄崇惺总结了徽州最著名的私人收藏。

　　而是时，休歙名族乃程氏铜鼓斋、鲍氏安素轩、汪氏涵星研斋、程氏寻乐草堂，皆百年巨室，多蓄宋元书籍、法帖、名墨、佳砚、奇香、珍药，与夫尊彝、圭璧、盆盎之属。每出一物，皆历来赏鉴家所津津称道者。而卷册之藏，尤为极盛。④

① 关于 18 世纪江南藏书的研究，见 Swann, "Seven Intimate Library Owners."
② Ho, "The Salt Merchants,"157; Hsü, *A Bushel of Pearls*, 17 – 63.
③ 关于潭渡黄氏商人的更多信息，见本书第一章。黄崇惺能把画的题跋编成书是因为他看过很多的画，这些画作的大部分后来在 19 世纪中叶的战争中丢失了。即使大多数家族收藏随着 19 世纪中叶后盐业的衰落而散轶，但是黄氏家族遗留下来的绘画作品还是激发了另一个家族后裔黄宾虹的艺术才能，他最终成为 20 世纪中国最著名的画家之一。
④ 黄崇惺：《草心楼读画集》，光绪本，黄宾虹、邓实主编《中华美术丛书》初集第 1 卷，北京古籍出版社，1998，第 116 页。

黄崇惺的评语虽然简略，却描述了盛清时期徽州收藏文化的繁荣。这些显赫的家族中至少有一个即鲍氏家族培养出了总商。如本书第四章将述，鲍氏后裔之一的鲍志道在18世纪末以总商的身份掌权，为其家族带来了经济利益和政治特权。鲍氏家族收藏了大量珍贵的书法作品。他们在一系列石碑上雕刻了这些书法名作，再通过这些石碑制作拓片，这些拓片随后以《安素轩法帖》散播开来。① 虽然黄崇惺并未在上文中提及自己的家族，但是《草心楼读画集》本身即赞美了其家族规模惊人的名画收藏。和鲍氏家族一样，黄氏祖先在18世纪至少两代相继为扬州总商。

每位商人收藏家都有自己投身收藏的理由。然而，乾隆帝对名贵艺术品和珍贵藏品的需求更增加了这些商人致力私人收藏的动力。如本书第二章所示，乾隆帝对所有东西都很感兴趣，包括古董、名画、书法作品和精巧的工艺品。为了建立他的皇家收藏，乾隆帝命令他的官员在整个帝国搜寻珍品宝物，同时号召个人将他们的珍宝献给朝廷。作为江南最富有的群体和江南盐政的助手，徽州盐商自然地承担起了为朝廷购置精美藏品的责任。

许多商人的收藏充当了潜在贡物的储备。例如，黄崇惺表示，其家族收藏的许多画作都是"贡余"。换句话说，黄崇惺祖上的商人收集这些画作的一个主要目的是备办贡物。事实上，包括徽州盐商在内的当地精英经常通过包衣和朝廷官员向宫廷呈递贵重物品。例如，盐政尤拔士代表盐商呈递

---

① 安素轩是鲍氏家族在徽州居所一间屋子的名字。这些石碑目前陈列在扬州天宁寺。

了各式物品，其中包括镶嵌玉石的紫檀木如意、各种玉花瓶和装饰品。[①] 徽州盐商在乾隆帝巡幸途中受到接见时也进献了礼物。[②] 这些盐商不仅通过常贡系统进献他们的私人收藏，还在不同时期被吸纳到特定的皇家收藏工程。最具代表性的例子就是商人们对《四库全书》工程的贡献。如本书第二章所示，当乾隆帝号召私人收藏家自愿将他们的善本进献时，许多商人藏书家捐献了他们的书籍。在这种背景下，乾隆帝对收藏的兴趣鼓励了盐商进行私人收藏。

在朝廷不断从商人那里得到贵重物品的同时，这些商人也从其对皇家收藏的贡献中获益。商人藏品得以流向宫廷为商人获得皇室和社会的认可提供了一种有效的机制。如果一件私人藏品被皇帝选中，这就意味着他可能拥有一些全国最好的东西。的确，当黄崇惺强调他们家族的藏画是一部分"余贡"时，正是用贡物的标签作为证据，证明其家族收藏的绘画是高质量的。

换句话说，朝廷对这些商人藏品的认可可以提升他们作为受人尊敬的收藏家和鉴赏家的声誉。盐商参与《四库全书》工程最能说明这一点。当朝廷号召私人收藏家自愿将他们的珍本进献时，有四名藏书家脱颖而出，其中三名是徽州盐商，他们分别向朝廷进献了 500 多种善本，并因

---

① 尤拔士在 1770 年进献了这些礼物。《清宫内务府造办处档案总汇》（33），第 457～458 页。

② 例如，乾隆二十二年三月二十三日，以黄源德、洪充实、江广达为首的 17 名总商在乾隆帝南巡时进献了 16 件玉器和 16 件瓷器。宫中进单 0103，中国第一历史档案馆藏（下略）。李质颖代表盐商也在乾隆帝巡幸山东时进献礼物。乾隆三十六年二月初五日宫中进单 0053。我要特别感谢董建中分享他所做的关于宫中进单的笔记。

此获得了乾隆帝的嘉奖。通过参与《四库全书》工程，这些商人藏书家和他们的藏书能力得到了皇帝的认可。正如学者和藏书家朱文藻评论的那样，由于《四库全书》工程，鲍廷博的"知不足斋之名上彻天听"。[①] 正如我们在本章的开篇所读到的那样，乾隆帝通过赏赐他们珍贵的礼物来证明他对这些商人藏书家的认可，而这些礼物在朝廷之外是很难寻得的。

朝廷选中了他们的书籍，这意味着这些商人坐拥一些全国最抢手的书。来自皇室的认可不仅给这些商人带来了荣誉，也为他们带来了成功藏书家的名声。这些商人当然明白这一认可的价值，并且他们也在公众面前大方地展示他们的荣誉。例如，鲍廷博特地在家中开设"赐书堂"，以保存皇帝赐予的书籍。[②] 当鲍廷博出版《知不足斋丛书》时，他在扉页上展示了一首乾隆帝评论其收藏的明代珍本《唐阙史》的御制诗。乾隆帝在诗中称赞鲍廷博对藏书的热爱是一种美德："知不足斋悉不足，渴于书籍是贤乎？"[③] 鲍廷博专门为这本书做了一个封面，并将其改名为《御览唐阙史》，以强调皇帝的认可。在这本书的封面，鲍廷博使用了象征皇帝权威的龙纹作为装饰，以表示他受到了皇帝的赞赏。和鲍廷博一样，另一位商人藏书家汪启淑也特意展示了皇帝赐予的荣誉。汪启淑在家乡縣潭修建了御书楼，以保存朝廷所赐的书

---

① 朱文藻：《知不足斋丛书序》，鲍廷博编《知不足斋丛书》，兴中书局，1964，第9页。关于朱文藻的资料，见 *ECCP*, 807, 822.

② 翁广平：《赐书堂记》，引于叶昌炽《藏书纪事诗》，上海古籍出版社，1989，第526~527页。

③ 鲍廷博编《知不足斋丛书》，第25页。

籍。与此同时，他还建造了御书亭以彰显他获赐御制诗的荣誉。他邀请文人到綈潭参观这些建筑，并请他们创作绘画、诗文来赞美他的荣誉。①

这些商人与朝廷的关系使他们得到了包括朝廷官员在内的士人精英的认可。汪启淑不断扩展的交际网就是一个典型的例子。纪昀是著名的学者和官员，同时是《四库全书》的总纂官。在汪启淑将其书借给朝廷后，纪昀②便开始与他交往。汪启淑喜欢在写作中记录自己的社交网，但在《四库全书》工程之前，他没有留下过任何与纪昀交往的线索。③ 汪启淑说，《四库全书》修好后纪昀经常到汪家做客，并与汪启淑聊起了他在乌鲁木齐的经历。④ 纪昀甚至拜访了汪家在綈潭的住所，并写了十首诗来赞美汪启淑的宅邸。正如纪昀在其诗中所写的，他与汪启淑关系的关键因素是汪对编纂《四库全书》的贡献。纪昀写了一首名为《律素书厅》的诗赠给汪启淑。

> 蠹校玉字书，时逢君所献。
> 七略简汰余，犹多人未见。
> 津逮者伊谁？山深云漫漫。⑤

---

① 关于御书楼和御诗亭的资料，见沈叔埏《颐采堂文集》，《续修四库全书》第 1458 册，卷五，第 24 页上~25 页下。纪昀曾拜访汪家，并为汪家的一些建筑写了十首诗。纪昀：《纪晓岚诗文集》，江苏广陵古籍刻印所，1997，第 352 页。

② 纪昀 23 岁时通过了会试，不久就成为翰林院的编修。*Eccp*, 120.

③ 汪启淑经常在诗中记录他与文人名士互赠诗歌及参加诗社集会的经历。汪启淑：《水曹清暇录》，杨辉君点校，北京古籍出版社，1998。

④ 汪启淑：《水曹清暇录》卷九，第 139 页；卷十三，第 204 页。

⑤ 纪昀：《纪晓岚诗文集》，第 352 页。

从纪昀的诗句来看，汪启淑的珍本藏书正是他们交往的关键渠道。纪昀回忆起他在编纂《四库全书》时看到过汪启淑的藏书。因为这些书，纪昀把自己置于与汪启淑相同的位置，并强调他们都曾效力于皇帝的藏书工程。汪启淑与朝廷的关系也因此成为纪汪二人结交的基础。① 由此可见，在盛清徽州盐商的收藏被纳入乾隆帝的皇家收藏工程的同时，这些商人也通过自己的收藏赢得了朝廷的青睐和社会的认可。

三 作为收藏家收藏

在 18 世纪，随着受到皇室的认可，收藏家成为一个新的可见的社会类别，收藏本身成为一种具有价值的专业知识形式。这些条件为商人在社会中占据可见的地位提供了空间。相应的，富商巧妙地将自己塑造成收藏家的形象。这种作为收藏专家的自我塑造使他们更有底气承担起收藏活动的主导角色，从而为他们赢得社会认可并将他们的地位提升到同辈之上。著名的藏书家、藏印家汪启淑就是这类商人收藏家之一（图 3 - 1）。

---

① 汪启淑还与朱筠、陆锡熊有联系，后两人皆深度参与了《四库全书》工程。朱筠建议乾隆帝收集和保存来自全国各地的善本，于是开启了《四库全书》工程。陆锡熊和纪昀一同被任命为《四库全书》的总纂，直到《四库全书》修纂完成。朱筠和陆锡熊的传记，见 ECCP, 198 - 199, 544 - 545。据汪启淑记载，他于 1775 年与朱筠一同主办了一次聚会，并访问了朱筠的居所。汪启淑：《水曹清暇录》卷二，第 23 ~ 24 页；卷十三，第 195 页。汪启淑与陆锡熊的交往，见汪启淑《水曹清暇录》卷十五，第 234 页。目前还不完全清楚汪是如何认识朱、陆二人的，但有理由认为汪启淑对《四库全书》工程的贡献可能促进了他们的交际。

图 3 - 1 汪启淑 21 岁时的画像

资料来源：汪启淑《飞鸿堂印谱》，乾隆本，哈佛－燕京图书馆藏。

汪启淑是一位商人、诗人、官员、编纂和出版人。他出生于盐商家庭，本籍在徽州歙县南部一个小村庄——綿潭。汪启淑的祖父和父亲在江南度过了大半生，经营盐业生意。[①]和大多数盐商家庭一样，汪氏一族不吝于对儿子的教育投入，希望他将来能通过科举考试。汪启淑曾准备参加科举，但最终因"屠盐家累"而选择在杭州业盐。[②]

---

① 汪启淑的祖父为汪之礼，父亲为汪光钺。汪启淑的生平，见 *ECCP*，810 - 812.

② 方岳荐所作的序，见于汪启淑《飞鸿堂初稿》，《讱庵诗存》卷二，《续修四库全书》第 1446 册，第 1 页上～1 页下。汪启淑的小传被记录在《徽州府志》中并被刻印在杭州西泠印社的石碑上，它记载了他在杭州经营盐业一事。此传收于闵尔昌《碑传集补》，文海出版社，1973，第 1529 页；王佩智《西泠印社摩崖石刻》，西泠印社出版社，2007，第 90 页。

因其捐输，汪启淑受封为官，并在北京当了几年差。[1]
然而，他是一个多才多艺的人。他利用业余时间写诗，出
版了一部六卷本诗集。他还对记录逸事饶有兴趣。他把自
己在北京的官署里听到的故事收集起来，编成一本笔记出
版。[2] 他还以挑选、编辑和出版了《撷芳集》而闻名，这
部诗歌总集是清代最完善的女性诗歌总集之一。[3]

汪启淑对写作有着浓厚的兴趣。他喜欢写诗和记录逸
事，还积极出版自己的作品。然而，汪启淑的大部分作品已
散佚。很少有精英称赞他的诗，也少有人提及他的写作才
能。[4] 即使是在提到汪启淑的作品时，一些评论的语气也是
不屑一顾的。例如，著名文人钱大昕曾为汪启淑的笔记写
序，而这篇序被后代学者黄裳称为"草草应酬之作"。[5]

然而，汪启淑的收藏呈现了一个截然不同的故事。汪启
淑是公认的收藏家，袁枚甚至将他与元代的模范收藏家顾阿
瑛、徐良夫相比，把他描绘成了一个热爱收藏且"慕顾阿
瑛、徐良夫之为人，爱交名士"之人。[6] 除了藏书，汪启淑
还以收藏印章闻名。汪启淑的知交经常把他描绘成一个被成

---

① 1778 年，汪启淑年约 50 岁时，因捐输大小金川战役受封户部山东司员
外郎。1781 年，他被提拔为兵部职方司郎中。秦国经等编《清代官员
履历档案全编》第 21 册，第 54、63、353、356 页。汪启淑还曾担任
工部都水司郎中。闵尔昌纂录《碑传集补》，第 1529 页；*ECCP*，810.

② 这本笔记题为《水曹清暇录》。

③ 汪启淑编《撷芳集》，1785，北京大学图书馆藏。

④ 袁枚曾引用汪启淑的两首诗。袁枚：《随园诗话补遗》，王英志主编
《袁枚全集》（3），第 669 页。

⑤ 黄裳：《前尘梦影新录》，齐鲁书社，1989，第 54 页。

⑥ 袁枚：《随园诗话补遗》，王英志主编《袁枚全集》（3），第 669 页。
顾阿瑛是一位富有的收藏家和诗人，还因交游广泛而闻名。王德毅等
编《元人传记资料索引》，新文丰出版社，1990，第 2188～2190 页。

千上万的印包围着的人，一个平日不是在研究他收藏的印章就是在编纂印谱的人。① 与汪启淑同时代的人的写作也常提及他对印章的痴迷，比如钱泳就生动地描述了汪启淑如何向他乞求一枚汉代铜印的故事。② 汪启淑的这一形象正是他精心构建、醒目展示其个人收藏的结果。

在博物馆首次在晚清中国出现前，收藏家以目录和图谱为媒介，得以在自己的书斋之外展示藏品。汪启淑编纂了28种印谱，现存17种。③ 这些目录起到了二维博物馆的作用，汪启淑通过这些目录展示了他的收藏，也为历史学者研究他的收藏动机提供了宝贵的资料。汪启淑经常在凡例中表达他的出版意图，以及他所遵循的编纂规则。与此同时，他的知交为其出版物所写的序言、后记、诗作也包含对其藏印的品评。这些印谱本身，包括其大小、分类、组成和出版材料，都反映了汪启淑的喜好。基于这些史料，下文将通过突出汪启淑印章收藏的意义、数量、种类和展示形式等具体元素来分析他是如何将自己塑造成一个收藏家的。

意义：为考据而集印

正如前文所讨论的，关于收藏的意义的话语在清代发生

---

① 例如，学者朱樟这样描述汪启淑："吾友汪君秀峰，嗜古有奇癖，藏书百厨，工吟咏，得古印几盈万钮，汇为《讱庵集古印存》三十二卷，金玉、砗磲、玛瑙、牙瓷莫不该备……又凡近时工铁笔者，不惜重聘延之家园，亲与参订商榷……亦盈万余钮，汇为《飞鸿堂印谱》四十卷，海内高手大半在焉。"朱樟：《序》，汪启淑编《汉铜印丛》，1935年影印本，第2页下~3页下。

② 钱泳：《履园丛话》，第315页。

③ 我在参考文献中列出了现存的印谱。

了变化，这为收藏活动增添了一个新的学术视角。汪启淑同样主张印章具有学术价值，并特别指出，印章可以帮助学者研习古代文字，从而有利于考据。通过强调印章收藏与考据学之间的联系，汪启淑建构了关于藏印这一行为所含的学术意义。通过强调这一意义，汪启淑为其酷爱藏印提供了正当理由。

由于具有实际用途，印章传统上被认为是一种不可收藏的物品。直至明末，软石成为制作印章的主要材料，这提高了印章的文化价值。由于在质地较软的皂石上雕刻要容易得多，文人便开始自己雕刻印章。[①] 由于他们亲自参与篆刻，到了 16 世纪，精英将篆刻视为一种独立的审美对象。因此，印章的文化地位从工匠生产的功能性物品转变成了一种艺术形式。[②] 于是，集印成为那些强调享受印章收藏纯粹乐趣（"玩"）的文人雅士的一种活动。正如艺术史学者白谦慎所指出的那样，"在明末，书法家、篆刻家甚至出版商都对不

① 皂石（叶蜡石）早在汉代就已用于篆刻，但元代著名画家王冕"传统上被认为是最早使用软皂石刻印的人"。Jason Chi-sheng Kuo, *Word as Image: The Art of Chinese Seal Engraving*(New York: China Institute in America, 1993), 30 - 31. 正如白谦慎所说："直到文彭在南京发现大量石材并开始把他们用于刻印之前，软石章似乎并不普遍。"文彭是明末著名的书法家和画家文徵明的长子。Bai Qianshen, *Fu Shan's World: The Transformation of Chinese Calligraphy in the Seventeenth Century*(Cambridge, MA: Harvard University Press, 2003), 51.

② 关于篆刻的文化地位转变的详细探讨，见 Li Chu-Tsing and James C. Y. Watt, eds., *The Chinese Scholar's Studio: Artistic Life in the Late Ming Period: An Exhibition from the Shanghai Museum*(New York: Thames and Hudson, 1987), 11 - 13; Bai, *Fu Shan's World*, 50 - 71. 除了文人精英对篆刻的兴趣与日俱增，刻印也"让文人将他们的传统兴趣转化为谋生手段提供了新方式"。Joseph McDermott, "The Art of Making a Living in Sixteenth Century," *Kaikodo Journal*, 5 (1997): 74.

常用字产生了一种强烈而普遍的迷恋"。这种迷恋来自"尚'奇'的风气",也符合明末娱乐休闲的文化生活。[①] 明末的篆刻鉴赏论著也突出了篆刻的审美价值,注重篆刻风格和审美鉴赏。因此,篆刻印章被认为是一种适于文人书斋的闲时娱乐。

然而,18 世纪考据学的兴起为学者品评印章带来了一种新的叙事。如前所述,考据学者旨在通过音韵学、词源学和古文字学等方法重新阐释古代经典的原意。对于许多学者来说,研究汉代以前使用的所谓"篆书"的古文字学为理解古代文本提供了重要的基础。[②] 于是,刻于古代印章上的文字成为解读这些历史作品的关键材料。

汪启淑利用印章与篆书之间的这种联系,提升了印章收藏的地位。汪启淑说,收集印章最重要和最主要的目的就是研究古代文字和进行考据研究。汪启淑明确指出,印谱的价值在于"六书元本于小学大有裨益"。这里的"六书"指的是古文本中的六种字体,篆书是其中之一。因此,印谱"非特为文房赏玩之品",而是应为学术所用。[③]

汪启淑还将自己对篆刻的兴趣与对金石学的欣赏进行比较。他曾说:

古人文章其大者,既寿诸金石,余记识爵秩姓名,则

---

① Bai, *Fu Shan's World*, 60.

② 关于古文字学和篆书的讨论,见 Elman, *From Philosophy to Philology*, 68 - 70.

③ 汪启淑编《飞鸿堂印谱》,乾隆本,灵石山房 1912～1930 年影印本,《凡例》。

> 有摸印。昔欧阳率更见索靖碑，宿其下三日，甫能去。予于摸印亦同斯癖。尝千搜万索，弄诸篋衍，授之红沫。①

　　在这里，汪启淑将自己对印章的热情比作唐代著名书法家欧阳询对碑刻的痴迷。考据学者认为，青铜器和石器铭文（包括碑刻）为理解古代经典提供了可靠的信息。② 汪启淑认为，刻在印章上的官衔和姓名与刻在金石上的鸿篇大作的功能是一样的。通过将他的印章收藏比为欧阳询对碑刻的考察，汪启淑将他印章收藏的价值提升到钻研古代典籍的高度。

　　汪启淑在其印谱中选用印章的标准也表明了他对考据学研究的重视。例如，在一本印谱的"凡例"中，汪启淑称：

> 集内汉铜印中，钮式青绿俱精而印文模糊者，不能割爱，已多有之。若刻面虽佳系是临摹，则概不收入。③

根据汪启淑的说法，选择印章的关键原则在于挑选他认为是"原作"的印章。④ 印章的原创性成为关键标准，因为印章被认为是古代文字的研究资料，只有作为古代"原作"的印章才能有效地发挥这一功能。

---

① 鲁曾煜记录了汪启淑的话，见鲁曾煜《集古印存序》，汪启淑编《集古印存》，后由汪绍增重新编为《䚺庵集古印存》，1804，第2页下～3页上。

② 艾尔曼认为，考据学者"致力于运用金石铭文材料校勘史书"。Elman, *From Philosophy to Philology*, 71.

③ 汪启淑编《集古印存》，《凡例》，第1页下。

④ 正如郭继生（Jason Kuo）所言："在清末，作为考据学和金石学研究的一部分，印谱更倾向于展现原印。"Kuo, *Word as Image*, 57.

通过强调印章收藏与考据学研究之间的联系，汪启淑将集印定义为一种具有学术意义、有价值的专业知识形式。这种学术价值帮助汪启淑赢得了同时代人的认可。汪启淑的许多知交不再认为篆刻是一种"小技"；相反，研究印章可以帮助学者真正理解经典。例如，葛淳就曾说："（印章）盖亦考古博学之一端，而非徒玩物适情已也。"① 盛清时期一些重要的考据学者也提倡印章收藏的学术价值。曾和考据学奠基人之一的戴震一同求学的程瑶田在为汪启淑的著作作序时强调了印章的"用"。② 据其称，18世纪的人多数学者无法将篆籀与隶书和今体（如草书、行书和楷书）区分开来。程瑶田认为："惟博学之儒贯通经籍，穿穴子史百家于篆籀诸体。"他相信，学者具有识读篆籀的能力才能"复为正讹摘谬，夫造字之意，能一一悉其原委"。其他如丝帛或竹片等中国古代文字的载体早已消失，然而唯有石刻留存下来。因此，印章正是承载篆书的媒介，并让当代学者能够见到这些古代文字。在这一背景下，程瑶田总结道，"字近乎古，用适乎今"，它的"用"正在于印章可以帮助当代学者研究古代文本。③ 著名学者厉鄂对这一观点做了更明确的阐述，他认为印章不仅应该被用来记录历史上的官秩和人名，也可以被用于"鉴定图集书画"，从而"使千载下有所考"。④

---

① 葛淳：《跋》，汪启淑编《飞鸿堂印谱》四集，卷六，第1页下。周宣猷也使用了相同的句子，见周宣猷《序》，汪启淑编《飞鸿堂印谱》二集，卷一，第2页下。
② 戴震的传记，见 *ECCP*，695 – 700.
③ 程瑶田：《秋室印粹序》，汪启淑编《秋室印粹》，1756。
④ 厉鄂：《序》，汪启淑编《飞鸿堂印谱》三集，卷三，第2页下。

数量与品类

汪启淑有意识地展示其藏印的数量和品类。如下文将示，汪启淑表现出一种渴望，有时甚至是一种痴迷：他希望自己的藏印不仅数量巨大，且种类繁多。无论这些印章刻于何时或是使用了何种材料，他都兼收并蓄。汪启淑曾将他的印谱与以往的印谱进行比较，并强调他的印谱有足足40卷，远远超过历史上任何其他印谱。由于他收集并展示了大量的印章，汪启淑声称："欲使求木者不穷于邓林，采珠者如游于南海。"[1] 通过这个比喻，汪启淑自豪地宣称，任何对印章感兴趣的人都可以在他的出版物中找到任何一种类型的印章，从而使其探索毫不受限。对汪启淑来说，他的收藏规模很重要，因为其印章的数量和品类使他成为同时代收藏家中的佼佼者。

汪启淑印章收藏的首要特征是其数量。汪启淑拥有大量的印章，他庞大的财富使他有能力拥有如此宏大的收藏。多年来，汪启淑积累古印章的方式是从其他私人收藏家处购买，以及在古董市场上收购。[2] 然而，汪启淑从来不满足于仅仅收集他可以直接购买到的印章。他采取了各种各样的手段来扩大他的收藏，包括礼物交换和赞助。汪启淑拥有广泛的人脉，包括在他家乡徽州和他居住的城市，这是他能够获得印章，尤其是当时的制印人所制印章的关键。

---

[1]　汪启淑编《飞鸿堂印谱》，《凡例》，第2页上。
[2]　汪启淑编《集古印存》，《凡例》，第1页上。

汪启淑的家乡徽州自明末起就以篆刻闻名。[1] 汪启淑本人积极建立和维护与这些篆刻家的关系，从而为他将来的求印做准备。例如，当汪启淑回乡祭祖时，他的本家族侄汪芬来拜访他。汪启淑慷慨地把自己的印谱借给了汪芬，并让汪芬研究他的藏印。受益于汪启淑的慷慨，汪芬大大提高了自己的篆刻技术，并在后来为汪启淑的藏印做出了贡献。[2] 汪启淑还与家族以外的篆刻家往来。1756 年秋，汪启淑因一场官司回到家乡。对汪启淑来说，这段时光并不愉快，他不愿见任何人，唯有一人例外，即徽州著名的篆刻家吴士杰。汪启淑和吴士杰经常在一起品评印章，讨论篆刻风格。[3] 此后，吴士杰为汪启淑篆刻了数枚印章。

在徽州之外，汪启淑还在他居住过的杭州等中心城市和其他旅居过的地方建立了人际关系网。杭州无疑是汪启淑印章搜集活动的中心。在那里，他积极参加包括诗会在内的各种活动，以寻找新的印样。1745 年春，汪启淑加入了西湖诗社，并在此结识了一群包括丁敬（图 3 - 2）在内的篆刻家。丁敬是浙派篆刻的开山鼻祖，被认为是 18 世纪杭州最杰出的篆刻家。他们的友谊延续了 20 年。丁敬不仅为汪启淑刻印，还帮助其编写印谱。[4] 在杭州之外，汪启淑还与其他文

---

[1] 明末两大篆刻流派有一派起源于徽州。清代，徽州有程邃、汪肇隆、巴慰祖、胡唐等著名篆刻家。

[2] 汪启淑：《飞鸿堂印人传》卷四，博雅斋 1977 年影印本，第 5 页。汪启淑的族侄汪成和族弟汪斌都受益于他的印章收藏。汪启淑编《飞鸿堂印人传》卷五，第 2、4 页下～5 页上。

[3] 汪启淑编《飞鸿堂印人传》卷三，第 6 页下～7 页上。

[4] 汪启淑编《飞鸿堂印人传》卷二，第 1 页。丁敬有 38 枚印章收入《飞鸿堂印谱》。

人及篆刻家建立了联系，这些人的印章经常出现在他的印谱中。①

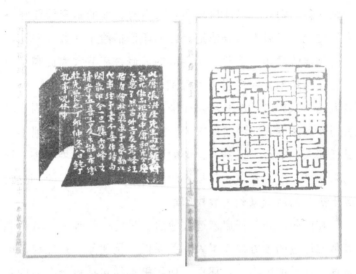

图3－2　丁敬为汪启淑刻的印章

　　说明：刻于印章侧面的题词（左）解释了汪启淑向丁敬求印的过程。

　　资料来源：《飞鸿遗迹》，可能出版于1937年，加州大学伯克利分校东亚图书馆提供。

　　在向知交征集印章的同时，汪启淑还通过资助篆刻家收集了相当数量的印章。他在自己的书斋飞鸿堂资助篆刻家，尤其是那些经济窘迫的印人。他还撰写并出版了八卷本的当时篆刻家传记《飞鸿堂印人传》。通过这些活动，他建立起了一个以自己为中心的篆刻群体。许多篆刻家居住在汪宅，在那里他们可以一边刻印，一边翻阅印谱以获得灵感。贫穷

---

① 例如，当汪启淑游历兰江（今浙江兰溪）时，他与余元之成为朋友，余元之后来为他刻印。

工匠之子周芬在汪启淑的飞鸿堂待了好几年。他通过阅览汪启淑的印谱和模仿古印大大提高了自己的篆刻技巧。① 汪启淑的《飞鸿堂印谱》收入了176枚周芬雕刻的印章。不仅窘迫的艺术家在飞鸿堂得以寄身，汪启淑也为著名篆刻家提供了丰厚的酬劳。②

汪启淑藏印的种类之丰富也能说明他的收藏数量庞大、种类繁多。汪启淑在出版印谱时采用了多种标准对印章进行分类和排序，其中包括他自己发明的新标准。他经常将印章按篆刻年代先后进行分组。他对前代古印很感兴趣。《讱庵集古印存》是汪启淑最具影响力的印谱之一，它收录了明末以前制作的古印。③ 在该书凡例中，汪启淑这样写道：

> 印谱滥觞宣和，其后踵芳趾美，代有作者。自近世临摹盛行，既失古人淳朴之趣，而寡识者昧于甄鉴赝刻，惟就险怪粗俗，转相师法，误人不少，是贵于明眼存真也。④

正如《凡例》所示，汪启淑阐述了他出版古印的主要动因。他认为，当时的人知识有限，无法辨认古印的真正样式。因

---

① 汪启淑编《飞鸿堂印人传》卷四，第1页下~2页上。

② 这些篆刻家为汪启淑刻印，并协助他编纂印谱。张盘石、钱乐父和王子复都受邀居住在汪家。丁敬在一枚章上的铭文里提到了这件事。秦祖永：《七家印跋》，黄宾虹、邓实编《中华美术丛书》第二集第3卷，第139~140页。

③ 这一汇编有32卷。汪启淑邀请金农刻书名，并随书印上了自己的肖像。书名和他的肖像代表了汪启淑对这本书的所有权。

④ 汪启淑编《讱庵集古印存》，1760，《凡例》，第1页上。

此，他希望通过展示真印来教育时人并建立对古代篆刻风格的真正品味。①

除了古印，汪启淑还收藏了当时的印章。汪启淑规模最大、最具影响力的印谱是《飞鸿堂印谱》，这是一本收录盛清时期篆刻家所制印的印谱。该印谱 1776 年完成，耗时 31年。在此过程中，汪启淑不断向当时的印人征求印章。《飞鸿堂印谱》最终成了一部由 40 卷组成、分为五集的巨著。②

虽然按年代分类是印谱常用的归类标准，但汪启淑并不满足于此，而是发明了新的分类方式。据现存史料，汪启淑是第一个根据印章材质将其分类的人。③ 这一努力的成果是一部名为《退斋印类》的印谱。"类"字在这里的意思是"类别"或"类型"。正如汪启淑在该书《凡例》中所言：

> 印类之辑，盖于《飞鸿堂印谱》外，复捡篋笥中所有金、银、宝石、晶玉、冻石、瓷牙、竹、木，各种并列。名刻名印，厘类为十，卷亦如之。品物既备，佳刻咸

---

① 《讱庵集古印存》可能是汪启淑最著名的古印汇编，但它绝不是唯一的。1752 年，他刊刻了另一本以汉代青铜印章为主的汇编，题为《汉铜印丛》。1766 年和 1769 年，他又分别刊刻了两本古铜印集，题为《古铜印丛》和《汉铜印原》。

② 因此，这一汇编逐渐积累，并随着时间的推移出版了几个不同版本。沈惠兴称，汪启淑 1749 年以前编著了前八卷，并请沈德潜、周宣武和汪树琪作序。另一版的四集 32 卷保存于上海图书馆。沈惠兴：《〈飞鸿堂印谱〉简考》，《明清徽州篆刻学术研讨会论文集》，西泠印社出版社，2008。

③ 陈振濂：《中国印谱史研究导论》，陈振濂编著《中国印谱史图典》（上），西泠印社出版社，2011，第 21 页。我也没有见过汪启淑之前有这样分类的印谱。

萃焉。[①]

正如我们所见，这本印谱的重点是印章的材质。汪启淑还根据印章的大小对藏品进行了分类。他似乎对小印很着迷。1754 年，他出版了一本题为《锦囊印林》的小印图录。这本印谱收录了 228 枚印章，所有印章都小于三分（9.9 毫米）。有些印章甚至只有 3.3 毫米。[②] 他还编著了一本题为《袖珍印赏》的印谱。这本汇编虽短小，却洋溢着他对作为雕刻艺术品的袖珍小印的热爱。

汪启淑本可以像以前的许多藏家一样，简单地将他的印章分为古印和今印，或官印和私印。但他选择采用各种标准，甚至发明了新的标准来展示他的收藏。收藏家通常关注印章的历史和功能，但汪启淑也强调其材质和形状。他采用了多种多样的分类标准，这表明他的藏品包括了所有可能的类别。他不仅拥有不同时代的印章，还拥有不同材质和大小的印章。换言之，无论是在数量上还是在种类上，汪启淑都渴望收集尽可能多的印章。

展示

除了突出收藏的意义和内容，汪启淑还着意寻求最佳的展示形式。现代展览通常是在博物馆或画廊等三维空间中进

---

① 汪启淑编《退斋印类》，1767，《凡例》，第 1 页。
② 汪启淑 1754 年刊刻了《锦囊印林》。我未见过此书。这一描述来自黄尝明《篆刻年历》，真微书屋出版社，2001，第 220 页。陈振濂也表示《锦囊印林》可置于掌心。陈振濂：《中国印谱史研究导论》，陈振濂编著《中国印谱史图典》，第 23 页。

行，而汪启淑的展览则是在二维空间——印谱中进行的。印谱这一媒介的质量为汪启淑提供了另一个让他从同时代人中脱颖而出的途径。

汪启淑十分注重印谱的外形。他选择最昂贵的出版材料，并孜孜不倦地进行版面设计。人们可以通过各种不同的角度来理解汪启淑的不懈努力——他的巨额投资、对材料的一丝不苟，以及对出版印谱孜孜不倦的投入。但是我认为，汪启淑执着于出版最佳印谱的原因在于，在煞费苦心收集并分类印章之后，他渴望以最佳的方式来展示和分享他的藏印。换句话说，汪启淑将印谱作为奢侈品出版并不仅仅是炫耀性消费的表现。相反，这代表了汪启淑作为一名收藏家想要有效地展示其收藏的愿望。

出版印谱需要耗费大量资金。一本高质量的印谱要求每一枚印都要被小心翼翼地盖在纸上，这是一种特殊的印章出版方法，称为"钤印"。这个过程包括两个步骤：第一步，为每一页制作一个描述印章基本信息的雕版；第二步，根据描述在每一页盖上对应的印章。这一复杂的制作过程使得钤印印谱不可能大规模出版，其有限的印制数量也使得这些印谱弥足珍贵。[1]

汪启淑的印谱多以这种方式出版。正如他曾说："缘是不惜赀费，咸用朱砂泥、洁越楮、顶烟墨、文锦函以装潢之，非与射利者所可同日语也。"[2] 为了刊印印谱，汪启淑可能细致地比较了各种材料，仔细地寻找可以用来制作印谱最好的

---

① Kuo, *Word as Image*, 57.

② 汪启淑编《飞鸿堂印谱》，《凡例》，第5页。

印泥、纸张、墨水和木匣。他并非为了盈利而刊印印谱，这不仅仅是因为他自己表明了这一点，还因为从实际操作来说，通过这种方法刻印的副本数量十分有限。汪启淑在这些印谱上的投入或许是为了炫富。但是，从他的自述来看，他之所以投入重金，其根本目的是确保其印谱以最优的质量刊印。

汪启淑非常重视每一部印谱的设计，无论是尺寸还是排版。例如，他出版的《飞鸿堂印谱》尺寸为长 28.7 厘米、宽 18.5 厘米，是他编的印谱中页面最大的。虽然汪启淑本人并没有直接提及他为何要刊印这么大页面的印谱，但其印谱的优美排版给读者留下了深刻的印象，他们的评论或能佐证汪启淑可能是为了让印谱读起来更舒服而选择了宽大的页面。作为一名读者，汪树琪在其跋文中充满热情地写道：

> 启而览之，心目豁然，怪怪奇奇，联而为一，纤波浓点，错落其间。[1]

汪启淑还出版了小尺寸的印谱。他的《锦囊印林》长 7.8 厘米、宽 5.8 厘米，被誉为史上最小的印谱。[2] 就和他制作大版面印谱的动机一样，汪启淑出版这种袖珍印谱来满足读者的潜在需求：他希望他的读者能够把印谱放在口袋里随身携带。汪启淑曾说：

---

[1] 汪树琪：《跋》，汪启淑编《飞鸿堂印谱》初集，卷八，第 1 页下。

[2] 陈振濂：《中国印谱史研究导论》，陈振濂编著《中国印谱史图典》，第 23 页。除《锦囊印林》（1754）外，汪启淑还刊刻了《袖珍印赏》（1771）小册。

> 诚恐前谱卷帙繁重，一时难尽鉴赏。手此一编如泰山之有配林，黄河之有漳沱，足以先领登涉之胜，[1] 且非顾氏枣木粗肥。[2]

汪启淑通过援引顾从德的汇编，强调了他的印谱轻便且便于携带的优点。在他的想象中，读者会因其印谱的便携轻巧而能更好地欣赏其中的印章。

如何安排印谱的页面也至关重要。前文所引的汪树琪的跋文表现了他在读汪启淑印谱时舒服愉悦的阅读体验。虽然汪启淑很少解释他想要如何安排页面，但其印谱的最终呈现已说明了一切。首先，他从不在一张纸的两面加盖印章，这是制作钤印本的必要条件，因为好的印泥总是会渗透书页，从而破坏反面钤印的图像。

同时，汪启淑印谱的页面排版也时常变化，如《飞鸿堂印谱》的页面就是根据印章的尺寸大小分成两个或四个等距的格子。印章的内容列在印的正下方，篆刻家的名字题写于格子的左下角（图 3-3）。版框由两条直线组成，其中一条比另一条粗。与此种井井有条的形式形成鲜明对比的《讱庵

---

[1] 配林是朝拜者在泰山正式祭祀之前举行祭祀仪式的地方。漳沱是一条河的名称。这句话是一个比喻，意思是这本印谱可以帮助读者更好地欣赏汪启淑此前刊印的另一本版面更大、卷数更多的印谱《集古印存》。

[2] 朱樟在他为《汉铜印丛》所作的序中记录了汪启淑的这番话。汪启淑编《汉铜印丛》，第 4 页。顾从德是著名的篆刻家与印章收藏家，他刊印的《集古印谱》被认为是明代第一本展示古印的印谱。他的汇编以其对原作印章的精美拓印而闻名，但这本书只印刷了寥寥数个副本。1757 年，一些书商使用雕版而不是钤印来重印他的书，质量差得多。汪启淑在这里可能指的是这些坊本。

集古印存》则有不同的编排方式。根据印章的大小，每页可录一印至五印。这部印谱的版框被设计成了龙纹，采用的是柔和的蓝色而不是通常用来给版框上色的刺眼的黑色线条，这使页面看起来更加优雅（图3-4）。①

图3-3　收入《飞鸿堂印谱》的印章（乾隆年间刊刻）

说明：右上角的印章篆刻着"秀峰手奏"四字。秀峰是汪启淑的字，篆刻家黄钺特地为汪启淑制作了这枚印。

资料来源：哈佛-燕京图书馆藏。

正如博物馆策展人需要考虑如何安排展品，从而让参观者以最有效、最舒适的方式欣赏展览一样，汪启淑充分考虑到读者的阅读体验，致力于如何让读者更好地欣赏印章。汪启淑的出版物排版整齐，注重审美。正如一位读者所说：

---

① 汪启淑编纂的《汉铜印丛》、《锦囊印林》和《悔堂印外》（1788）也采用了不同的结构。

图 3 - 4　收入《集古印存》的印章

说明：此印谱采用了钤印的印刷方法。

资料来源：加州大学伯克利分校东亚图书馆提供。

"位置疏密，安排颇妙。"① 汪启淑的努力使他的印谱在印章鉴赏家和藏书家当中都很受欢迎。即使是在 20 世纪，当著名的藏书家黄裳在市场上看到汪启淑的印谱时，他也惊讶于其精美的排版和每页上印章的排列。正如他所说，这部印谱"琳琅满眼，美秀无俦……二百年矣，丹珠焕然，精采毕现"。② 汪启淑为其制作的印谱精心挑选的制作材料显然是其质量的核心。

①　庄有恭：《跋》，汪启淑编《飞鸿堂印谱》四集，卷八，第 2 页上。

②　黄裳：《前尘梦影新录》，第 53 页。

　　汪启淑的印谱并不是 18 世纪唯一的高质量出版物。但是，他是最敬业的私家出版人之一，并且真正致力于使其书籍的外观臻于完美。汪启淑对设计的关注表明他渴望将自己藏品的每一丝辉煌都展示出来。在如此优美的外形下，每一部印谱可能都遵循某些出版策略，但盈利并不被优先考虑。相反，汪启淑在刊印中对细节的执着追求应该从他作为收藏家的身份来解读。作为一名收藏家，汪启淑一丝不苟地刊印了这些印谱，因为他想让读者欣赏其藏印之美。这些印谱不仅仅是非凡的书籍，更是二维的展览，为汪启淑提供了一种展示其收藏的媒介，同时诚邀各方人士对其藏品进行品评。更重要的是，印谱为汪启淑提供了一个渠道，通过这一渠道他不仅可以获得关于美学与美的发言权，也得以表达自己作为收藏家的主体性。

四　作为收藏家的身份认同

　　如前所述，通过不断收集和展示印章，汪启淑利用收藏家这一社会类别建构自己的身份认同。换句话说，他希望将自己身份认同直接建立在他所藏之印上。的确，他用"癖"字来表达自己对印章的热爱。根据蔡九迪对中国帝制晚期"癖"字的定义，汪启淑的"癖"可以被描述为一种与印章收藏相联系、对印章过度执着的习惯。① 汪启淑请著名篆刻

---

①　蔡九迪提出了关于"癖"的三个基本原则："第一，癖描述的是一种对某特定物件或活动的习惯性执着，而不是对特定的人，它与收藏和鉴赏关联甚紧。第二，它必须是过度而专一的。第三，它具有一种刻意标新立异的古怪姿态。"Judith Zeitlin, *Historian of the Strange: Pu Songling and the Chinese Classical Tale* (Stanford, CA: Stanford University Press, 1993) , 64.

家黄易为自己刻了一枚"印癖"二字的印章。① 他的知交也广泛使用"印癖"来称呼他。② 汪启淑作为一个执着的印章收藏家的自我形象得到了同时代人的广泛认可。他们主要用三个主题来描述汪启淑：痴迷、博学和富有。通过这些主题，汪启淑树立了这样一个自我形象：富有的收藏家、真正的印章爱好者，以及知识渊博的鉴赏家。

汪启淑因其对印章的痴迷而闻名于世。除了"癖"，与他同时代的人还用"好""嗜"等不同的表示喜欢之意的词来形容他作为一名印章爱好者的身份。这三个字都点明了收藏家与藏品之间的关系，而对这种关系的理解则是基于一种更早的、来自宋代的说法。欧阳修有一句名言："物常聚于所好。"③ 这句话的核心是收藏家自己的"好"是他收聚藏品的关键原因。根据这一逻辑，收藏家的身份可以与他们的藏品联系起来，因为是收藏家的个人乐趣导致了其收藏这一结果。"嗜"和"癖"（尤其是"癖"）的意思与"好"又略有不同，因为这两个字包含了更强烈的情感寄托。然而，"嗜"和"癖"二者都明确地涉及欧阳修提到的收藏家

---

① 汪启淑编《啸云楼集印》第 3 册。朱用锡也为汪启淑刻有带"癖印"二字的章一枚。汪启淑编《飞鸿堂印谱》初集，卷二，第 20 页上。陈炼篆刻了"癖印生"印一枚。汪启淑编《飞鸿堂印谱》三集，卷四，第 15 页上。

② 戴廷禧：《序》，汪启淑《退斋印类》，第 3 页上。吴城：《题诗》，汪启淑编《飞鸿堂印谱》三集，卷五，第 1 页上。

③ 欧阳修：《集古录目序》，收入 Duncan Campbell, Timothy Cronin, and Cindy Ho, trans. , "Passage from Ouyang Xiu: *A Record of Collected Antiquity* (Jigu Lu)," *China Heritage Quarterly* 24 (December 2010), http://www. chinaheritagequarterly. org/scholarship. php? searchterm = 024_ouyangxiu. inc&issue = 024.

与藏品的关系。① 同时代人广泛地使用欧阳修的这句话来形容汪启淑的收藏活动。汪澎曾给汪启淑写过一篇跋文,其中他评价道:"凡物聚于所好,至宝积而加多。"② 这一形象成为与汪启淑收藏事业最相关的主题之一。

汪启淑的海量收藏也给他带来了博学的名声。他经常被形容为"博",意思是"博学"或"广博"。"博"常常作为副词被用来描绘汪收藏印章范围之广博,如"兼搜博采"等。③ 在大多数情况下,"博"被用作形容词,用以形容汪启淑关于印章和古代文字的知识储备,如"博雅""博古""博物""博学""博通"。④

"博"是一名收藏家的关键品质,因其被视为某人能成为鉴赏家的基础。⑤ 收藏家必须具有观察、触摸、检验藏品

---

① 在 9 世纪,"癖"已被用于关于收藏和鉴赏的书写中。Judith Zeitlin, "The Petrified Heart: Obsession in Chinese Literature," *Late Imperial China* 12, no. 1 (1991) : 4.

② 汪澎:《跋》,汪启淑编《汉铜印丛》,1752,1953 年影印本,第 2 页上。许多精英用欧阳修的"聚于所好"来赞扬汪启淑对印章收藏的执着。徐光文:《跋》,汪启淑编《集古印存》,第 2 页上。吴钧:《序》,汪启淑编《静乐居印娱》。

③ 汪绍增:《序》,汪启淑编《切庵集古印存》,第 1 页下。戴廷禧也称赞汪启淑收集的印章材质多样。戴廷禧:《序》,汪启淑编《退斋印类》,第 3 页上。

④ 程瑶田在其序中使用了"博雅"。汪启淑编《秋室印粹》,第 2 页上。汪绍增在其序中使用了"博古"。汪启淑编《切庵集古印存》,第 1 页下。吴城在其诗中使用了"博古"。汪启淑编《飞鸿堂印谱》三集,卷五,第 1 页上。汪树琪在其跋文中使用了"博物"。汪启淑编《飞鸿堂印谱》初集,卷八,第 1 页下。葛淳在其跋文中使用了"博通"。葛淳:《跋》,汪启淑编《飞鸿堂印谱》四集,卷六,第 2 页上。

⑤ 从张聪的作品可以看出,"博学"的理想在宋朝就已经确立并得到推广。有学问的人,尤其是下层文人,利用这种倡导博学多才的新学术理想来证明道德修养之外的成就和对经典的掌握。Cong Ellen Zhang,

的广博经验才能培养其品味，并获得辨别印章真伪的能力。
汪启淑自信地认为他正是通过这种方式培养了这些技能。他
声称，通过出版目录和印谱，他既建立关于品味的普遍标准
或规则，同时影响了公众关于艺术的价值观。同时代的一些
精英也同意汪启淑的观点。他们赞许地指出，汪启淑的丰富
经验使他精通各种类型的印章，并使他"具智慧眼"。①汪启
淑的友人葛淳曾说："君博通六书，辨疑似于毫厘。"②

　　尽管"博"是成为一名合格的鉴赏家的必要先决条件，
它却并不能保证鉴赏家的地位。事实上，过于"博"也有潜
在的危险，因为一个人的品味可能会因其对优劣不加甄别而
变糟。钱泳曾经抱怨汪启淑"不论精粗美恶，皆为珍重"。
因此他认为汪启淑"少鉴别"。③钱泳虽然高度评价汪启淑对
印章收藏的热情和投入，却贬低了汪启淑的鉴赏能力，暗示
他常常对印章的质量不加甄别。也就是说，过于广博的收藏
可能会降低藏品的质量。

　　因此，对汪启淑来说，"博"的概念创造了两种话语。
一方面，"博"让汪启淑得以展示自己的财富和广博的知识；
另一方面，被称作"博"也有潜在的风险，让一名收藏家可
能因其品味缺乏甄别而招致批评。"博"与敏锐甄别之间的
微妙关系为精英群体提供了一个话语场域，在其中他们既能

"To Be' Erudite in Miscellaneous Knowledge': A Study of Song(960 – 1279)
Biji Writing,"*Asia Major*, third series, vol. 25, no. 2(2012):43 – 77.

①　戴廷禧：《序》，汪启淑编《退斋印类》，第 3 页上。

②　葛淳：《跋》，汪启淑编《飞鸿堂印谱》四集，卷六，第 2 页下。

③　钱泳：《履园丛话》，第 315 页。

贬低，又能褒扬汪启淑作为收藏家的角色。但是，无论精英是贬低还是褒扬，汪启淑都继续扩大他的收藏。他自豪地表明自己收藏家的身份，并且很享受他人将他视作一位拥有惊人数量藏印的收藏家。

最后但同样重要的是，所有权是收藏文化的另一个重要组成部分。本质上说，私人收藏的核心是收藏家购买和保存其财产（即藏品）的能力。汪启淑名下大量的出版物当然宣称了他对这些物品的所有权，而汪启淑积累这些珍品印章的能力也随之得到了承认和凸显。汪启淑在收藏上投入的大量资金赢得了其精英知交的称赞。盛清诗人周宣武（活跃于约1757年）在评论汪启淑的印章收藏时，将其与元代著名的收藏家倪瓒和顾阿瑛相提并论。周宣武称，倪瓒和顾阿瑛因为富有所以能够收藏许多珍贵的艺术品。他接着说：

> 今汪君之资不减二子，其搜罗古刻，爬梳真赝，集为成书，几与二子为劲敌……汪君以英妙之年，性好古而力足以致之。[1]

这里的"力"字强调了汪启淑收藏印章的经济能力。周宣武并不是唯一提及汪启淑财富的人。诗人和官员朱樟（活跃于约1771年）曾观察到，汪启淑"不惜重聘"邀请同时代的篆刻家长居其宅邸。[2]朱樟在赞扬汪启淑对篆刻家慷慨解囊的同时，选择"重聘"一词巧妙地指出了汪启淑的经

---

① 周宣武：《序》，汪启淑编《飞鸿堂印谱》三集，卷五，第2页下。
② 朱樟：《序》，汪启淑编《汉铜印丛》，第3页上。

济实力。[1]

相比于周宣武，朱樟对汪启淑财富的褒扬相对含蓄，汪启淑之友孙陈典的评价则更为直接。在他为汪启淑的墨谱所作的跋中，孙陈典公开评论"秀峰多资而好古"，并且他还预言汪启淑的活动将"启发后人"。[2]

上文所述这些品质当然是密不可分的。正是这些品质共同塑造了汪启淑作为收藏家的整体形象。正如汪启淑的友人邱汝玉描述的那样："秀峰汪君以好古之心，具鉴古之识，又有力以汇集之。而四方之散处者，其制作于是乎毕聚。"[3] 邱汝玉的描述准确地指出了汪启淑作为一名收藏家的三个特点：他对印章的痴迷、广博的知识和积累藏品的能力。汪启淑成功地将自己塑造成收藏家这一新的社会类别，这一身份使他在清代脱颖而出，并获得了同时代人的认可。

* * *

本章考察了收藏文化在 18 世纪发生的变化。盛清时期

---

[1] 18 世纪的人们是否为了经济利益而开始投资收藏，这个问题尚不完全清楚。王振忠、赵力认为，明清时期徽商对古董艺术品收藏的热衷和兴趣是出于对商业利益的追求。王振忠、赵力：《明清时代南京的徽商及其经营文化》，《浙江社会科学》2002 年第 2 期。就汪启淑而言，一些例子暗示了他的收藏不能完全脱离其经济功能。在汪启淑去世前，他卖掉了自己的一些藏品。许承尧：《歙事闲谭》，第 302 页。汪启淑死后，他的后代把他收藏的印章卖给了其他富有的家族。汪绍增：《序》，汪启淑编《讱庵集古印存》，第 1 页 ~2 页上。

[2] 孙陈典：《跋》，汪启淑编《飞鸿堂墨谱》，《景印文渊阁四库全书》第1113 册，第 2 页上。

[3] 邱汝玉：《跋》，汪启淑编《秋室印粹》，第 1 页下 ~2 页上。

的经济复苏和随之而来的物质生产的爆炸式增长令人不禁想起晚明的经济繁荣和奢侈品消费时期。然而，清廷对收藏事业不断扩大的影响力将盛清与晚明的收藏文化区别开来。乾隆帝的个人收藏兴趣，以及由他主持编纂、由朝廷赞助的御制目录提高了清代社会对收藏家的认可度。收藏家作为一个独特的社会类别而出现，收藏这一行为也逐渐被视为一种有价值的专业知识的形式。简而言之，有关收藏的社会政治观念发生了转变。

当个人的大量藏品成为社会认同个体的一种标志后，一些徽州富裕盐商也渴望以收藏家的身份来建构其身份认同。通过细致分析盐商汪启淑是如何叙述、收集、安排和展示自己的藏印，本章揭示了汪启淑如何通过与自己藏印息息相关的要素来建构并彰显自己作为收藏家的身份认同。这些要素包括藏印的意义、印章的大小及展示的方式。通过这些要素，时人认为汪启淑是一个痴迷于藏印，精专于印章鉴赏，并具有经济实力以购买大量印章的杰出藏印家。因此，通过印章这一物，汪启淑将自己塑造成高于时人的收藏家。

乾隆帝对收藏的热情和他对皇室收藏的赞助也为商人收藏家建立和加强与朝廷的联系创造了机会。朝廷对艺术品和古董的需求不断增加，促使为皇室准备贡物的商人也开始建立自己的收藏事业。这一清廷与商人的关系赋予了这些商人特殊的资质，提升了他们私家藏品的价值，并帮助他们提高了声誉，从而提高了他们在收藏文化中的能见度。

本章对徽州盐商收藏的分析挑战了有关士商社会阶层谈判的传统分析范式，并提出了一个阐释商人收藏动机的新框架。商人通过积累贵重物品，为皇家收藏做出了贡献，赢得了皇帝的青睐和认可。同时，朝廷的介入有助于"收藏家"这一社会身份的形成，而商人则可以用这一身份来获得认同并塑造自我形象。因此，商人的收藏文化在很大程度上受到乾隆时期皇家收藏的影响。虽然商人与文人精英之间在收集物品方面存在类似的模式，但商人致力于收藏的主要目标并不一定是模仿文人的生活方式从而超越他们自己的社会阶层。相反，商人通过他们的藏品来构建其收藏家的社会身份并同时加强与朝廷的联系。

第三部分

造物徽州

第四章　奢华与宗族

　　1785 年，扬州总商鲍志道（字诚一，号肯园）决定在其位于歙县偏远山区的家乡棠樾重建一座旧祠。这座祠堂名为"龙山慈孝堂"，是为了纪念鲍氏两位先祖的德行所建。这座祠堂始建于宋代，然而到了明朝已年久失修。在鲍志道的资金支持与筹办下，祠堂的三个主厅在年底前迅速完工。三年后，他作了一篇序文，解释了他最初重修此祠的意图。这篇序文随后被刻在一座石碑上，并置于祠堂内。出人意料的是，1798 年，也就是完成这篇序的九年后，鲍志道又重启了这一工程。他聘请一名扬州画师创作了一幅画，这幅画讲述了该祠堂始建过程中涉及的孝道故事。他还从邻村请来了一位名叫黄天宇的技艺精湛的雕刻师将这幅画刻在石板上，然后将石板嵌在了祠堂的墙上。①

　　修复这座祠堂只是鲍志道在家乡徽州进行的众多工程之一。与其他许多徽州盐商一样，鲍志道及其兄弟、儿子和侄

---

　　①　关于慈孝堂重建的具体信息，见鲍志道《龙山慈孝堂铭并序》、鲍勋茂《题龙山慈孝堂序》，均收入鲍琮编《棠樾鲍氏宣忠堂支谱》卷二十二，1805，中国人民大学图书馆藏，第 18～19、26 页；鲍树民、鲍雷编《坊林集》，安徽文艺出版社，2008，第 38～41 页。

子举家定居扬州，但仍不断地资助与宗族相关且能泽被宗族成员的工程。徽州盐商的宗族资助行为对中国历史学者来说并不是什么新鲜事。至少从晚明开始，盐商就积极参与刊印族谱、兴建宗祠，以及捐置义田等善行。① 虽然这些商人的资助聚焦并通常产出某种实物，例如印制精美的族谱或装修华丽的宗祠群，但我们尚未详细考察这些物具有何种外观，这些商人是如何将它们制造出来的，也尚未探索这些物的具体效用和社会影响。本章通过聚焦鲍氏一族的慈善活动中涉及的实物来回答这些问题，包括其刊印的族谱、所建的慈孝堂，以及所立的具有艺术性的义田碑。

　　兴盛于明清徽州的宗族建设工程旨在巩固宗族历史、扶贫济困，并维护宗族成员之间的和睦。因此，资助这些工程往往被认为是善行义举。然而，对资助成果物质特征的研究揭示了这些与宗族相关的实物的本质，即它们是具有炫耀性但在道德上被接受的消费。正如本章所示，鲍氏商人在这些工程上的支出超过了履行其慈善功能所需的成本。然而，对这些工程的大手笔资助被人们认为是遵循儒家孝道教义的善行。韩德林已讨论过晚明时期财富与慈善之间耐人寻味的关系。② 受其讨论的启发，我在这里的分析探讨了鲍氏商人如何将这些宗族建设的实物转化为财富和道德的展示。我认为，鲍氏利用宗族组织为奢侈品戴上了儒家道德的面具，从

---

① 有关明朝中前期徽州宗族制度发展的讨论，见 McDermott, *The Making of a New Rural Order in South China*, 169 – 234.

② 韩德林称，学者和商人在通过修建富丽的园林来公开展示其财富的同时，也通过捐资慈善事业来为社群做出贡献。Smith, "Gardens," 74 – 77.

而将自己打造成"德商"（virtuous merchant）。

　　探索鲍氏与这些物的互动也揭示了商人巧妙建立起来的出人意料的跨区域社会联系。与宗族相关的实物具有内在的道德信息和附加的艺术品味，这些要素成为鲍氏商人在家乡发挥影响力的基础。更重要的是，它们建立并加强了身处江南和北京两地的精英社群之间的人际网络。因此，研究这些物揭示了徽州盐商所处的盛清时期独特的政治与社会背景。

　　本章首先分析乾隆年间鲍志道及其家族的经济和政治崛起。之后数节追溯鲍氏商人赞助的三个特定宗族工程的建设：刊印新的支谱、重建慈孝堂、捐置义田。最后一节重点分析鲍氏商人如何通过这些慈善工程加强跨区域的网络。

一　棠樾鲍氏的崛起

　　乾隆年间鲍志道及其家族的崛起体现了徽州盐商是如何从默默无闻走向繁荣的。这一过程有赖于盐业，但更重要的是得益于朝廷授予他们的总商地位。与许多其他总商一样，鲍志道一家[1]来自歙县西部的一个小村庄棠樾。据其族谱记载，鲍氏一族自宋代以来就在棠樾生活，并于晚明迎来了第一次发展高峰。当时，鲍氏始祖十六代孙、进士出身的鲍象贤先后任职于户部和兵部。[2] 然而，鲍象贤死后，棠樾鲍氏

---

[1]　在接下来的叙述中，"鲍家"指鲍志道直系血统中的男性，包括其弟、子、侄、孙。关于鲍志道的更多信息，见刘淼《徽商鲍志道及其家世考述》，《江淮论坛》1983 年第 6 期。

[2]　鲍琮编《棠樾鲍氏宣忠堂支谱》卷三。

逐渐衰落。

乾隆年间，鲍志道重振了鲍氏的名望。鲍志道出生时，其家族业已将注意力投向商业活动。据族谱记载，鲍志道的曾祖父鲍士臣开启了家族生意，鲍志道的祖父和父亲继承了家族事业。虽然他们享有诚实商人的美誉，却无法带领家族走向繁荣（图 4-1）。① 而鲍志道在行盐方面的才能改变了这一发展轨迹。11 岁时，鲍志道就听从家人的教导放弃了学业，到江西鄱阳做了一名会计。之后他辗转于浙江和湖北，直到他接受扬州盐商吴尊德手下的会计一职。在为吴尊德工作的 20 年，鲍志道赢得了吴的充分信任，同时积累了自己的经济和社会资本，这帮助他在淮南盐区成功地开创了自己的盐业生意。②

鲍志道人生的关键转折点出现在乾隆中期。由于在盐业上的成功，鲍志道被任命为扬州的总商之一。正如本书第一章所解释的，这些半官方职位的任命将总商置于重要的地位，使其得以直接与皇帝的包衣及皇室建立联系。因此，他们不仅可以积累财富，还可以享受政治特权。鲍志道占据总商的位子长达 20 年。③《两淮盐法志》记载，鲍志道在乾隆

---

① 张登镳：《鲍先生传》、汪志达：《朝议大夫鲍君圣若传》、范来宗：《朝议大夫鲍君家传》、鲍志道：《先母郑太淑人行略》，鲍琮编《棠樾鲍氏宣忠堂支谱》卷二十一，第 14 页下~15 页下、16 页上~17 页上、19 页下~20 页下、20 页下~21 页下。

② 李斗：《扬州画舫录》，第 296 页。又见鲍志道传于《两淮盐法志》，1806，卷四十六，第 36 页；鲍琮编《棠樾鲍氏宣忠堂支谱》卷十，第 7 页下~9 页下。

③ 王芑孙：《忠贤大夫肯园鲍公行状》，鲍琮编《棠樾鲍氏宣忠堂支谱》卷二十一，第 21 页下~24 页下。

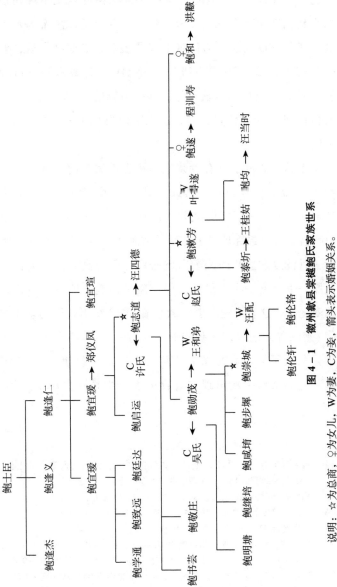

图 4-1 徽州歙县棠樾鲍氏家族世系

说明：☆为总商，♀为女儿，W为妻，C为妾，箭头表示婚姻关系。

资料来源：鲍琮编《棠樾鲍氏宣忠堂支谱》卷十，第1~15页。

中期已成为总商。① 但他的名字首次以总商的名义出现在现存的宫廷档案中是在乾隆五十五年。这一年是乾隆帝的八十寿辰，扬州总商在北京为他献上戏曲表演。表演结束后，乾隆帝为每名总商加顶戴一级以示嘉奖。② 上谕称鲍志道为"鲍有恒"，这是他的行盐旗号。在获得嘉奖的 25 名总商中，鲍有恒位列第 16，位置靠后，这说明他当时并非商人中的领袖人物。

由于总商的位子具有世袭性，鲍志道家族的后两代人不断扩大其盐业生意，并从其政治优势中获得好处。鲍志道1801 年去世后，其长子鲍漱芳（1763 ~ ?，字席芬）继承了家业及行盐旗号，最终他成了总商的领袖（图 4 - 2）。③ 嘉庆十一年，时任两淮盐政的额勒布就盐商为赈济高邮洪水灾民上书请愿一事上奏。在这份奏折中，额勒布提及鲍有恒时称其为总商之首，这表明鲍志道家族最晚于 1806 年就已是总商之首。④ 鲍漱芳卸任后，其弟鲍勋茂（1766 ~ ?，字根实，一字树堂）的长子鲍崇城继承了"鲍有恒"的行盐旗号。⑤ "鲍有恒"之名最后一次出现在现存的奏折中是在嘉庆十八年，

---

① 鲍志道当时已是总商并建立了"津贴制"以保障商人家庭的生计。《两淮盐法志》，1806，卷四十四，第 7 页下。
② 鲍琮编《棠樾鲍氏宣忠堂支谱》卷一，第 27 页上。
③ 见鲍志道传于《两淮盐法志》，1806，卷四十六，第 35 页。
④ 朱批奏折 04 - 01 - 02 - 0074 - 011。
⑤ 1811 年，鲍有恒自愿捐出白银 30 万两用于淮河的堤坝建设。阿克当阿嘉庆十六年一月二十八日奏折（朱批奏折 04 - 01 - 35 - 0635 - 078）；阿克当阿嘉庆十六年三月初五日奏折（朱批奏折 04 - 01 - 05 - 0128 - 006）。

当时另一位盐商指控鲍氏非法业盐。①

图 4 - 2 "乐善好施"牌坊

　　说明：位于徽州歙县棠樾，建于 1820 年，表彰鲍漱芳、鲍均父子
的善举，两人名字刻于坊额之上。

　　鲍志道唯一的弟弟鲍启运（1752 ~ ?，字方陶，号鼞斋）
也是一名扬州盐商。鲍志道的母亲去世后，鲍志道的妻子汪
氏将鲍启运视如己出，尽心抚养，二人感情深厚。这种联系
将鲍启运带入了其兄长的人际网络，并促进了鲍启运个人事
业的开拓。现存资料显示，鲍启运嘉庆初年已是一名成功的
扬州商人。1804 年，扬州盐院命一些富裕的淮南盐商将业务
转移到商人资本相对不足的淮北盐区，而鲍启运因其商业上

---

① 百龄嘉庆十八年九月二十日奏折，朱批奏折 04 - 01 - 01 - 0547 - 027。事
　实上是另一位名为童友清的商人意图敲诈鲍氏。

的成功而名列其间。①

在鲍漱芳和鲍启运继承家族盐业生意的同时，鲍志道的小儿子鲍勋茂却走上了不同的道路。鲍勋茂没有从事盐业，而是接受了在朝廷任职的机会。1784 年乾隆帝最后一次南巡时，鲍启运被授予"特赐举人"，并因向皇帝呈递嘉文一篇而被任命为内阁中书。此后他多次获得擢升。② 虽然从表面上看鲍勋茂并没有参与家族盐业生意，但其政治生涯在很大程度上仰仗其家庭背景。毕竟向皇帝呈递文章这一行为本身便需要经济和政治资本。可以想象，如果没有其家族与盐政之间的关系，鲍勋茂根本不可能见到皇帝，更别提在江南精英中脱颖而出了。即便是鲍勋茂在朝廷任职后，他的官衔仍然与家族的盐业生意息息相关。1811 年，因鲍勋茂之子盐商鲍崇城在淮河沿岸修建堤坝，嘉庆帝便以擢升鲍勋茂的官衔作为奖励。③ 同时，正如后文将会论及的，鲍勋茂的朝中之位也帮助鲍氏商人与朝中重臣建立了关系。换言之，鲍勋茂的政治关系使其家族能够实现利益和影响力的最大化。④

鲍志道家族在盛清时期的崛起过程完美地体现了总商一职在提升个人和家族社会地位的关键作用。鲍志道的子孙继承总商之位后"其家自隆隆起"，并在乾隆末年、嘉

---

① 三份朱批上谕记录了这一事件，时间分别为嘉庆九年三月初八日、嘉庆九年四月初三日、嘉庆九年四月十三日。这些上谕收入鲍琮编《棠樾鲍氏宣忠堂支谱》卷一，第 32 页。这些上谕还被刻在石碑上，并放置于棠樾的宗祠里。

② 鲍琮编《棠樾鲍氏宣忠堂支谱》卷一，第 35 页下。

③ 阿克当阿嘉庆十六年三月初五日奏折，朱批奏折 04 – 01 – 05 – 0128 – 006。

④ 《棠樾鲍氏宣忠堂支谱》收入了许多表彰鲍勋茂表现和对朝廷贡献的上谕。这些上谕必然为鲍志道家带来了荣誉。

庆初年达到鼎盛。① 基于他们在两淮所取得的经济上和政治上的成功，鲍家人开始在家乡棠樾资助其宗族的各种公共建设工程。

二　编修奢华族谱

1800 年春，鲍志道从弟鲍琮到扬州停留。鲍志道提议他们应该为自己这一旁支编纂新的族谱。鲍志道承诺自己将承担刊印的所有费用，族谱由鲍琮撰写。然而支谱尚未完成，鲍志道便于 1801 年去世。鲍琮与其子继续编修族谱，最终于 1806 年出版。②

这类关于编修族谱的故事并不罕见。在徽州，编修族谱自明代开始就很普遍了，而商人在其中起到了推动作用。学者已对族谱编纂的目的与意义进行了分析，并展示了撰写者与编修者如何操纵族谱的内容来创造一个为特定意图服务的宗族"历史"。③ 换句话说，族谱是一部"策略性文本"（strategic text），它定义了宗族成员之间的关系，并能产生"某种社会影响"。④ 鲍志道与其他编修者一样通过操纵族谱来达到自己的目的。然而，鲍志道与其后继编修者创造出特

① 鲍志道传见于鲍琮编《棠樾鲍氏宣忠堂支谱》卷十，第 7 页下。

② 鲍琮：《序》，鲍琮编《棠樾鲍氏宣忠堂支谱》。

③ Michael Szonyi, *Practicing Kinship: Lineage and Descent in Late Imperial China*(Stanford, CA: Stanford University Press, 2002), 26 – 55. 关于徽州的族谱编纂研究，见 McDermott, *The Making of a New Rural Order*, 96 –99. 关于徽州盐商编修族谱的个案研究，见卜永坚《清初歙县槐塘程氏的文化建构》，《史林》2004 年第 5 期。关于棠樾鲍氏的活动，见赵华富《歙县棠樾鲍氏宗族个案报告》，《江淮论坛》1993 年第 2 期。

④ Szonyi, *Practicing Kinship*, 27.

定社会效应的方式有两个。一个是文本内容的撰写和编排；另一个则是对族谱本身的物质特性进行投资和设计。因此，我把这部支谱当作一个物，关注其物质特性，探究其现存面貌，以及制作过程与制作原因。

为了更清楚地解释鲍志道资助编修支谱的原因，这里需要简单介绍一下鲍氏宗族及其族谱的出版史。歙县的鲍氏宗族自称起源于一位名叫"荣公"的祖先。据族谱记载，他在宋代创立了棠樾鲍氏一族。1760年的族谱记载，荣公的三名曾孙分别建立了自己的分支，构成了鲍氏宗族三支主"族"。棠樾鲍氏便是其中一族，而其他两族则居住在歙县的另外两个村——蜀源和岩镇。明代，来自棠樾的鲍象贤，即荣公第十六代孙，获得了鲍氏族人有史以来的最高官衔。由于鲍象贤的宅邸名为"宣忠"，他的这一支血脉就被命名为"宣忠堂"。"堂"字面上为厅堂之意，而此处"堂"指的是由鲍象贤后裔所构成的地方化宗族。鲍象贤有三名曾孙，他们将鲍象贤这族进一步分为三支。这些分支被称为"房"，字面上为房室之意。① 鲍志道一家属于二房。②

---

① 乔安娜·麦斯基尔（Johanna Meskill）认为："'房'通常被认为是始祖的子孙根据目前居所创立的，因此分'房'通常发生在最近代际序列上的第二代，通常可追溯到有记录的最末一代的十世或二十世以前。" Johanna Meskill, "Chinese Genealogy as a Research Source,"in *Family and Kinship in Chinese Society*, ed. by Maurice Freedman(Stanford, CA: Stanford University Press, 1970) , 150. 在鲍志道族谱中，支祖鲍象贤的曾孙分立三房，所以是在第四代出现了房的划分。

② 历史学者和人类学者对中国的亲属系统进行了广泛的研究。虽然历史学者采用了人类学者的特定术语和概念，但"在没有活着的知情人提供信息的情况下，研究亲属关系会产生许多特殊问题"。因此，历史学者需要在术语上"做一些修改"。James Watson, "Chinese Kinship Reconsidered: Anthropological Perspectiveson Historical Research,"*China Quarterly*

鲍志道显然不是鲍氏宗族中第一个资助族谱编修之人。事实上，编修于 1760 年的族谱已经记录了鲍氏三族的信息。[①]然而，与之不同，鲍志道的族谱只关注他本人隶属的宣忠堂的情况。因此，鲍志道编修的是一部"支谱"，而不是记录整个宗族历史的"宗谱"。这部新支谱一个明显的功能是记录关于宣忠堂的详细信息，从而为鲍志道本人所属的堂构建历史。新支谱认定鲍象贤为其支祖，但仍尊荣公为始祖。由于仅关注鲍象贤的后裔，这部支谱便能够详细地记录隶属宣忠堂的族人的信息。选择鲍象贤作为宣忠堂支祖的决定也是经过深思熟虑的。由于鲍象贤曾获得鲍氏宗族的最高官衔，因此立他为开堂之祖立即就能为鲍志道所属一堂创造出辉煌的历史。[②]

除了用文本来建立和突出其所属堂的历史，鲍志道及其家人还通过族谱的物体特性来表明立场。作为物品，族谱本身就会制造社会关系并产生意义。由于其机密性，族谱被宗族成员视为崇高甚至神圣的。作为唯一的权威书面文件，族

92(1982):589 – 622; Patricia Ebrey and James Watson, Introduction to *Kinship Organization in Late Imperial China, 1000 – 1940*, eds. by Patricia Ebrey and James Watson(Berkeley: University of California Press, 1987), 1 – 15. 关于鲍氏宗族的更多信息，见鲍光纯编《棠樾鲍氏三族宗谱》（1760）、《棠樾鲍氏宣忠堂支谱》。有关鲍象贤的信息，又见刘淼《徽商鲍志道及其家世考述》，《江淮论坛》1983 年第 3 期，第 62 页。

① 鲍光纯编《棠樾鲍氏三族宗谱》。

② 鲍志道在这里的选择应提醒我们想到族谱编修中的一个常用策略，即创造一个开宗传说。追根溯源到一位始祖是明清两代编修族谱的常用策略，一些开宗传说常被用于分配住所和产权。David Faure, "The Lineage as a Cultural Invention: The Case of the Pearl River Delta," *Modern China* 15, no. 1(1989):7.

谱包含了一个宗族的重要信息，如血统的传承、杰出族人的传记、宗族管理的规训等。族谱制作者通常会谨慎地预估他们需要的副本数量并限制其分配。徽州的普遍做法是在祠堂里至少保存一份，其余的则分发给重要的宗族成员。在某些情况下，为了防止有人以不正当的方式制作额外的副本，有宗族会在完成族谱印制后立即销毁刻版。由于族谱的神圣性，为宗族资助和制作这一珍贵的物品被视为一项仁德且有声望的行为。鲍志道所制支谱的份数也是有限的。新支谱只制作了19份，大部分分发给了宣忠堂的杰出成员。[1] 除了供奉于祠堂的一份副本，"逢"字辈的长老，也就是鲍志道祖父一代保留了14份。鲍志道家本应仅得到1份，最终却得到了3份，其中1份给了鲍志道次子鲍勋茂，1份给了鲍志道之弟鲍启运。[2] 能拥有这件宝物的额外副本这一事实也说明了鲍志道一家的优越地位。

与此同时，鲍氏商人还致力于编纂一部昂贵且奢华的支谱。这部新族谱的物理特性令人惊叹。对其长度、大小、制作材料和印刷方式等物理特性的考察表明，鲍志道家一以贯之地选择最昂贵的出版方式，其程度远远超出了人们对编修族谱的正常预期。

鲍志道的支谱共22卷，分为6册。支谱包含了鲍象贤后裔族人的信息，涵盖了明中期至清中期的支族历史。相较

---

① 鲍琮：《凡例》，鲍琮编《棠樾鲍氏宣忠堂支谱》，第4页上。

② 因为鲍志道和鲍琮是编纂者，所以每人得到了一份副本。一份给了鲍志道之弟鲍启运，因其捐置义田；另一份给了鲍志道在京城做官的儿子鲍勋茂。据鲍琮称，宗族决定给鲍勋茂一份副本是为了帮助他了解徽州的宗族事务。鲍琮：《凡例》，鲍琮编《棠樾鲍氏宣忠堂支谱》，第4页上。

于以往涵盖时间和收录内容更广的鲍氏族谱，鲍志道的支谱显得出奇地长。该支谱沿用了 1760 年版族谱的主要结构，包括宸章、遗像、墓图、世袭、传志、文翰等重要类别。[①]正如鲍志道明确希望的那样，这部支谱与之前制作的任何族谱一样正式。[②]

这部支谱的尺寸较大：木质底版长 353 毫米、宽 227 毫米，版框长 240 毫米、宽 175 毫米。[③] 学者徐小蛮考察了清代和民国时期上海生产的 219 份族谱，他说他见过的最大尺寸的家谱长 303 毫米、宽 182 毫米，版框长 235 毫米、宽 165 毫米。[④] 尽管我们无从知道史上最大的族谱有多大，但显然鲍志道希望制作一部规模宏大的支谱。[⑤]

宣忠堂支谱六册中的每一册均以洒金蓝布书衣包裹。每册的左侧都附有以某种光滑、柔软、雅致的材料制成的白色

①　新族谱也有所改动，删去了原姓、原祖、本宗等数个分类。新族谱还删去了节列一类，因为此类事迹被记录在了各妇女的传记中。鲍琮为《棠樾鲍氏宣忠堂支谱》撰写的《凡例》也列出了新族谱所做的改动。

②　鲍琮：《凡例》，鲍琮编《棠樾鲍氏宣忠堂支谱》，第 1 页上～2 页上。

③　歙县的其他一些盐商也制作了相似规制的族谱。例如，槐塘程氏族谱长 354 毫米、宽 262 毫米，版框长 274 毫米、宽 220 毫米。程启东编《新安槐塘程氏显承堂重续宗谱》，1673。潭渡黄氏族谱长 373 毫米、宽 232 毫米，版框长 280 毫米、宽 200 毫米。黄臣槐编《潭渡孝里黄氏族谱》，1731。

④　Xu Xiaoman, "Preserving the Bonds of Kin: Genealogy Masters and Genealogy Production in the Jiangsu-Zhejiang Area in the Qing and Republican Periods, "in *Printing and Book Culture in Late Imperial China*, eds. by Cynthia J. Brokaw and Kai-wing Chow (Berkeley: University of California Press, 2005) , 348.

⑤　张秀民指出，在绍兴或常州制作的雕版族谱往往要比其他地区的规格更大，其底版长可达 460 毫米，宽可达 370 毫米。张秀民：《中国印刷史》，浙江古籍出版社，2006，第 601～602 页。

书签，上面标有族谱的题名和册数。文字被印在优质的白连史纸上，每个对开页内都添衬了一张额外的纸。这种装订方法通常用于修复古籍，在族谱制作中既不常用也不是特别必要。这种方法尽管有些多余，但它能提高书籍的耐用性，从而提高鲍志道族谱的质量。今日保存于中国人民大学的一份副本的书皮、书签和纸张在出版 300 年后仍然完好无损。

该族谱的行款为半页 13 行，每行多达 26 个大字和 26 个小字。印工将小字规整而细致地排列为双行，又将这经过精心排列的字置于双边栏内。文字以经典的宋体书写，简洁明了。序文则风格多样，其文字以多种标准书法字体刊印，包括行书、隶书和楷书。除文本外，这部族谱还附有画像、世系图、墓图、祭祀图，以及令人印象深刻的棠樾全景图（图 4-3）。族谱中包含全村地图的情况并不常见，因为这要求雕版匠人具有相当熟练的技巧才能将图画雕刻在木板上。这部新族谱包含如此精致而细致的图像也能证明其高质量和高成本。

考虑到这部族谱在制作过程中所体现的艺术性，我们有理由认为编修者特意选择了优质的材料并聘请了熟练的工匠来制作这部族谱。然而，这些费用并不是族谱制作成本的决定性因素。事实上，刊印族谱的成本在很大程度上取决于数量（即卷数和副本数）以及印刷方法。① 如前所述，鲍志道

① 关于这部族谱的制作费用，我按照徐小蛮的分类方式将其分为雕刻或排字、印纸、印刷、装订，以及其他材料，如墨水、装订线、书衣、木匣等。徐小蛮认为，其他材料的支出 "通常不超过总成本的 6%"。徐还指出，"由于印刷和装订是书籍制作过程中技术含量较低的任务"，它们仅占总成本的一小部分。Xu, "Preserving the Bonds of Kin," 356.

图 4 - 3　鲍氏支谱中的棠樾

说明：这张地图包括了棠樾及其周边的主要建筑和景观。右页描绘了进村的主干道，道上有六座牌坊和一座亭子。临近村口的三座牌坊旁边是三个建筑群，从上到下分别是世孝祠，题名"敦本祠"的鲍氏宗祠和西畴书院。右页的右上角，龙山慈孝堂矗立于龙山之巅。请注意右有一块御碑立于祠堂旁。

资料来源：鲍琮编《棠樾鲍氏宣忠堂支谱》卷十八，第1～2页，中国人民大学图书馆藏。

的族谱有 22 卷，只需要制作 19 份。因此，总成本的绝大部分花在了印刷方法上。

的确，真正将鲍志道族谱的花费与其他类似工程区别开来的是其印刷方法。18 世纪有两种印刷方法：雕版和活字。学者已经证明，至少在江南，雕版印刷比活字印刷更昂贵。对于族谱生产尤其如此，活字印刷是一种更经济的选择。据徐小蛮的研究，一些宗族会拨出 2/3 ~ 4/5 的预算在刻制雕版上。相比之下，对于使用活字印刷的宗族来说，该部分成本仅占总经费的 1/3 甚至少于 1/10。这种差异可以用族谱的特殊性来解释。与同时期的其他出版物相比，族谱需要的木活字数量较少，其中部分原因是表示辈分的字会被反复使用。[①] 与此同时，中国印刷史专家张秀民也指出，对于大量印刷或是有再版计划的书籍来讲，使用雕版印刷更为经济。相反，族谱使用活字印刷更为合理，因其需要的副本相对较少，也很少再版。[②] 现存的大多数族谱也的确是用活字印刷的。[③] 除了上述理由，采用活字印刷在徽州的具体语境下似乎尤为便宜而方便，因为徽州自明代之后就有支持职业族谱制作人的观念。[④] 这些往复于各地的专门匠人通常会随身携带两万多个活字，这将制作新字的成本

---

① Xu, "Preserving the bonds of Kin, "355.

② 张秀民：《中国印刷史》，第 629 页。

③ 吴展：《中国古代家谱印刷中的木活字应用》，《北京印刷学院学报》2006 年第 8 期。

④ 陈瑞：《明代徽州家谱的编修及其内容与体例的发展》，《安徽史学》2000 年第 4 期。

降至最低。①

　　然而，鲍氏商人依然选择了雕版印刷来制作这 19 份新支谱。一般来说，木版印刷的书籍比活字印刷的书籍质量更高。使用雕版印刷可以避免活字印刷经常出现的错误，例如错字、混字、漏字，甚至错行。雕版印刷的书籍的版面通常也较为优质。因为是同一个人雕刻的，所以文字的大小一致。而活字印刷的书籍往往有大小不一的文字，因为各个活字可能是由不同的工匠在不同时期雕刻而成的，并且字块的磨损程度也各不相同。②

　　族谱本身的外观，尤其是雕刻和排版的质量，进一步印证了鲍家对质量而非成本的重视。由于雕版制作的劳动是整个印刷过程中最密集的，出版人通常需要将大部分资金用在聘请刻工上。③ 此外，雕刻和排版的费用还取决于排版的格式和木版的质量。出版人通常不会只聘用一名刻工来完成整个工程，他们更倾向于按类别，如大字、小字、留白和插图，将具体任务委托给不同的匠人。正如徐小蛮所说：

---

①　张秀民对浙江的职业族谱制作人进行过讨论。张秀民：《中国印刷史》，第 600 页。

②　从上海图书馆所藏的族谱来看，相当数量的盛清徽州族谱实际上是用雕版制作的。直到晚清和民国时期，木活字族谱的数量才超过雕版。换言之，徽州人用雕版印刷族谱在盛清时期是司空见惯的事情。考虑到徽商资助了大多数的族谱制作，这种偏好代表了商人对制作高质量族谱的共同兴趣。鲍志道的选择因此在徽商中具有代表性，表明了这一群体通过制作和印刷族谱来展示财富的愿望。

③　Son Suyoung, "Publishing as a Coterie Enterprise: Zhang Chao and the Making of Printed Texts in Early Qing China," *Late Imperial China* 31, no. 1(2010)：111.

工费的差异应该是与每项任务所需的技术和时间相关。雕刻序文或跋文可能会使用大一些的字体或以艺术书法风格书写的文字，这就比雕刻族谱主体部分的匠体字或宋体字需要更高超的技艺和时间。同样的，挖出文本留白的部分相对简单，而雕刻插图和地图则理所当然地需要更多的技巧和努力。[1]

鲍志道的新支谱使用了多种雕刻形式，不仅有大小不同、字体各异的文字，还有插图、地图和世系图。这些都需要不同类型的木版，因此也提高了出版成本。此外，族谱主体文本中清晰干净的宋体字和序文中不同书法风格的文字都需要出版人聘请技艺高超的匠人来雕刻。[2]

由于书皮精美、纸张上乘、字体考究、图像精巧，再加上昂贵的雕版印刷方式，鲍志道的支谱最终成了一件奢侈品。鲍志道之所以如此大手笔地投资这部支谱，首先可以用炫耀性消费来解释。通过这件昂贵的物品，资助族谱工程的鲍志道及其家人可以将他们的财富展示给棠樾及其他地方的族人。此外，通过出版这部支谱，鲍志道不仅提升了自身所属的宣忠堂的地位，而且在宣忠堂成员中也突显了自己的领导地位。的确，这部支谱结构的变化和内容的扩充都凸显了鲍志道一家的地位。例如，新增的类目"义田"中仅记载了鲍志道一家捐赠土地的信息，包括其妻子汪四德和弟弟鲍启运捐赠义田。在支谱的主体文本中，鲍志道的家庭成员得到

---

[1] Xu, "Preserving the Bonds of Kin," 355.

[2] 由于刻工很少在作品上留下自己的名字，因此很难确定是谁为鲍氏族谱雕刻了木版。

了最详尽的描述，他们的传记比其他成员的要详细得多。最后，这部新支谱还突出了鲍志道一家所获得的皇家荣誉。①

通过自愿资助一个有利于其宗族的工程，鲍志道表现得像一名孝顺的氏族后裔。于是他在这部支谱上的花费被认为是一种德行，这使他能够避免因奢侈而遭到批评。因此，这部新支谱说明了当一个宗族慈善工程变为奢侈消费时，也为工程主理人提供了一个建立道德声誉并展示个人财富与权力的场所。

然而，在徽州展示其家族的权力只是鲍志道意图的一部分。当鲍志道将这部支谱从徽州带至扬州，甚至带到北京，它的社会影响力已走出徽州。正如鲍琮所记载的：

> 与从兄诚一偕葺是谱，既成怏矣，兄特慎重其事留槁扬州，以时增损，博问通流，旋加改定。②

在鲍琮完成初稿之后，鲍志道成功地邀请到著名学者和官员为其作序，包括前户部尚书曹文埴、著名官员与学者纪昀、杰出书法家王芑孙。③ 这些活动表明，鲍志道希望通过

---

① 族谱中的某些记录起到了契约的作用，从而明确了鲍志道一家与当地其他家族之间的关系。例如，在"祀事"一类中，新支谱对鲍志道重建的宣忠堂祠堂的管理做出了规定。内容规定了如何将鲍志道捐赠的土地收入用于支付祠堂的修缮费用，以及祠堂内的空间如何分配给三个房。另附有关于鲍启运和汪四德捐赠的义田的使用规定。通过资助这部支谱，鲍志道家族参与了政策制定，以确保祠堂和义田的管理按照他们制定的规则运行。

② 鲍琮：《支谱续序》，鲍琮编《棠樾鲍氏宣忠堂支谱》，第 1 页上。

③ 鲍志道与曹文埴一同筹划并建立了徽州的地方儒学私塾。正是因为这层关系，鲍志道才得以请曹文埴为他的新支谱写第一篇序。王芑孙在热河任职时认识了鲍志道之子鲍勋茂。王芑孙来到扬州时，鲍志道向他展示了族谱，王芑孙 1801 年作了一篇序。曹文埴和王芑孙的序文见于《棠樾鲍氏宣忠堂支谱》。关于王芑孙的信息，见 *ECCP*, 658 – 659.

资助宗族来巩固与江南精英和朝廷的联系，我将在下文进一步探讨这个话题。

三 重构孝道文化

　　制作新支谱只是鲍志道在棠樾赞助的工程之一。正如本章开头的故事所示，鲍志道还发起、管理并支持了另一个慈善工程——重建龙山慈孝堂。当他 1785 年开始祠堂工程时，没有人预料到这一工程的复杂性和费用竟使得整个重建过程持续了近 20 年。祠堂建成后，鲍志道 1789 年亲自撰写题词，记录了重建这座祠堂的原因和建造过程。这篇题词随后被刻在一块石碑上，不久后被置于祠堂中。1798 年，扬州画家薛铨受委托将祠堂的重建故事创作成画，并由当地的雕刻师黄天宇将这幅画刻在石板上。这块石板今日仍然在祠堂的墙上展示着。族谱的编修和分发过程比较低调含蓄，而鲍志道的祠堂及其相关物件则是为了当地社群的公共观览而设计的。通过建筑、绘画、碑刻等不同媒介，鲍志道得以美化和传播其宗族的孝道故事。

　　慈孝堂是为纪念鲍志道的两位祖先鲍宗岩与其子鲍寿孙的德行而建的。相传，在宋末战乱中，鲍宗岩和鲍寿孙为了躲避土匪而逃到龙山。鲍宗岩不幸被擒时，原本藏身草丛中的儿子鲍寿孙勇敢献身，让土匪杀了他自己，放过其父。而其父也坚持亲身赴死，以换得儿子的性命，因为儿子需要接续鲍氏香火。最终，土匪被鲍氏父子之间的真情所感动，将父子二人一同释放。①

　　虽然这则故事及其教化价值在元代和明初得到了官府和著名文人的认可，但到了明末，它早已淡出徽州的民间记忆。鲍寿孙之子修建了一座祠堂来纪念其祖父和父亲被土匪俘获的地点，元代文人揭傒斯在装饰祠堂的石碑上写下了标志着两人美德的"慈"和"孝"二字。正史也记载了这则故事，先后出现在《宋史》和《明史》的《孝义传》中。这对父子的名声在明初达到顶峰，当时永乐帝为表彰鲍氏而批准他们建设一座牌坊，以纪念其祖先的义举。然而，这段辉煌的历史并没有持续到明末。一座寺庙取代了慈孝堂，并且不再专门纪念鲍氏先贤了。②清初，虽然故事本身被记载在一些官方汇编中，但鲍氏的传说到了鲍志道重建慈孝堂的时候才重获关注。③

　　如前所述，鲍志道的祠堂工程制造了三个有关孝道文化的符号——祠堂、绘画和石碑。这些文化符号提供了不同的渠道，鲍志道得以与不同的受众进行交流。祠堂设于公共空间之中，成了棠樾的标志。它旨在提醒棠樾村民鲍氏一族光

---

① 陈彦回：《慈孝堂记》，鲍光纯编《棠樾鲍氏三族宗谱》卷一九一，第8页下 ~9 页上。这个故事还有另一个版本。在匪徒决定杀害鲍宗岩和鲍寿孙之前，风吹过灌木发出了一些响动。土匪以为有士兵来抓人便立即逃走了，所以没有杀害父子二人。对此版本的一种解释称，鲍宗岩和鲍寿孙是因父慈子孝而受到了上天的眷顾。鲍寿孙略传见于《古今图书集成·明伦汇编·氏族典》卷四三三，中华书局，1934，第28页上。

② 鲍志道的父亲鲍宜瑗常抱怨自从人们将祠堂迁到村里后，龙山顶上的旧址变得难以寻觅。鲍宜瑗的抱怨反映了就连宗族成员都已经遗忘了这段辉煌的历史。鲍志道：《龙山慈孝堂铭并序》，鲍琮编《棠樾鲍氏宣忠堂支谱》卷二二，第18页下 ~19 页上。

③ 除了《古今图书集成》中的鲍寿孙传，这则故事还见于康熙《徽州府志》卷十五，《中国方志丛书（华中地方）》第237号，成文出版社1975影印本，第23页下。

荣的父系传统，以及鲍志道的财富和权力。正如鲍志道在其题词中解释道："呜呼！斯堂是为父子争死之地，在后之人尚知其风义。"①

除了祠堂建筑群，绘画和石碑为鲍志道提供了一个不同的媒介来展示其辉煌的家族历史和慷慨赞助。绘画和雕刻虽然由不同的艺术家创作，但构成了同一工程，并且二者的制作都十分昂贵而复杂。受委托作画的薛铨是扬州著名的画家。鲍志道请薛铨从已出版的《人镜阳秋》一书中复制这则故事的插图。② 鲍志道特意选择了这幅插图，因其图质量上乘且广为人知（图4-4）。该书复制了晚明的木版画，被认为是当时最精致的插图木版书之一。它的盛名来自其刻工黄应组（1563—?），他的木版雕刻以生动的形象和精致的雕刻线条而闻名。黄应组是徽州歙县仇村黄氏后裔。③ 该宗族诞生了晚明最著名的木版雕刻家，因而对南京、杭州等江南中心城市的印刷文化产生了深远的影响。事实上，"仇村黄氏"这个名字本身已成为代表高品质木版画的"品牌"。④

除了请薛铨临摹著名木版书中的插图，鲍志道还聘请了

---

① 鲍志道：《龙山慈孝堂铭并序》，鲍琮编《棠樾鲍氏宣忠堂支谱》卷二十二，第18页下~19页上。
② 汪廷讷编《人镜阳秋》卷十，1600年本，第34页。米盖拉（Michela Bussotti）对《人镜阳秋》插图有所考述，见 Michela Bussotti, "Images of Women in Late-Ming Huizhou Editions Lienü zhuan," *Nan Nü: Men, Women and Gender* 17, no. 1 (2015)：98–99。
③ 黄应组的信息记载于其族谱，参见黄开簇编《仇川黄氏重修宗谱》卷一，1832年本，第25页上。
④ 张秀民对仇村黄氏刻工有过讨论，并将其命名为"徽派"。仇村又名仇川村。关于黄氏刻工的更多信息，见张秀民《中国印刷史》，第356~364页。

图 4 - 4 《人镜阳秋》插图

说明：该图描绘了鲍志道两位祖先的德行。

资料来源：汪廷讷编《人镜阳秋》卷十，第 33 页下～34 页上。

石刻师黄天宇（又名黄国逵）将这幅画刻在石碑上。与薛铨临摹的原木版画的刻工黄应组一样，黄天宇也是仇村黄氏后裔。虽然我们还没有找到黄天宇作品的一手资料，但有证据表明，黄天宇的弟弟黄国达是徽州著名的图书出版商。①作为仇村后裔，黄天宇同样拥有雕刻工艺世家的卓越背景。薛铨的绘画与黄天宇的雕刻技艺相结合，保证了石碑的质量。换句话说，通过让薛铨以这幅著名的木版画为蓝本，然后聘请另一位

---

① 黄国逵的记载，见黄开蒇编《仇川黄氏重修宗谱》卷一，第 25 页上。1811 年，黄国达与另外 13 名来自仇村的宗族成员出版了有关新疆地理的重要著作《西陲总统事略》的地图。黄氏家族还在道光年间雕刻了《歙县志》的地图。张秀民：《中国印刷史》，第 677～678 页。

黄氏雕刻师将这幅画雕刻入石，鲍志道将这一工程与黄氏的声誉和技艺联系在了一起，同时确保了石刻的高品质。

鲍志道在这幅画和石刻上做出的非同寻常的努力不禁让我们对他的意图产生好奇。当我们观察他管理这个工程的时间线时，这种疑问变得更加明显。这幅画是在祠堂重建 12 年后，也就是鲍志道的题词立碑 9 年后创作的。此外，鲍志道在其题词中从未提及任何绘画和石刻的计划。的确，他为什么选择绘画而不是其他媒体，比如一篇易于传播和流通的美文呢？事实上，鲍志道确实为祠堂撰写了题词，并成功请到学者刘大观为它题诗一首。[①] 刘大观以长诗回应，这正表明了鲍志道的题词足以引起人们对其德行的认知和反应。

通过将其活动置于盛清时期广泛的社会和学术背景中进行考察，我认为鲍志道是在利用绘画和碑刻模仿以美德故事为主题的画像石的制作过程，从而呼应当时的学术热潮。这一做法起源于汉代，并在盛清时期引发了学者的兴趣。因此，为祖先的美德故事创作石碑的行为能使鲍志道加入金石学的潮流，并能帮助他进一步构建社交网络。

这幅画和石碑的制作时间为我探索鲍志道的工程与金石学之间的联系提供了第一条线索。如前所述，鲍志道于 1785 年开始建造祠堂，但直到 1798 年才向薛铨求画。1785～1798 年的 13 年恰逢汉代武梁祠石刻研究在学界复兴，武梁祠也因此声名大振。武梁祠石刻在宋代就引起了学者的注意，但直到清代中叶，学者才再次对这座祠堂本身及武氏家

① 刘大观：《鲍肯园乞题慈孝堂记》，《玉磬山房诗集》卷二，第 18 上～19 页上。

族墓中的石碑进行考察。[1] 乾隆年间，随着掩埋于黄河淤泥之下的石碑的再发现，学界对武梁祠及其石刻的兴趣迅速升温。据艺术史学者巫鸿描述，这场复兴始于 1786 年，当时著名的古文物学家兼篆刻师黄易偶然发现了武氏家族墓的遗址。在一些当地乡绅的协助下，黄易挖掘了该遗址，找到了散佚的石碑，保存了石刻的浮雕，并最终恢复了祠堂的原貌。黄易的发掘和保护工作掀起了武梁祠金石研究的狂潮。自 1786 年至 1805 年，武梁祠石刻吸引了当时最杰出的学者的注意。[2] 即便是那些没有对祠堂进行过具体研究的学者也对这一新发现产生了兴趣。[3]

鲍志道的慈孝堂于 1786 年竣工，同年武梁祠墓群被发现。薛铨作画发生于 1798 年，此时正值武梁祠研究的复兴期。鉴于鲍志道的一些友人参与了武梁祠的研究，我们有理由推测鲍志道可能是受到了汉代石刻再发现的启发，从而决定效仿汉代人的活动。[4] 薛铨为自己的画所作的跋文证实了这一假设。

　　　　余惟古圣人垂训首重彝伦，既谆谆然行之于书矣，
　　尤恐后世习焉不察，复托于图以传其事。汉人祠墓石阙

---

[1] Wu Hung, *The Wu Liang Shrine: The Ideology of Early Chinese Pictorial Art* (Stanford, CA: Stanford University Press, 1989), 4.

[2] 翁方纲著有《两汉金石记》，后阮元著有《山左金石志》。钱大昕、毕沅和王昶也对这些新出土的石刻有所研究。王昶还在其《金石萃编》中收入了武氏墓群的所有碑刻。Wu, *The Wu Liang Shrine*, appendix B, 330. 关于武梁祠挖掘和研究的详细信息，见 Wu, *The Wu Liang Shrine*, 4 - 70.

[3] 例如，袁枚曾在其写作中提及武梁祠画像。袁枚：《随园诗话》，顾学颉点校，人民文学出版社，1982，第 231 页。

[4] 鲍志道的友人袁枚很可能向鲍家介绍了武梁祠。袁枚曾提及武梁祠，见《随园诗话》第 231 页。

间，往往多写忠孝义烈诸可歌乐事，其遗文可复按也。
今观鲍氏父子争死之图，慈孝之心有不油然而生者乎？
余虽不敏，敢不勉成之，以为天下风劝。①

正如这篇跋文所示，薛铨解释了他创作这幅画的原因，并预
见了这块石碑对棠樾当地社会的影响。他明白他的画只是这
个工程的第一步，最终的产品将是基于其画作所制成的石刻。
薛铨还解释了将其画作制成石刻的重要性：当画像碑被镶嵌
在祠堂的墙上后，这幅画的知名度将提供一种有效的道德宣
传方式，尤其是在不识字的人群中。更重要的是，薛铨将其
画作与汉代画像石清楚地联系起来。正如他所强调的那样，
石碑的这种教化功能在汉代就已确立，当时"汉人祠墓石阙
间，往往多写忠孝义烈诸可歌乐事"。此处薛铨是否特指武梁祠
我们无从知晓，不过他在此处提及汉代画像石的事实便可以表
明，薛铨和鲍志道均将汉代石刻作为该工程的原型。

随着画像碑开始激发盛清文人对石刻的兴趣，鲍志道得
以利用其画作和石碑与徽州以外的知名学者建立联系。以研
究古代金石学而闻名的学者江藩明确地阐述了鲍志道的意图。
正如江藩在其诗中所写的："搜辑勒贞珉，更乞名流什。"② 一
些文人直接将鲍志道的祠堂和石碑与武梁祠相比，可见他们

---

① 跋文载于鲍树民、鲍雷编《坊林集》，第41页。
② 图画轻巧便携的物理特性使鲍志道可以向远在扬州的城市精英展示他
的道德事迹和家族历史。鲍志道曾在多个场合将这幅画展示给学者或
官员，并要求他们题诗行文以回应。例如，江藩曾经从京城到访扬州，
并在鲍志道宅邸停留。江藩在其诗中称，鲍家"示我节行图"。江藩
的诗收入鲍友恪编《鲍氏诵先录》上编，卷四，1936，第22页，中国
国家图书馆藏。

对鲍志道复兴古法的兴奋之情。正如著名诗人和学者袁枚在为慈孝堂所题的诗中所言：

> 君不见武梁祠上图群贤，慈容古貌穿千年。男儿生世间，得传孝义名。又何必身标麟阁貌，化凌烟十解。①

此处袁枚所用"男儿"一语有双关之意，它不仅指画中所描绘的孝子，也指作为孝义男儿的鲍志道。袁枚将鲍志道的画像碑刻比作武梁祠石刻，暗示鲍志道的美德故事将流传千古。

许多文人还赞赏了鲍志道用图像传达贤德行为的努力。图像可作为传达历史的媒介。画作可以使道德故事变得生动，从而有助于在识字率有限的公众当中传播道德信息。② 与鲍志道同时代的人们理解图像具备这样的功能，并强调这块石碑能给当地社会带来振奋人心的影响。例如，杰出学者、两淮盐运使曾燠指出："祠堂肯构列宗礽，图画流传同史事。"③ 文人周炎也赞叹："绘图以纪往事，真传不朽矣。"④

---

① 袁枚：《小仓山房诗集》，王英志主编《袁枚全集》（1），第 883～884 页。

② 柯丽德（Katherine Carlitz）认为："插图的使用往往是基于道德的理由。传统上认为，与文字不同，图画可以影响半识字的公众，因此插图常见于流行说教文学（例如孔子诞生的神话故事，或其弟子创造的奇迹）和通俗历史（著名战役的故事，以及王朝兴衰的叙述）。"Katherine Carlitz, "The Social Uses of Female Virtue in Late Ming Editions of Lielü Zhuan," *Late Imperial China* 12, no. 2(1991)：121.

③ 鲍友恪编《鲍氏诵先录》上编，卷四，第 22 页上。

④ 鲍友恪编《鲍氏诵先录》上编，卷四，第 22 页下～23 页上。杨伦评论鲍志道为"绘图作记昭此德"。鲍友恪编《鲍氏颂先录》上编，卷四，第 23 页下。

同样，学者江藩也评论道："斯堂与此图，寿世理可必。"①

在这样的背景下，鲍志道制作这块石碑的行为被看作一种德行。一些精英人士不仅称赞鲍志道为孝子，更将其誉为鲍氏的贤德之后。正如江藩所言："古人著奇节，往往事散佚。不有贤子孙，旧迹几废失。"② 文人周炎也赞美鲍志道为鲍氏先祖的优秀后裔，称他与其先祖具有同等的贤德。周炎进一步论证，"大造"必定是眷顾鲍氏一族，才使他们养育出如此贤德的后代。③

总而言之，鲍志道竭尽全力通过制作各种实物将其家族美谈实体化并公之于众。作为实体存在的祠堂使鲍志道在徽州当地社会的赞助行为形象化。而画作和石碑则将鲍氏先祖的美德故事转化为视觉表现形式，鲍志道通过这种二维媒介得以在徽州之外展示其德行。这一工程产出的许多元素——通过祠堂表达的道德信息、鲍志道个人的善行，以及最重要的对画像石的再现——使鲍氏商人能够向当时的杰出文人征集诗文。资助和筹办这些工程的鲍志道便由此利用了这些实物自身蕴含的文化意义，与江南和北京的城市精英形成了跨地域的交流。

四　义田：艺术工程的借口

与其兄鲍志道一样，鲍启运在资助宗族建设方面也付出了非凡的努力。鲍志道和鲍启运的区别在于策略。在义田工

---

①　鲍友恪编《鲍氏诵先录》上编，卷四，第 22 页。
②　鲍友恪编《鲍氏诵先录》上编，卷四，第 22 页下。
③　黄承吉也写道："赖进贤孙子，芳名千古留。"杨伦称赞鲍志道作为子孙能继承其父遗志，"榱桷重新，苹蘩肃祭"。鲍友恪编《鲍氏诵先录》上编，卷四，第 22 页下～23 页下。

程中，鲍启运以其德行，即购买土地并捐赠给宗族组织作为资助艺术工程的理由。通过这些与宗族相关的实物所表达的审美趣味成了鲍启运深化其道德形象的渠道，更重要的是促进了他与名流精英之间的联系。

鲍启运致力于为棠樾宗族捐置义田。甚至在他通过两淮盐业发家致富之前，鲍启运就已经将土地用于慈善事业。1785 年回棠樾祭祖时，他注意到许多村民担心当年的旱灾可能会导致来年春天米价上涨。为了扶助经济困难的族人，鲍启运倾其所有积蓄添购大米，建立粮仓，以稳定米价。次年，鲍启运卖掉大米后，用这笔钱为其宗族购买了三亩义田。这些土地成为他的首批捐赠，称为"体源户"，稍后我将解释这一名称的来源。在接下来的十年里，鲍启运不断为"体源户"添置土地，最终超过了 540 亩。他将所有这些土地都捐给了宗族，用于帮助包括鳏寡孤独在内的贫困族人。[①]后来鲍启运又捐赠了另一处超过 500 亩的义田，并将此处田产命名为"敦本户"，与棠樾鲍氏宗祠同名。[②]

在说明自己捐赠义田的动机时，鲍启运表现为一位真正的有德之人，将自己与那些仅仅因为有钱而捐田的人区别开来。他声称，捐置义田是源于其父的教诲：他的父亲一直要求他学习范仲淹设置义田的慷慨之举。[③] 他还反复讲述其父

---

① 鲍琮：《体源户田记》，鲍琮编《棠樾鲍氏宣忠堂支谱》卷十九，第 1 页下~2 页上。

② 鲍琮：《敦本户田记》，鲍琮编《棠樾鲍氏宣忠堂支谱》卷十九，第 25 页下~26 页上。

③ 范仲淹设立了这种不可转让的土地，称为"义田"，所得收入均用于满足氏族成员的教育和其他需求。范仲淹希望义田能够作为公产，为所有氏族成员创造利益。

如何在自身家庭并不富裕的情况下，仍坚持帮助贫困族人的故事。为了实现其父的遗愿，鲍启运将这些义田命名为"体源户"。"源"意为他的慷慨源于其父的言传身教，"体"表示鲍启运作为儿子观察并理解了其父的愿望。通过这段叙述，鲍启运强调了两个重要信息。第一，他父亲和他自己的德行都不是源自他们的财富，而是来自纯粹的道德。第二，他自己是一名实现其父愿望的孝子。①

捐置义田后，鲍氏一族需要防止有人为了个人私利占用甚至出卖这些土地。宗族成员至少在一定程度上需要依赖官府来保护他们的土地。他们请求徽州知府正式承认和执行义田的管理规则。这是一个复杂的过程，鲍家于1797年和1805年两次请愿，均成功获得了当地官府关于承认和推进义田管理规则的公告。请愿首先必须由已通过乡试或已在县衙担任一官半职的族人发起。接着，各级官府的官员将对请愿进行审查，这包括安徽分巡道、安徽布政使、安徽按察使、安徽巡抚和两江总督。最后，官府批准后，分别由巡抚和按察使出具的批文将下达至相关家庭，声明布政使允许鲍氏一族将官府的通告刻在石碑上。相关家庭应将碑文拓本报送官府备案。此碑立于棠樾以提醒当地百姓义田使用的规定。②

然而，让这些官员参与这个义田工程的好处远不止获得官方确立的规则。请愿完成后，鲍启运邀请知名官员撰写文

---

① 鲍琮：《体源户田记》，鲍琮编《棠樾鲍氏宣忠堂支谱》卷十九，第1页下～2页上。

② 鲍琮编《棠樾鲍氏宣忠堂支谱》卷十九，第21页上～23页下、39页下～42页下。

章，赞扬其义田在当地社会中发挥的作用，并突显他本人的捐助义举。1797 年，时任安徽巡抚朱珪为"体源户"题证。1805 年，时任两江总督陈大文为"敦本户"撰文。陈文中称，通过鲍氏请愿一事，他作为两江总督有机会详细审查鲍启运所捐义田。① 因此，请愿一事不仅使鲍氏一族获得了他们力求的官府介入，而且还帮助鲍启运巩固了他的社会关系。通过这一过程，鲍启运向安徽省的各级官员及两江总督这样的高官展现了他对宗族的慷慨资助。这种行为使他在官员圈子里广为人知，并解释了他为何能如此成功地从这些政要处获得肯定他的文章。

　　然而，鲍启运的运作才刚刚开始。1797 年，也就是朱珪撰文的同一年，鲍启运邀请著名学者黄钺将朱珪的《鲍氏义田记》手抄成书法作品。② 五年后，鲍启运又请大学士刘墉手抄了这篇文章。③ 随后，1805 年，陈大文完成其文以后，鲍启运请当时任职国子监的梁同书将陈大文的文章写成了一幅书法作品。④ 鲍启运收到这些手抄朱珪文章的书法作品后便将它们刻在了石碑上，并将石碑嵌在了重修后的

---

① 朱珪：《鲍氏义田记》，鲍琮编《棠樾鲍氏宣忠堂支谱》卷十九，第 24 页下 ~25 页上；陈大文：《鲍氏义田记》，鲍琮编《棠樾鲍氏宣忠堂支谱》卷十九，第 42 页下 ~43 页下。朱珪传记见 *ECCP*, 185 – 186.

② 该碑陈列于棠樾的祠堂内。

③ 朱珪：《鲍氏义田记》，鲍琮编《棠樾鲍氏宣忠堂支谱》卷十九，第 24 页下 ~25 页上。刘墉传记见 *ECCP*, 536 – 537.

④ 陈大文：《鲍氏义田记》，鲍琮编《棠樾鲍氏宣忠堂支谱》卷十九，第 43 页下。目前尚不清楚鲍启运是否直接认识这些官员。有证据显示，鲍启运的侄子鲍勋茂与这三名官员曾互通书信。鲍启运很有可能是通过鲍勋茂的社交网络寻求书法作品的。梁同书为翰林院学士、著名书法家。*ECCP*, 505.

宗祠的墙上。

鲍启运在建立义田后所做的一切使得这个工程变得越发复杂，其意义远远超越了单纯展示其慈善行为。如果鲍启运只是想提高自己的名声，他大可以请人撰文记录自己的善行便足矣。相反，鲍启运请来了多位优秀的书法家手抄这篇文章。这一奢侈工程的复杂性将鲍启运对捐赠义田的行为转化为了一项艺术工作。在宗祠立碑无疑巩固了鲍启运对宗族的贡献，也使他在当地社会的影响得以扩大。然而，鲍启运的目光远在棠樾之外。石刻的书法不仅可以陈列在祠堂中，也可用于制作拓片。① 鲍启运将这些拓片赠予原作者、书法家和其他学者，并求他们应答。换言之，鲍启运策略性地利用书法、碑刻、拓片等艺术品，创造了将他与士大夫精英联系起来的持续互惠的通道。

拓片所传达的道德信息对于鲍启运赢得知名精英的青睐非常重要，然而同样重要的是，鲍启运充分把握了士人精英对优秀书法作品及拓本的喜爱之情。在传统中国，书法被认为是文人的一项基本技能，但它也是一种在更广泛的社会中受到高度尊重的能力。为诗文创作书法作品的邀请对文人来讲颇具吸引力，因为这样的邀请不仅认可了受邀者的才华，还给他提供了展示才华的机会。

制作书法拓片为该工程增添了额外的文化意义。拓片虽然是复制刻于石头上的文本的物件，但它也具有独立的艺术和学术价值。不同的物质特性——包括纸张的厚度、墨水的

---

① Kenneth Starr, *Black Tigers: A Grammar of Chinese Rubbings* (Seattle: University of Washington Press, 2008) , 3.

质量，以及工匠从石碑上拓印的技巧——使每一张拓片成了一件单独的艺术品。① 盛清时期，古代金石拓片受到了文人的追捧。随着人们对古代金石铭文的兴趣日渐浓厚，许多人相信这些铭文可以帮助他们理解经典文本的真正含义。一些书法家也开始模仿古代石刻拓片的书法字体，以扩大研习范围。在此背景下，拓片收藏和鉴赏风靡一时。② 鲍启运的石碑虽然并非古物，但他决定制作石碑拓片正是模仿了这种当时备受追捧的文化活动。

文人对书法的欣赏和对拓片的兴趣帮助鲍启运获得了名士的回应。比如，朱珪为鲍启运的义田撰文后，鲍启运就请刘墉把该文写成书法。鲍启运随后将书法刻在石碑上，并以此石碑制作了拓片。刘墉收到朱珪一文的拓片后回信给鲍启运，说笑似地建议鲍启运或许应该问问朱珪对其书法的看法。③ 刘墉十分欣喜通过这次手抄朱珪文章的机会展示了自己的书法才能，也很希望朱珪能肯定自己的能力。于是，鲍启运通过求取书法和传播拓片，策略性地利用了这些名流精英之间的关系，从而建立起了自己与他们之间的社交网络。刘墉可能不愿意特地为鲍启运写一幅字，但他必定愿意把朱珪的文章写成书法作品。

毫无疑问，鲍启运是这一过程的最大受益者。他建立并展示了一个广博的社交网络，并在其他精英眼中增强了他的

① Wu Hung, "On Rubbings: Their Materiality and Historicity," in *Writing and Materiality in China*, eds. by Judith Zeitlin, et al. (Cambridge, MA: Harvard University Press, 2003), 29 – 72.

② Starr, *Black Tigers*, 32.

③ 《刘石庵相国跋》，鲍琮编《棠樾鲍氏宣忠堂支谱》卷十九，第 25 页。

文化资本。正如朱珪所称，因"斯文斯书"，鲍启运的慷慨
将会被世世代代铭记。① 刘墉明确地评论道，他优雅的书法
与鲍启运的德行完美契合。在收到拓片后，刘墉欣然作跋：
"余自视笔意不减古人，虋斋之义举亦何让古人哉？"②

鲍启运的运作还不止于此。他决定用当时最有影响力的
书法风格之一——颜体来书写陈大文的文章。颜体由颜真卿
在唐代创造，是楷书之典范，因此成为儿童习字的首选风
格。为完成这一工程，鲍启运通过"集字"的方式收集颜体
字，具体来讲可能是借助了当时存在的石刻拓片，然后用这
些收集起来的颜体字组成了官员陈大文为义田撰写的文章。
当然，鲍启运创作这幅书法作品并不是为了自娱自乐。1808
年，在为这篇文章收集颜体字后，鲍启运带着这个版本的
《鲍氏义田记》去拜见陈大文。当陈大文看到他的文章被制
成颜体时，欣慰地为其撰写了跋文。这就带来了接下来的另
一个石碑工程。六年后，鲍启运将这份用颜体制作的文章，
连同陈大文的跋，刻了两组石碑上，每组六块。他将这些
石碑分别保存在徽州和扬州。如今，扬州天宁寺内仍陈列着
其中一组石碑。不幸的是，另一组仅有一块碑幸存下来，现
存于棠樾村。③

如前所述，鲍启运有意通过制作他自己的书法作品来展

---

① 朱珪：《鲍氏义田记跋》，鲍琮编《棠樾鲍氏宣忠堂支谱》卷十九，第
44 页上。

② 朱珪：《鲍氏义田记跋》，鲍琮编《棠樾鲍氏宣忠堂支谱》卷十九，第
44 页上。"虋斋"为鲍启运的号。

③ 今日仍居住在棠樾村的鲍树民将最后一块石碑保存在自己家中。石
刻碑文为："计石刻六块，扬州城外宝轮寺内万佛楼前庭中心石板下
亦藏一副。"

示他对艺术品的兴趣和品味。但他为什么选择使用颜体呢？一个可能的原因是鲍启运或许并不擅长书法，因此不得不从一种标准的书法字体中集字。但这并不能解释他选择颜体的原因。颜真卿不仅是一位优秀的书法家，而且还是一位以忠于皇室而著称的唐朝官员。他帮助唐朝抗击了安史之乱，后在被皇室派去招抚叛将时壮烈牺牲。由于颜真卿的品德，他的书法被视为正直和诚实的代表。换言之，颜真卿的书法不仅代表了高雅的品味，还传达了儒家道德教化。① 这说明了鲍启运在选择颜体时的一个可能用意：他希望通过收集并使用颜体这一特别"道德"的字体来制作义田的相关记录，从而突出自己作为宗族资助人的善举。

然而，颜体的道德意蕴只是这个故事的一部分。鲍启运后来决定将这篇颜体文刻成石碑，透露了他选择颜体的另一个原因。与鲍志道以石碑迎合精英对金石研究的新兴趣不同，鲍启运选择了一种也可用于教育目的的风格。我们观察石刻会发现，每块石碑被分为六栏，每栏被分为十八格，六纵三横，每格一字。这种布局看起来很像书法初学者的临帖本。鲍启运极有可能将这些石碑做成了拓片，并将拓片传播出去供人们学习颜体。鲍启运的这种动机并不是没有人注意到。正如陈大文所言，由于颜真卿的书法世存日少，鲍启运"复集鲁公书，以诲初学，意甚佳"。② 因此，鲍启运制作此

① 关于颜真卿的书法风格及其书法的政治含义，见 Robert Thorp and Richard Ellis Vinograd, eds. , *Chinese Art and Culture* (New York: Prentice Hall, 2001) , 241 – 242.

② "鲁公"为颜真卿谥号，陈大文的记被刻于这组颜体文石碑的最末一块，该石碑现藏扬州天宁寺。

碑为他的公众形象增加了另一个维度，即一位希望用基础书法来促进初级教育的地方精英。

在这样的背景下，鲍启运关于书法风格的决定不仅仅关乎艺术，使用颜体是一种思想和意图的物质表达。通过以经典的颜体对文章再书写，他将道德意蕴融入其义田的相关实物，并展示了他促进地方教育的决心。如此一来，他就确保了他的义田工程像颜真卿的书法一样，永远被世人铭记。正如陈大文所言："不特公书永传后世，而启运苦心为善，亦可不朽矣。"

五　建立跨区域社交网络

鲍氏商人投资的族谱、祠堂、碑刻、拓片等奢华之物展示了鲍氏的经济实力，并让他们在徽州地方社会建立起了道德声誉。如前所述，这些物品提供了多种机制，使鲍氏商人能够与当时的杰出人物建立广泛的联系。正如本节所讨论的，他们的联系跨越了徽州、江南和北京之间的界限以及城乡之间的界限。鲍氏商人不仅与其定居的扬州的精英交往，还与朝廷官员多有交流。事实上，鲍氏在扬州接触的一些精英也来自北京。鲍氏商人为宗族建设所做的慈善工程也因此被用来加强他们与朝廷的关系。他们的义举成了盛清时期徽州盐商颇具创新的发展策略中不可或缺的组成部分。

许多学者和官员撰写诗文来赞扬鲍氏商人的善举。如前文所述，曹文埴、纪昀、王芑孙等为鲍志道的宣忠堂支谱作序，朱珪、梁同书、陈大文、黄钺、刘墉等则以文章或书法的形式赞美了鲍启运的义田。此外，还有相当数量的学者专门为鲍志道的祠堂和画像碑创作了文字或艺术作品。纪昀为鲍志道的新祠堂撰写了一篇纪念其慈孝祖先的文章，之后官员、18 世纪最有名的满人书法家之一铁保手抄了此文。① 诗人吴锡麟撰写了一篇优美的长篇骈体文来赞美这座祠堂。② 著名诗人袁枚和法式善均有题诗，并将其收入各自的文集。③ 后来的一份家族文件《鲍氏诵先录》记载，曾燠、江藩、黄承吉、周炎、储润书、邓石如、杨伦、钱东八位诗人曾先后作诗赞扬鲍志道祠堂中的石碑画。④

与鲍氏相交的文人学者来自不同的社会背景。他们大多是当时著名的学者、文人或艺术家。例如，江藩和黄承吉二位是致力于经学研究的知名学者；⑤ 梁同书和邓石如均因书法方面的才华而享有盛誉，其中邓石如尤擅篆书和隶书，是注重研习古代石刻拓片的碑学派的代表人物。⑥

令人惊讶的是，这些文人中有许多人在朝廷担任要职。正如本书第三章所解释过的，学者纪昀是皇家丛书《四库全书》的总纂；朱珪是清中期名臣，为清廷效力 60 载，深受

---

① 纪昀欣喜非常，并再作跋文一篇感谢鲍志道。纪昀：《世孝祠跋》，鲍琮编《棠樾鲍氏宣忠堂支谱》卷二十二，第 25－26 页。铁保传记见 *ECCP*，717－718.

② 吴锡麟：《龙山慈孝堂图序》，《有正味斋骈体文笺注》卷十，锦章图书局 1931 年影印本，第 2 页下～4 页上。

③ 袁枚和法式善的传记，见 *ECCP*，955－957，227－228.

④ 这些诗收入《题龙山慈孝图》一节。鲍友恪编《鲍氏诵先录》上编，卷四，第 22 页上～23 页下。

⑤ 江藩是汉代经学的热心倡导者，著有著名的《国朝汉学师承记》，辑录了 56 位汉学学者的传记。*ECCP*，137－138.

⑥ *ECCP*，505，715－716.

乾隆帝和嘉庆帝敬重；① 曹文埴曾在多部任侍郎，并最终官至户部尚书。② 除了与汉人官员交好，鲍氏商人还与朝廷中的非汉精英保持着关系。法式善是蒙古贵族出身，属正黄旗。铁保来自满洲正黄旗，曾在朝中担任包括吏部郎中、翰林院侍讲学士在内的多个要职。

这些精英并不仅仅是为了履行社交义务而给鲍氏商人随便写了一些敷衍之词来吹捧其善行，而是确实在写作上付出了努力。③ 以赞美慈孝堂画像碑的一系列诗为例，除诗人钱东以外，所有这些献稿人均以古体诗而非更普遍的律诗来创作诗歌。④ 因此，这些诗多数较长，句数多达 20 余联。最长的一首诗长达 30 联，足足 300 字。⑤ 这些诗通常以描述鲍氏先祖的道德传说开篇，表明作者熟知鲍氏的家族故事。当叙述转移到鲍志道的德行时，他们强调鲍重建祠堂的行为。写作的主要焦点是颂扬鲍志道的孝行，而鲍志道也在自己所作的序中清楚地表达了这一信息。⑥ 我们无法确定这些献稿人是否读过鲍志道的序言，但他们显然清楚鲍志道希望他们书写的关键信息。

---

① 朱珪传记见 *ECCP*, 186.

② *ECCP*, 739.

③ 历史学者已经指出，许多精英撰写赞美个人或家庭道德行为的诗文是出于社交义务。Beverly Bossler, *Courtesans, Concubines, and the Cult of Female Fidelity: Gender and Social Change in China, 1000 – 1400*(Cambridge, MA: Harvard University Press, 2013), 380.

④ 钱东的诗是这组诗当中最短的，是一首五言律诗。鲍友恪编《鲍氏诵先录》上编，卷四，第 23 页下。

⑤ 江藩是这首诗的作者。鲍友恪编《鲍氏诵先录》上编，卷四，第 22 页。

⑥ 鲍志道解释道，他重建这座祠堂是要完成其父弘扬祖先美德的遗愿，这个愿望同样促使他 20 年致力于扩大其盐业生意。鲍志道：《龙山慈孝堂铭并序》，鲍琮编《棠樾鲍氏宣忠堂支谱》卷二十二，第 18 页下 ~ 19 页上。

　　这些精英为满足鲍氏商人的要求所做出的努力说明他们愿意维持与这些商人之间的关系。事实上，这些官员和学者中的许多人不止一次为鲍氏商人提笔。例如，纪昀不仅为鲍志道的族谱作了序，还为慈孝堂撰文。包括曹文埴、法式善和袁枚在内的撰稿人更是将所作诗文收入自己的文集，公开展示他们与鲍氏商人的联系。①

　　这些高官鸿儒参与鲍氏商人慈善活动的原因是复杂的。最明显的原因是出于经济方面的考虑，鲍氏商人为得到这些作品必然会提供某种形式的报酬，并且其价值通常相当可观。比如，为了酬谢纪昀提笔为慈孝堂重建撰文，鲍志道之子鲍勋茂赠予他一块由著名的徽州龙尾石制成的精美而珍贵的砚台作为"润笔"。龙尾砚自宋代以来一直被列为最上品的砚之一，也从那时起成为文人梦寐以求之物。作为一名砚台收藏家，纪昀十分中意这件礼物，甚至为之题词（图4-5）。②鲍志道去世后，鲍勋茂还请朱珪为其父立传，并提供润笔。③鲍氏商人也是其中一些精英人士的资助人。比如，鲍志道曾出资为袁枚出版书籍，并帮助过袁枚的家人。袁枚之妹早逝，身后留下一子，生活穷苦。鲍志道不仅出版了袁枚妹妹的文集，还帮助其子谋职。④当学者吴锡麟经济

----

①　曹文埴：《石鼓砚斋文钞》，1800，中国国家图书馆藏，卷二一，第15页下；袁枚：《小仓山房诗集》，王英志主编《袁枚全集》（1），第883~884页；法式善：《存素堂诗初集录存》，1807年本，《续修四库全书》第1476册，卷二十二，第12页。

②　这篇题词被刻在了砚台上。纪昀：《阅微草堂砚谱》，河间纪氏阅微草堂，1916。

③　朱珪给鲍勋茂的信，见《明清名人尺牍墨宝》第二集，西泠印社出版社2011年影印本，卷一。

④　袁枚给鲍志道的信，见《明清名人尺牍墨宝》第二集，卷一。

困难时，鲍志道长子鲍漱芳长年资助他。①

图4-5　鲍勋茂赠予纪昀砚台的拓片

说明：纪昀后将此拓片收入其砚谱。

资料来源：纪昀《阅微草堂砚谱》。

当然，文人为鲍氏商人撰文的原因不能仅用简单的经济原因来解释。鲍氏商人能广泛结交城市精英的关键原因在于其总商的地位。一些高官就是通过盐业直接结识鲍志道的。例如，曾燠1793年就任两淮盐运使，一直在扬州任职至1805年。鲍志道至迟于1790年成为总商，所以他一定协助过曾燠管理两淮地区的盐业。此外，曾燠在任期间还是扬州文人圈子的领袖人物。正如王芑孙所述："自宾谷出为两淮转运使，而天下称诗之士皆至于扬州。"曾燠在盐院衙后建了一座花园，并在那里组织了许多的文人聚会。② 曾燠的文

---

① 吴锡麟给鲍勋茂的信，见《明清名人尺牍墨宝》第二集，卷一。

② 曾燠将这些诗编纂成集，题为《邗上题襟集》。王芑孙：《题襟馆记》，收入《惕甫未定稿》，《续修四库全书》第1481册，卷六，第16页上～17页下。关于曾燠的文学活动，见李斗《扬州画舫录》，第172～173页。

人圈子让鲍志道家族有更多机会结识江南名士。事实上，很多为鲍氏撰写诗文的人都与曾燠相识，例如为鲍志道族谱作序的王芑孙，以及为鲍志道祠堂中的画赋诗的诗人兼画家钱东。钱东为数不多的逸事中最著名的一则，即是有关他在曾燠园中为芍药一树三萼盛开作图之事。虽然没有直接证据，但我们不难想象鲍氏商人可能是通过曾燠认识了王芑孙和钱东。

除了这种通过盐务而建立的直接联系，有证据表明，许多盛清时期的精英明白扬州盐业及其相关机构在国家经济中所起到的重要作用。同时，他们也认识到总商在盐业专卖制度中的重要性。这种认可反过来又帮助鲍氏赢得了士大夫的尊重。在给鲍志道次子鲍勋茂的私人信件中，法式善写道："春来盐务点检周详，令侄世兄位置定能继武。"① 另一位官员、鲍勋茂的密友吴锡麟指出，盐业事务最近管理不善，朝廷正计划在扬州实施根本性的改革。吴锡麟有所挂心，并与鲍勋茂商谈。② 这些官僚精英无论自身是否涉及盐务，都表达了对这一事务的兴趣或关心。因此，总商所拥有的政治特权是确保士人为鲍氏商人的宗族建设工程捧场的关键因素。

正如前例所示，任职于朝廷的鲍志道之子鲍勋茂在构建鲍氏与京城士大夫的社交网络中发挥了至关重要的作用。例如，鲍勋茂请朝廷官员朱珪为其父作传。③ 鲍勋茂还延请纪昀为慈孝堂作序。作为蒙古贵族和朝廷官员的法式善同样与

---

① 《明清名人尺牍墨宝》第二集，卷一。

② 据吴锡麟的信，他曾在扬州与鲍勋茂一同参与过文学活动，还在京城见过鲍勋茂。《明清名人尺牍墨宝》第二集，卷一。

③ 见朱珪给鲍勋茂的信，《明清名人尺牍墨宝》第二集，卷一。

鲍勋茂关系密切。据法式善记录，他曾邀鲍勋茂共饮，并一时兴起拜访鲍勋茂在京城的府邸，并请他一同出游。[1] 鲍勋茂的政治地位为他提供了与政要交往的基本资格。值得注意的是，鲍勋茂能在朝廷任职这件事本身就直接源于其父在盐业上取得的成功，因此鲍勋茂的人脉本身就是其家族事业的产物。

这些跨区域的社交网络揭示了一个动态、相互依存的社会关系网，而正是盛清时期的商人巧妙地编织了这张网并生活其中。如果鲍志道没有总商头衔，诸如族谱、祠堂、碑刻、拓片等奢华之物则无法产生。这一位置使鲍氏商人能够积累起资助慈善工程所需的经济和政治资本，并塑造这些与宗族相关之物的物质特征。也正是通过这种特权地位，鲍氏商人得以与朝中的显赫人物建立起广泛的社交网络。反过来，鲍氏商人在徽州开展的慈善工程也为他们加强这一网络提供了契机。鲍氏资助的这些实物最终充当了将所有这些关系聚集在一起的节点。

* * *

本章以鲍家在棠樾的慈善工程为例，探讨了盐商与其在徽州资助的宗族相关实物之间的动态关系。本章分析了优质的族谱、精致的建筑、华美的石刻和高雅的拓片等物的物质特征，并揭示了这些慈善工程作为奢侈消费的本质。这些实

---

[1]　法式善：《约鲍树堂小饮》《三月晦日晨起访鲍树堂使与泛舟鹿河》，《存素堂诗初集录存》卷二十二，第 15 页；卷二十三，第 16 页。

物不仅需要大量财富来生产，其中一些还表现了非凡的审美情趣。因此，鲍氏商人资助这些工程的动机不仅限于慈善和建立道德声誉的需要。这些奢华的建筑和石碑是鲍氏商人的公开展示形式，用以在其徽州家乡彰显其财富和政治特权。

然而，鲍氏商人的意图远远超出了徽州的范围。追溯这些实物的生命史进一步揭示了鲍氏商人如何利用这些物建立和加强他们与江南中心城市尤其是朝中显赫人物的社交网络。鲍家仿照汉代将美德故事刻于画像砖的做法，将慈孝堂改造成了一座包含绘画和石刻的文化集合体。另外，他们将义田作为艺术品味和作品的载体，以此促进其人际关系。换言之，鲍氏商人巧妙地操纵了这些实物所代表的社会意义和内涵，包括儒家道德、学术兴趣和艺术品味，以此来与精英分享共同的兴趣，并在宗族和徽州之外寻求和拓展其人际关系。

虽然前人的研究已认识到徽州盐商与江南城市文人的关系，但本书揭示了鲍氏商人维持和加强与朝廷官员联系的策略。对鲍氏商人在其家乡义举的研究揭示了徽州盐商、盐业专卖制度和徽州奢华文化产品之间的复杂关系。从本质上说，鲍氏家庭资助的宗族工程源于其通过总商制度与清廷的联系。鲍志道作为总商迅速积累了财富和政治权力，使其能资助家乡的宗族建设。另外，盐商通过资助徽州的宗族建设发展了他们的社会关系，并进一步加强了与朝廷官员之间的联系。因此，鲍氏商人的案例代表了徽州盐商所处的广阔的生存形态，而这一形态正是这些商人利用实物苦心打造的。

最后但同样重要的一点是，对鲍氏商人在徽州的慈善工程的详细考察突出了乡村在奢侈性消费上的重要性。鲍氏商人将他们在扬州积累的财富用于家乡棠樾的宗族建设，即在偏远的乡村进行奢侈性消费，并推动了资本的流通。这些投资使他们能够加强与江南和京城城市精英的联系，同时提高他们在两个社交圈中的道德声誉。以往研究多以城市为出发点来研究扬州盐商与其家乡的关系，而本书以商人的徽州家乡为中心，分析其人际关系和网络如何由此发散。通过将其对宗族组织的赞助转化为徽州的奢侈品消费，鲍氏商人建立了与京城和江南大都市精英的互动。换言之，商人的家乡成了他们构建跨区域联系的重要场所。

第五章　物质化的道德

旌表节义，给银建坊，民间往往视为具文，未曾建立。恐日久仍至泯没，不能使民有所观感。[①]

——雍正帝（1723）

汪廷瑞妻方氏，歙人。年十九生子，匝月而夫亡。欲以身殉，家人止之。殓时剪发一绺纳诸棺。自誓抚孤事祖姑及舅姑尽孝……子长娶妇，而方以忧劳致疾，不肯服药，曰："未亡人事毕，当从吾夫地下，何药为？"……守节凡二十九年，乾隆中旌表。子勋、孙承璧，世为淮南商总，旗名肇泰。[②]

本书最后一章回到开篇的故事，即徽州方氏贞节牌坊的建造。贞节——一般被粗略地定义为寡妇忠贞的理想和

---

① 《钦定大清会典则例》，乾隆本，《景印文渊阁四库全书》第 622 册，卷七十一，第 9 页上。
② 《两淮盐法志》，1806，卷五十一，第 14 页。

实践——在当时常常体现为寡妇不再婚。贞节这一概念从宋代起源到盛清经历了一个转变的过程。在晚期帝制中国，中央政府通过国家奖励将寡妇贞节制度化，并在普通百姓中推广，使寡妇贞节成为最受推崇的女性美德。①

与前代统治者一样，清帝将女性忠贞作为一种必不可少的道德意识形态在全国推广。然而，清帝的道德教化工程中出现了一个新现象，即对推广媒介（medium）的重视。正如上文所引上谕所示，雍正帝希望甚至要求当地平民建造牌坊以纪念贞节寡妇的德行。其子乾隆帝则进一步推行了这项政策。换言之，清帝将目光投向了纪念性建筑物，并将其作为一种公共展示媒介，在地方社会有效地传达儒家道德观。通过这些纪念碑，雍正帝和乾隆帝旨在使其臣民——包括地方精英和不识字的平民两类人——铭记尽忠朝廷的职责。正如上谕中的关键词"观感"所表明的，牌坊应成为人们日常生活的一部分，观望牌坊应该是皇帝的百姓的一种日常行为。因此，这些纪念性建筑物应成为向平民传达朝廷价值观的重要媒介。而在皇帝眼中，平民需要被道德楷模的行为所感动。

---

① Mark Elvin, "Female Virtue and the State in China,"*Past and Present* 104 (1984):111 – 152. 有关宋元时期贞节崇尚的讨论，见 Bettine Birge, *Women, Property, and Confucian Reaction in Sung and Yuan China, 960 – 1368*(Cambridge: Cambridge University Press, 2002), 200 – 282; Beverly Bossler, *Courtesans, Concubines, and the Cult of Female Fidelity: Gender and Social Change in China, 1000 – 1400* (Cambridge, MA: Harvard University Press, 2013), 414 – 416. 有关"贞节崇尚"在清朝的扩张，见 Susan Mann, "Widows in the Kinship, Class, and Community Structures of Qing Dynasty China," *Journal of Asian Studies* 46, no. 1 (1987): 37 – 56. 又见 Mann, *Precious Records*, 23 – 26.

　　为响应清帝兴建牌坊的号召，盛清时期的徽州富商成了其家乡一大批高质量贞节牌坊的主要赞助人。[①] 他们的资助使徽州成为石牌坊之乡和贞节崇尚之乡。方氏牌坊便是其中的一处古迹。1775 年，扬州总商、方氏之子汪勋为纪念其母，在家乡稠墅修建了一座美丽而雄伟的石牌坊。这座牌坊保留至今（图 0-1）。它的物质形态——包括主梁上所刻"节孝"二字，装饰精美的龙凤牌上所刻的"圣旨"二字，以及巨大而坚固的柱础——无一不在提醒当地村民汪勋之母的德行，以及她所获得的御赐封号，至少汪勋希望他们能想到这些。因此，汪勋所建的牌坊正是一位徽州盐商对清帝将其道德教化的意识形态传播到整个国家的倡议所做出的回应。

　　清帝的教化工程，特别是对女性贞节的推崇，在 18 世纪为汉人文人所拥护。包括著名学者和方志编纂者在内的精英人士纷纷为其社群撰写散文、传记和诗歌，来颂扬贞节寡妇的美德。徽州盐商常常邀请文人记录和颂扬其家中节妇的美德，但他们本人很少就类似的主题进行写作。这些贞节牌坊则为徽州盐商提供了另一种途径，以他们独有的方式参与这项帝国教化工程。通过这些纪念性建筑物，商人向不识字的臣民公开展示朝廷宣扬的儒家道德行为。同时，他们利用这些牌坊来实现自己的目标——以一种引人注目的形式展示他们家族的美德、朝廷授予他们的荣誉，以及他们优越的经济地位，而后者本身就是盐业专卖政策影响下的朝廷与商人

---

① 魏则能对徽州牌坊的研究考察了徽州商人是如何促进牌坊建造的。魏则能「貞節碑坊——安徽省徽州の貞節牌坊を中心に」『多元文化』8、2008 年、227-241 頁。

关系的产物。因此，本章着眼于这些贞节牌坊，考察徽州盐商一方面如何使用纪念性建筑物与朝廷建立联系，另一方面如何通过拥护皇帝所宣扬的道德价值观来提升他们在当地的地位。

我们的讨论将始于综合分析朝廷如何利用牌坊推进其政治目的。之后，本章将从富有盐商的视角来分析他们如何通过资助贞节牌坊来展示他们在家乡的权力。

一　教化工程的物质化

清朝当然不是第一个推行道德教化政策的王朝。明朝已经建立了旌表制度来表彰杰出的典范行为，尤其是女性贞节。虽然这一制度延续到了清朝，统治者却实施了不同的策略来传达国家的荣誉。清帝特别热衷于通过纪念物在公共场合展示道德楷模，但同时怀疑地方社会是否真正尊崇这些道德行为。出于这些考量，清廷鼓励和支持兴建牌坊。徽州歙县涌现的包括贞节牌坊在内的大小牌坊正是对清廷这一策略的回应。

明朝通过旌表制度来宣扬女性贞节行为的模范，这一制度逐渐使得贞节的定义更为精准，以便朝廷能够更好地辨识女性德行并将奖励程序系统化。明朝建立的旌表制度详细且全面。[①]然而，在包括孝子、顺孙、义夫、节妇的贤德行为类别中，只有节妇一项"具有专门的表彰标准，也因此在个体基础上

---

① 明朝初年建立了旌表制度，按孝子、顺孙、义夫、节妇等进行划分，对卓越的道德行为进行表彰。1457 年，明廷下令，"同居共爨五世"和"孝友"这两个类别的典范人物也应获得国家奖励。《大明会典》，万历本，《续修四库全书》第 790 册，卷七十九，第 8 页上~11 页上。

进行评价"。① 因此，人们特别关注申请和奖励的过程。朝廷强调，候选人需要符合具体标准，且地方官员必须切实履行其提名节妇的职责，以保证合适的人选获得认可。②

　　然而，明朝关于如何宣传寡妇所获荣誉所述甚略。在明朝之始，朱元璋规定，所有寡妇所在的家庭都可"除免本家差役"，且节妇将获赐"旌表门间"之誉，即赐给匾额挂于门庭之上以展示其美德。③ "旌表门间"一词说明朝廷有意在公共场合表彰这些德行"以易风俗"。尽管《大明会典》频繁提及这一指令，其具体规定却相当模糊：它们没有明确说明应该如何在公开场合认可这些道德行为。后来，明廷制定了宣传德行的具体办法，例如修建"旌善亭"及竖立刻有节妇姓名、年龄和家乡的石碑。然而，这些方法的使用并不规律，因而无足轻重。④ 在明朝，建造作为展示国家荣誉的贞节牌坊的做法确实存在。《大明会典》的章节中已经提及

---

① 关于如何奖励其他类别的规定比较模糊。《大明会典》卷七十九，第8页下。又见 Fei Si-yen, "Writing for Justice: An Activist Beginning of the Cult of Female Chastity in Late Imperial China," *Journal of Asian Studies* 71, no. 4(2012): 995.

② 有关明朝贞节奖励制度发展更详细的描述，见费丝言《由典范到规范：从明代贞节烈女的辨识与流传看贞节观念的严格化》，台湾大学出版委员会，1998，第67～127页。

③ 《大明会典》卷七十九，第8页下。

④ 1394年，明廷宣布孝子和节妇的德行应被记录在旌善亭中。1511年，朝廷下发了一封上谕，专门针对那些在山西通过自残和自杀来保全自身贞节、不受土匪侵犯的女性。为了纪念她们高尚的道德行为，朝廷决定在旌善亭旁建立刻有这些节妇姓名、年龄和家乡的贞烈碑。最终在1569年明穆宗宣布，如果节妇活到一百岁，她的家庭就可能被授予"贞寿之门"的称号。《大明会典》卷七十九，第9页上～11页上。

"立坊"。① 然而，关于建造牌坊的具体政策并未在"旌表"一章中得到充分说明。换言之，明朝尚未建立一套体系化的普通民众可遵循的立坊制度。

这一情况在清朝发生了变化。清朝推进了这一道德教化工程，同时十分重视牌坊的建造。② 清朝推崇女性忠贞是其族群政治的一个重要组成部分，旨在激发帝国内的儒家道德。作为外来征服者，清统治者对汉人对其"野蛮"出身的蔑视有着清楚的认识。他们接受了包括孝、忠、和、贞在内的汉人的文化规范，以强化他们作为理解与维护儒家道德体系合法统治者的主张。与此同时，朝廷对女性忠贞的坚定支持表明了统治者的族群政策"具有性别的双重性"（subject to a gendered bifurcation）。③ 正如欧立德所说，节妇崇尚甚至被推广到旗人女性身上，因为从朝廷的角度来看，"涵化（accultura-tion）满洲妇女"并不会减弱"满洲性"（Manchuness），还能为自己塑造一个"开化"（civilized）的王朝形象。④ 总之，贞

---

① 例如，1513 年，在修改关于皇家宗室"节孝及卓异行迹"之人的规定时，朝廷表明孝顺和贞节的人选可以获得奖励，但"不许奏请建立牌坊"。这条规定在万历年间被修订。1582 年，宗室中若有孝友及妇女守节的典范人物，可以"立坊旌表"。《大明会典》卷五十七，第 31 页下 ~32 页上。

② 有关从明朝到清朝贞节崇拜总体变化的分析，见 Janet M. Theiss, *Disgraceful Matters: The Politics of Chastity in Eighteenth-Century China*(Berkeley: University of California Press, 2004) , 26 – 38.

③ Mark C. Elliott, "Manchu Widows and Ethnicity in Qing China," *Comparative Studies in Society and History*(1999) : 62.

④ Elliott, "Manchu Widows,"62 – 66. 欧立德还指出："曼素恩和其他学者已经令人信服地论述道，如果让汉人妇女严格服从新儒家规定的忠贞对王朝形象来说十分重要，那么同一价值观在旗人女性中的扩张就更能证明［满人统治者］已远离自己未开化的根源。"引文出自前文第 63 页。

节崇尚的建设"成为清朝在不同的地方文化之上建立起大统一帝国宏大计划的重要组成部分"。① 在这种情况下，清廷"承担了主要赞助者的角色，并对贞节行为的各种微小细节都享有了监管权"。②

　　在推动这一道德运动的过程中，与明廷相比，清朝统治者表达了他们对建造牌坊日益增长的热情。的确，随着道德教化工程的拓宽，清代文献呈现出一种鼓励建造各种纪念性建筑物的趋势。朝廷奖励七类贤人，包括"名宦乡贤""节孝""义行""百岁""收养孤幼""一产三男"及"收埋枯骨"之人。③ 除了对奖励标准的冗长描述，朝廷还表示，所有这些范畴中的人选都将获得可以某种形式进行公开展示的荣誉。"名宦乡贤"应被祭祀于地方乡贤祠中。所有其他楷模将获得一块刻有皇帝御书的木匾，可悬挂于门楣。其中"节孝""义行""百岁"三类获奖者将被授予 30 两银子以建造纪念牌坊。④

　　清朝针对牌坊的建造颁布了适用于不同类别的详细规则，并最终将它们设为"定式"。例如，"义行"的御赐奖赏肇始于雍正二年，当时皇帝赐予湖北省黄冈县的一名平民

---

① Mann, *Precious Records*, 44. 清史学者观察到盛清时期对女性性行为的控制更加严格。正如苏成捷（Matthew Sommer）认为的那样，雍正帝著名的废除贱籍的法令在本质上加强了对性行为的监管，允许"性道德和刑事责任的统一标准……跨越旧的地位界限"。也就是说，以前不需要践行这一道德的"贱民"现在也需要遵守这些女性美德了。Matthew Sommer, *Sex, Law, and Society in Late Imperial China*(Stanford, CA: Stanford University Press, 2000) , 5.

② Fei, "Writing for Justice, "1009.

③ 《钦定大清会典则例》卷七十一，第 1 页上 ~ 27 页上。

④ 《钦定大清会典则例》卷七十一，第 5 页下、7 页上、21 页下、23 页上。

30 两银子以建造牌坊。上谕详细说明此坊应被命名为"八世同居"。① 在其整个统治期间，雍正帝陆续授予如"敦本厚俗"等各种头衔，以颂扬类似的德行。乾隆帝延续了这一习惯并将其制度化以宣传这类做法。② 乾隆帝下令，"捐资周急，惠济本乡"之人应得到"乐善好施"的御赐称号。③这些带有御赐称号的牌坊确实在当地被修建起来了。本书第四章讨论的鲍氏商人 1820 年在棠樾修建了一座刻有此称号的石碑，以纪念商人鲍漱芳及其子鲍均的风义（图 4 - 2）。

在这七个类型的德行中，"节孝"最受朝廷关注。事实上，在详细制定旌表制度规则的"风教"一节中，2/3 的内容是关于"节孝"的规定。④ 该节包括了孝子、顺孙、义夫及节妇四种楷模。⑤ 作为"节孝"类的一个重要组成部分，贞节政策在清朝得到了显著的发展。

盛清时期，辨识节妇的标准由模糊变为具体，由严格变为宽松。⑥ 所有这些变化扩大了受旌人员的资格范围，从本质上增强了朝廷在公共场合表彰此类典范的能力。据《钦定大清会典则例》，节妇旌表始于 1648 年。⑦ 五年后的 1653

---

① 《钦定大清会典则例》卷七十一，第 21 页下。
② 《钦定大清会典则例》卷七十一，第 22 页上。
③ 《钦定大清会典则例》卷七十一，第 22 页下。
④ 《钦定大清会典则例》卷七十一，第 3 页下 ~21 页上。
⑤ 除"节孝"之外，《钦定大清会典则例》也制定了关于位列"义行之人"之首的"名宦乡贤"的详细政策。《钦定大清会典则例》卷七十一，第 1 页上 ~3 页下。
⑥ 大部分修改是雍正帝在 1723 年的上谕中做出的，其中一项规定将守贞时间从 20 年缩减为 15 年。19 世纪初，它被进一步缩短为 10 年。此外，可以获得旌表的寡妇的年龄从 50 岁降至 40 岁。Elvin，"Female Virtue and the State，"124. 又见 Mann, *Precious Records*, 23.
⑦ 《钦定大清会典则例》卷七十一，第 3 页下。

年，顺治帝首次颁布了牌坊建设的细则，奖励包括汉人平民以及满、蒙、汉军旗人在内的旌表节孝者每人 30 两银子来建造贞节牌坊。[①] 1660 年以后，顺治帝和康熙帝频繁提及有关建坊银的各项条例。[②]

雍正年间，有关建坊的条例终于被设为"定例"。1723 年，雍正帝即位时下发了一份包含建坊条规的上谕。在这份上谕中，他解释了为何要竖立贞节牌坊。正如本章开头引用的段落所示，究其原因，是因为他担心当地民众对贞节崇尚的观念是否可靠。正如他抱怨的那样，尽管朝廷已经奖赏了建坊银，"民间往往视为具文，未曾建立"。在他看来，平民对牌坊建设的漠视最终将导致德行"泯没"，且朝廷"不能使民有所观感"。[③]

"观感"这一关键词包含了多层含义。正如这份上谕本身所述，雍正帝旨在通过纪念牌坊让平民观看并感知牌坊所彰显的美德，从而向他们传达道德信息。此外，贞节牌坊还使皇帝能够向汉人臣民展现他的皇权。因此，由皇帝向贤德人士赐予名号的做法凸显了清帝试图展示他作为中国合法统治者的目的。当这些石牌坊——其石板上装点着极具装饰性的龙雕，并刻有皇帝书写的"圣旨"字样——被竖立之时，

---

① 资金有不同的来源。地方官员应为当地汉人平民拨款，而满、蒙、汉军旗人选则从户部支取款项。《钦定大清会典则例》卷七十一，第 5 页上。

② 例如，1660 年，顺治帝批准广西殉难妇女的亲属应获得建坊银。《钦定大清会典则例》卷七十一，第 6 页下。1672 年，康熙帝下令，为避免遭到强奸而自杀的女性应获得与节妇相同的奖励。因此，地方官员应给予那些女性的家庭 30 两银子用于建造牌坊。《钦定大清会典则例》卷七十一，第 7 页上。

③ 《钦定大清会典则例》卷七十一，第 9 页上。

它们会提醒当地百姓这些荣誉是由朝廷授予的。换言之，通过建造牌坊，清帝以汉人平民为对象，并在视觉上展现了这些少数民族统治者所赢得的天命。

我们可以用当代理论来阐释雍正帝强调和坚持建造牌坊的根本前提，即社会角色（social role）可以通过作为一种强大的规训形式——身体习惯（bodily habit）而得以自然化（naturalized）。石坊的建立，最起码如雍正帝所愿，创造了让民众与理念"共同生活"（lived through）的重要环境。① 通过竖立贞节牌坊，皇帝让臣民在日常生活中能够看到这些纪念物，希望他们能在牌坊所代表的道德和皇权中受到启发。也就是说，当与牌坊的视觉接触成为当地人日常生活的一部分时，牌坊所代表的社会等级规范——

① 雍正帝所言让人想起皮埃尔·布迪厄（Pierre Bourdieu）关于"客观"社会现实与个体内化的"主观"心理世界之间关系的论点。布迪厄使用"惯习"（habitus）一词来解释人类的行为或举止是如何表达世界的。根据布迪厄的说法，惯习是"一种后天习得的、客观地适应其形成的特定条件的生成机制"。Pierre Bourdieu，*Outline of a Theory of Practice*(Cambridge: Cambridge University Press, 1977)，95. 布迪厄将"惯习"作为一个分析术语引入，让日常生活中个体行为的体系（system）可视化。通过惯习，人类对其所处社会的制度、规则和物质对象做出反应和调整。我的研究也受到白馥兰（Francesca Bray）的《技术与性别》（*Technology and Gender*）的启发，其中讨论了空间与个人行为的关系。白馥兰旨在"重新获取技术的实践与产品所传达的信息，去了解社会角色如何通过最强有力的规训形式、身体习惯而使人归化"（此处译文引自该书的中译本，白馥兰《技术与性别——晚期帝制中国的权力经纬》，江湄、邓京力译，江苏人民出版社，2006，第 2 页——译者注）。Francesca Bray, *Technology and Gender: Fabrics of Power in Late Imperial China*(Berkeley: University of California Press, 1997)，2. 例如，白馥兰分析了房子的结构以展示建筑如何体现中国社会秩序中固有的性别、世代和地位的等级制度。

男女之间、统治者与被统治者之间的等级关系——将被内化。①

因此，为了以牌坊来指导当地百姓，雍正帝制定了一整套关于牌坊建设的政策。他宣布官府应资助两类牌坊，以纪念与女性贞节相关的德行。第一类是纪念同一家庭中一位或多位寡妇的独立牌坊。这类牌坊从顺治年间就已经开始获得资助了。② 第二类被称为"大坊"，是纪念特定地区内所有节妇烈女的牌坊。③ 雍正帝要求地方官员首先在"顺天府、奉天府、直省府州县卫"修建节孝祠，继而应在祠门外建大坊一座，"将前后节孝妇女标题姓氏于其上"。④ 在这一规定下，来自八旗的节妇烈女也被认为是有资格的。⑤

皇帝还制定了为建造这些祠堂和牌坊提供资金的规则。清朝延续了明朝授予 30 两银子以资助牌坊建设的政策，但清帝进一步详细解释了这些资金的来源及分配方式。根据清朝的政策，地方官员可以使用以"正项钱粮"来资助这些工程，事后可从工部奏销。工部还负责八旗的牌坊建造。地方

---

① 清帝采用不同的方式来塑造无法读写百姓的道德习惯。例如，康熙帝让他的官员每月两次在每个村庄大声朗读其说教式的道德规范"圣谕十六条"。Elliott, *Emperor Qianlong*, 35. 然而，与康熙帝基于书面文本的宣讲不同，朝廷建坊是为了通过直接的物理接触，使道德楷模和等级权力在当地人的脑海中留下富有戏剧性而生动的形象。

② 《钦定大清会典则例》卷七十一，第 5 页下。

③ 在歙县只有一座这种类型的牌坊幸存了下来，它是用来纪念徽州 65078 名贞节女性的，于 1905 年建在县城。

④ 《钦定大清会典则例》卷七十一，第 9 页下 ~ 10 页上。又见 Mann, "Widows in the Kinship, Class, and Community Structures,"42.

⑤ 《钦定大清会典则例》卷七十一，第 10 页上。

"有司"负责"不时修葺"。① 至于建造牌坊的 30 两资金，
为了防止地方吏胥腐败，雍正帝下令"本家具领，当堂验
发，不经吏胥之手"。②

此外，雍正帝扩大了可以被授予独立贞节牌坊或可留名
于大坊上的贞节女性的范畴。据 1725 年的一份上谕，如果
一名女性为了保全自身贞节不受强盗侵犯而自杀，那么这位
女性的家庭可以被授予一座独立牌坊，且这位贞节女性的名
字也可被刻在大坊上。③ 翌年，之前被排除在这一旌表制度
之外的"孝妇"也可获得朝廷的表彰。④ 所有这些规定在上
谕中都被设为了"定例"或"成例"。

综上，清朝在公开场合积极宣传道德楷模。所有道德类
别下的楷模都将以某种公开展现形式——牌匾、地方祠堂或
牌坊——得以纪念。在这三种选项中，清帝最偏爱牌坊。清
帝不仅明确规定三类最重要的道德典范都应立坊，而且还通
过授予刻在牌坊上的每个类别的特定称号来鼓励修建牌坊。⑤
针对贞节牌坊，清帝——特别是雍正帝——逐步明确立坊的
规则，阐明谁应该得到奖励、应被授予什么类型的贞节牌
坊，以及如何资助建造。⑥ 换言之，与明朝留下的关于建造

---

① 《钦定大清会典则例》卷七十一，第 10 页上。"有司"可直译为"有
　办事处的人"，它"模糊地指代在特定情况下负责相关活动的政府官
　员"。Hucker, *A Dictionary*, 587.

② 雍正帝在 1735 年下发了该上谕。《钦定大清会典则例》卷七十一，第
　18 页上。

③ 《钦定大清会典则例》卷七十一，第 11 页。

④ 《钦定大清会典则例》卷七十一，第 11 页下。

⑤ 雍正帝和乾隆帝喜欢赐予受表彰者自己的书法作品。这似乎表明他们
　愿意亲自参与奖励的过程。

⑥ 《钦定大清会典则例》卷七十一，第 5 页下－11 页下。

牌坊的简要记录相比，清帝对这个问题的处理要谨慎得多。

二　作为牌坊赞助者的徽州盐商

　　徽州在盛清之前和当时皆以其高调的贞节崇尚而闻名。这一名声是通过关于该地区节妇德行的丰富著述及大量建设的贞节牌坊建构起来的。许多文人，尤其是来自徽州的文人，致力于颂扬当地的节妇。地方志的"列女"一节收入了许多关于节妇的故事。此外，地方精英还通过创作诗歌、传记和颂文来赞美女性忠贞。例如，当地学者汪洪度写过一本名为《新安女史征》的书，其中记录了许多徽州节妇的德行。① 通过描写这些女性及其德行，这些文人不仅在当地构建并展示了卓越的道德声誉，而且还响应了朝廷对其社会进行道德教化的号召。文人精英用文字来传达朝廷的道德信息，而富有的盐商则出资建造了大量壮观的贞节牌坊。这些纪念性建筑物使这些商人能够通过物这样一种有别于其同时代文人精英使用的媒介来参与帝国教化工程。

　　盛清时期徽州所建牌坊的数量超过了帝制晚期中国的其他地区。这些牌坊大多位于歙县。② 正如学者所指出的那样，

---

　　① 汪洪度：《新安女史征》，1706。

　　② 卞利：《徽州的牌坊》，《寻根》2003 年第 1 期，第 73 页。晋元靠 1993 年的田野调查表明，徽州现有 97 座牌坊。宋子龙、晋元靠：《徽州牌坊艺术》，安徽美术出版社，1993。这 97 座牌坊只占清朝建造的牌坊总数的一小部分。基于地方志记载和如今现存的牌坊数量，我们可以估算原来的牌坊总数可能超过 1000 座。卞利在研究地方志记载时发现，1820 年以前，绩溪县有 147 座牌坊，休宁县有 187 座牌坊。卞利：《徽州的牌坊》，《寻根》2003 年第 1 期，第 72 页。其中 14 座牌坊如今仍存于绩溪，3 座仍立于休宁。这些数据是基于宋子龙和晋元靠的

在徽州现存的 129 座牌坊中，有 101 座位于歙县。通常来讲，牌坊可按其功能分为三类。第一类是作为建筑群的大门。第二类是标志桥梁和道路的地标。第三类便是作为纪念物的牌坊，即本章的重点，用于表彰受到皇帝认可的当地人的德行。[①] 第三类牌坊可进一步分为四个代表不同模范行为的子类：名宦与进士、节妇或孝女、义夫或孝子、长寿之人。而贞节牌坊在歙县总共 101 座牌坊中占了 42 座，是最多的牌坊类型。这些贞节牌坊大多建于乾隆、嘉庆年间。[②]

尽管贞节牌坊建设在清代徽州十分普遍，但要辨识某座牌坊的具体赞助者绝非易事。赞助者通常不在牌坊上留下自己的名字。然而，我们可以通过结合官方和家庭文书中零碎的文字证据，以及雕刻在牌坊上的铭文，来追溯歙县盐商与立坊之间的联系。我们会看到，当朝廷试图向当地平民宣传寡妇忠贞时，盐商成了赞助这些纪念物的中间人。

族谱等地方文献提供了富有盐商为其家庭和宗族筹资建造牌坊的证据。例如，《潭渡孝里黄氏族谱》记载，1723年，他们的宗族成员黄以璿——雍正时期扬州的一位富有盐商——重建了一座与孝子祠相连的牌坊。这座孝子坊的题额

记录。我的口述采访得出的结论是，大多数石牌坊在"文化大革命"期间被拆除了。2010 年 8 月 28 日在许村对潘强的采访；2010 年 8 月 29 日在潭渡村对黄继珍的采访。

① 潘谷西等编《中国古代建筑史》第 4 册，中国建筑工业出版社，2001，第 416 页。第三类在徽州最常见。

② 在歙县现存的 42 座贞节牌坊中，15 座建于乾隆年间，5 座建于嘉庆年间。Wu Yulian, "'Let People See and Be Moved': Stone Arches and the Chastity Cult in Huizhou during the High Qing Era," *Nan Nü: Men, Women and Gender* 17, no. 1 (2015), 121.

证实了黄以璋的赞助。① 现存的牌坊还表明，盐商及其后代建造了许多独立的牌坊来颂扬他们自己的成就与道德。除了前文提及的"乐善好施"牌坊，一座题为"恩荣四世"的牌坊1740年建立于潜口村。这座牌坊表彰总商汪应庚的祖父母、父母、他本人，以及他的妻子、儿子和儿媳。以修缮扬州平山堂而闻名的汪应庚为赈济饥荒慷慨解囊，多次赢得朝廷的赞赏。② 1762年，另一座刻有"荣褒三世"的牌坊在稠墅落成，它是为纪念总商汪廷璋的祖父、父亲和他本人而建。汪廷璋（行盐旗号汪启源）获得总商任命这为他的家庭和宗族带来了荣誉与财富。汪廷璋将这一头衔传给了他的儿子汪焘，后者为乾隆帝安排了两次南巡（图5-1）。③

① 见黄元豹、黄景管编《潭渡黄氏族谱》卷六，雍正本，第3页。除了黄以璋的资助，本书第四章介绍的盐商鲍宜道也于1776年在棠樾村（潭渡村的邻村）资助了两座牌坊的建设，它们分别是慈孝坊和孝子坊。鲍宜瑗：《重修慈孝孝子两坊碑记》，鲍琮编《棠樾鲍氏宣忠堂支谱》卷二十二，第15页下。

② 有关汪应庚对赈济饥荒做出的贡献，见三保乾隆四年三月二日（朱批奏折04-01-01-0036-025）奏折；准泰乾隆七年九月十日（朱批奏折04-01-01-0077-033）奏折。关于汪应庚的传记，见《两淮盐法志》，1806，卷四十六，第31页下~32页上。汪应庚在雍正十一年也得到了奖励，见民国《歙县志》卷五，《中国地方志集成·安徽府县志》第51册，江苏古籍出版社1998年影印本，第1页下。关于汪应庚参与平山堂的建设，见 Meyer-Fong, *Building Culture*, 153 – 154, 162,164. 汪应庚的后代继续得到朝廷的认可。1757年，汪应庚的孙子汪立德（行盐旗号汪勤裕）和汪立德的弟弟汪秉德因对南巡有贡献而在乾隆二十七年被授予官衔。高晋等编《南巡盛典》卷七十，第8页上。

③ 黄廷桂在乾隆十四年四月十九日（朱批奏折04-01-01-0181-001）奏折中称汪廷璋为总商。汪在1757年也得到了奖励。林永匡、王熹：《清代盐商与皇室》，第19~20页。汪廷璋雇了精英吴光国来协助管理盐业。汪廷璋去世后，吴光国继续辅助汪焘。金兆燕：《吴砚农传》，《棕亭古文钞》，《续修四库全书》第1442册，卷二，第1~3页。汪廷

图 5 - 1 "荣褒三世"牌坊

说明：左图为 1762 年为纪念盐商汪廷璋及其家人而建的牌坊，该
牌坊位于徽州歙县稠墅村。右图为这座牌坊主柱上附有的石狮雕像。

除了徽州地方文献中的记载，《两淮盐法志》也提供了关
于贞节牌坊的宝贵记录。"列女"一节记录了大量受到朝廷表
彰的节妇的姓名。这些妇女所在的家庭被允许单独"奉旌建
坊"。① 这些寡妇中有许多人的亡夫是徽州盐商。一些节妇的亡
夫明确地被称为"徽商"。② 我们还可以基于一些商人在为朝
廷管理盐务中所发挥的重要作用而确定他们的地位。例如，
总商吴家龙的母亲郑氏于 1727 年受到表彰。③ 吴家龙（行盐旗
号吴裕大）1757 年从乾隆帝那里获得了奉宸苑卿的头衔。④

璋的弟弟汪觐侯有一子汪坦，汪坦也是总商。

① 《两淮盐法志》，1806，卷五十～五十二。

② 例如，吴自亢和他的弟弟吴自充被认定为徽商，他们的妻子在 1668 年
都获得了旌表。《两淮盐法志》，1806，卷五十，第 4 页下。又见郑铉
和朱琦的例子。《两淮盐法志》卷五十，1806，第 7 页上、16 页上。

③ 《两淮盐法志》，1806，卷五十，第 4 页上。

④ 林永匡、王熹：《清代盐商与皇室》，第 19 页。吴家龙受到的奖励也被
记录在民国《歙县志》卷五，《中国地方志集成·安徽府县志》第 51
册，第 2 页上。

虽然徽州的大部分牌坊已被摧毁，但现存的牌坊进一步证实了盐商家族对立坊的资助。例如，吴自亢的家族在歙县下长林建造了一座牌坊，以纪念他家中的三位节妇：吴自亢妻程氏、兄嫂罗氏、儿媳汪氏。① 又如，一座纪念商人汪祖辉妻吴氏的贞节牌坊现今仍立于稠墅村。吴氏 1744 年被朝廷认定为"节孝"，而她的牌坊 1750 年建成。②

一些节妇的传记还提供了关于盐商试图上报其节妇个案的详细信息。最具代表性的例子之一是本章开头引用的方氏的故事。③ 虽然方氏的传记并未明确提及立坊人，但应为其子汪勋。在通常情况下，节妇的儿子首先为他的母亲申请荣誉，之后建造牌坊。这一行为不仅有助于获奖者的家庭宣传其家庭成员的德行，而且使其子能够履行和展示他的孝道。方氏牌坊上的铭文进一步证实了这一做法。如铭文所示，参与其旌表过程的地方官员均来自扬州的江都县，包括扬州府知府、江都县知县，以及县学教谕。根据申请贞节旌表的流程，县学的教官（称"教授""教谕""训导"）从当地人那里接收个案提名。④ 换言之，方氏的个案是在江都县上报的。有证据表明，汪勋在扬州经营盐业并居住在那里。朝廷文书记载，1794 年，一位名叫汪肇泰的盐商因巴甯阿一案接

① 《两淮盐法志》，1806，卷五十，第 4 页下～5 页上。

② 见牌坊铭文及《两淮盐法志》，1806，卷五十，第 13 页下。

③ 《两淮盐法志》，1806，卷五十一，第 14 页。

④ 一般来说，对于汉人的申请，县级官员负责向府一级上报个案，然后由府级官员将申请递交给道级官员。在道级官员将个案上报给巡按御史后，巡按御史必须核实申请，然后将其提交给礼部。随后礼部将再次调查这些案例，并最终授予荣誉。《钦定大清会典则例》卷七十一，第 3 页下～4 页上。

受了朝廷官员全德的审问，而调查对象巴甯阿 1793 年担任扬州盐政一职。① 汪肇泰是汪勋与其子汪承璧的行盐旗号。虽然目前尚不清楚是谁卷入了这起案件，但我们可以确定，汪勋家族乾隆晚期时在扬州做生意。因此，我们可以合理推断方氏的个案是由其子汪勋在江都县上报的。

除了研究盐商赞助贞节牌坊的证据，另一个问题同样重要，那就是为什么会有一些人不愿意建造牌坊。经济状况是影响立坊的主要因素之一：一些家庭即便有朝廷的补贴仍然无力支付立坊费用。某徽州盐商家族文书中的一份资料提供了有关节妇旌表申请过程中成本的宝贵信息。如这份题为《节孝事件》的资料所示，一个富裕的徽州商人家庭必须预算 55 两银子作为礼物，赠给参与申报的官员、地方教员和吏胥，这样才能上报他们家的个案。② 该文献不仅证实了徽州商人对上报其家中节妇个案的兴趣，而且还揭示了经济手段在这一过程中的重要性。不仅如此，建造牌坊的费用也很高。建造牌坊所需的石料成本，以及运输材料和施工所需的劳务费，都需要受奖者家庭支付一笔不菲的费用。19 世纪常州学者张琦的妻子汤瑶卿为了保留一块给张母姜氏建牌坊的石料而费尽心思，这块石料还是在一位宗亲的帮助下购得的。③ 她所经历的困难揭示了一个无情的现实：建造牌坊是

---

① 有关这一案件的更多信息，见朱批奏折 04 - 01 - 12 - 0249 - 088，04 - 01 - 35 - 0480 - 020，04 - 01 - 01 - 0462 - 022，04 - 01 - 01 - 0462 - 029。这些文件也见于王澈《乾隆五十九年查办巴宁阿与盐商交结联宗案》，《历史档案》1994 年第 1 期。

② 王振忠：《牌坊倒了？日出而作》，《读书》1999 年第 2 期，第 108 页。

③ Susan Mann, *The Talented Women of the Zhang Family* (Berkeley: University of California Press, 2007), 36.

昂贵的。因此，普通家庭通常会放弃建造牌坊而优先考虑他用，比如用作家中成功应试的生员献给官员的礼金。①

综上，盛清时期盐商的兴盛、他们建造牌坊的动机，以及为数众多的为表彰盐商家族中的节妇所修建的牌坊等证据表明，富有的盐商是盛清时期歙县贞节牌坊的主要赞助者。

三　修建石牌坊

虽然修建牌坊在徽州并不罕见，但其实际的建造过程没有留下详细的记载。这一缺漏可能是由于建造牌坊在很大程度上被认为是工匠的工作，因此精英对记录这一过程兴致索然。但是历史学者能够通过分析牌坊的物质特性，并结合家谱、方志和精英著述中的零碎记录来重构其建造过程。这一重构证实了商人在这个过程中所投入的大量精力。

歙县的贞节牌坊多为石质。② 明清时期，三种石料被用于建造牌坊，它们是砂岩、花岗岩和"茶园青"。③ 其中，茶园青最受青睐。砂岩石质最软，虽易于雕刻，但也极易风

---

① 郑岩、汪悦进：《庵上坊：口述、文字和图像》，三联书店，2008，第59页。

② 据晋元靠介绍，徽州现存的97座牌坊中只有两座为木质，其余为石质。宋子龙、晋元靠：《徽州牌坊艺术》。

③ 这是我根据对徽州牌坊的考察、对徽州建筑专家的采访以及一些文字资料得出的结论。有专家告诉我，徽州建筑牌坊也用"黟县青"。我的田野调查中并没有发现歙县存在用这种青石建造的牌坊，即使黟县有一些以青石为特色的牌坊。明代学者方兆宪曾评论，黟县的石头常被用作"门严"与"阑干"。据他称，黟县石"其色蓝，以核桃油摩之则如漆黑"。方以智：《物理小识》，《景印文渊阁四库全书》第867册，卷七，第30页上。

化。花岗岩比砂岩坚硬，因此可保存的时间更长，但因其石质在雕刻过程中往往会碎成大块。在三者之中，茶园青坚硬耐用，且因其密度高而适于雕刻。

在徽州，用于建造牌坊的石料不断变化，但到了17世纪初，歙县当地人大部分选用青石来建牌坊了。明末学者方兆兖曾言："茶源石，徽州取作牌坊。"由于"源"与"园"同音，方兆兖在这里指的就是茶园青。① 当地的徽州建筑专家程极悦称，这种转变发生在万历年间，在很大程度上可归因于新产生的建筑风格和新工具的使用。② 程极悦认为，著名的建于1584年的许国石坊是理解这一发展过程的里程碑。由于这种由茶园青制作的牌坊非常难雕刻，牌坊设计者选择了一种雕刻较为精简的式样。③ 许国石坊因此带来了一种新的风格：牌坊顶部的立柱指向天空。这种设计与明代流行的、将立柱置于挑檐保护之下的典型坊顶风格形成对比（图5-2）。大量现存的清代牌坊使用了这种"冲天"式样。

然而，歙县周围的山区只有砂岩和花岗岩。牌坊的建造者有时会出于某种原因而利用旧牌坊的石料。例如，棠

---

① 方兆兖是明朝著名学者方以智的学生。方兆兖的评论记载在方以智《物理小识》的"奇石"一节中。此书现存最早版本可以追溯到1664年。因此，可以推测茶园青在清初以前就被用来建造牌坊了。方以智：《物理小识》，《景印文渊阁四库全书》第867册，卷七，第30页上。

② 程极悦是一位徽州建筑专家，他出版了一本关于晚期帝制中国徽州建筑的图书（与程硕合著）。程极悦、程硕：《徽派古建筑：徜徉古建博物馆》，黄山书社，2001。

③ 许国石坊上的精细雕刻比1584年后建造的砂岩牌坊上的雕刻保存得更好，这一事实证实了茶园青确实能保存更久的时间。

图 5 - 2 屋顶式牌坊与冲天式牌坊

说明：左图为徽州歙县许村一座建于 1507 年的屋顶式牌坊（为突
显牌坊结构而将背景移除），右图为徽州歙县蜀源村一座建于 1774 年的
冲天式牌坊。

橄的鲍氏家族曾经用两个旧牌坊的石柱来建造新的牌坊。[①]
但在大多数情况下，赞助者需要在徽州之外寻找青石。这
些青石产自浙江淳安。徽州本地的著名学者洪亮吉对此提
供了一些有用的信息。洪亮吉曾写过一篇文章，称赞歙县
的成功盐商程光国在歙县和旌德之间修路的义行。洪亮吉
指出："歙石易泐不可用。"[②] 他并没有指明"歙石"是什
么石头，但他指的可能是砂岩。他进一步解释道，由于附近
山上没有合适的石头，程光国从浙江购买了铺路石。[③] 万历
《续修严州府志》记载："淳安县东五十里，茶坡、溪南两

---

① 鲍琮编《棠樾鲍氏宣忠堂支谱》卷二十二，第 15 页下。

② 洪亮吉：《新修箬岭道记》，《洪亮吉集》，第 1045 ~ 1046 页。

③ 洪亮吉：《新修箬岭道记》，第 1045 页。

峰相峙……其山产青碧坚石。"① 这些青石就是茶园青。方志记载，徽州和浙江的官吏和平民都曾来此采石。② 显然，作为一位盐商，程光国知道应该在哪里、通过什么方式来获取这些青石。③

石料位于徽州之外的事实使得建造过程变得更为复杂。盐商首先需要购买青石，而这一过程包括在淳安县的山里开采石料，然后将其运回歙县。茶园青很可能是用船通过清代连接徽州和浙江的主要航道新安江运输的。然而，歙县的大多数村庄位于远离新安江的山区，要完成整个运输过程必须先通过水路运送这些巨石，然后通过公路和山间小道拽拉至村落，这无疑要耗费巨大的成本。

在将这些石头运到村里后，盐商还需要管理牌坊的建造工程。牌坊的梁柱结构存在特殊性，而修建这种结构绝非易事。要充分理解这一点，我们就需要对徽州建筑的历史，尤其是石牌坊的建筑元素进行简要考察。中国历史上大多数建筑以木质梁柱结构建造，柱和梁通过榫卯结构固定在一起（图 5 - 3）。④ 石牌坊的形制源于元代以前用来标志城市内部分区的木门。从元代到明代，牌坊的功能逐渐由门坊过渡到独立的纪念性建筑。到了明代，建造牌坊的材料也从木材变

---

① 万历《续修严州府志》卷二，书目文献出版社 1991 年影印本，第 15 页下～16 页上。

② 万历《续修严州府志》卷二，第 16 页上。

③ 关于徽商在浙江严州的活动，见祝碧衡《论明清徽商在浙江衢、严二府的活动》，《中国社会经济史研究》2000 年第 3 期。

④ 有关中国建筑梁柱结构和榫卯结构的概况，见 Nancy Berliner, *Yin Yu Tang: The Architecture and Daily Life of a Chinese House*(Boston: Tuttle, 2003), 116 - 117. 有关徽州建筑梁柱结构的参考资料，见前书第 128～134 页。

成了石料。虽然其功能和材料都发生了变化，但后来的石牌坊仍然遵循木门式建筑的柱梁结构。① 因此，盛清时期徽州的石牌坊模仿了业已由木坊普及开来的建造过程。

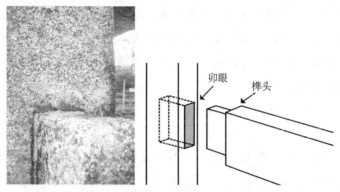

图 5 – 3　牌坊结构中的榫卯结构（左）及图解（右）
说明：榫卯图解由埃里克·帕尔默（Erik Palmer）绘制。

　　牌坊的主体结构由主梁和两根支撑的立柱组成。这个结构看似简单，但实际的施工过程相当困难。这主要源于石料的物质特性：石头比木头重得多，因此更难移动。根据白铃安（Nancy Berliner）对徽州房屋建造过程的描述，以及我对接受了传统训练的徽州石匠冯有进的访谈，我推断建造一座牌坊的过程包括三个步骤。第一步，石匠会准备好所有的材料，包括雕刻榫头、卯眼，以及梁和柱上的所有装饰。第二步，立柱。石匠会用梯子、绳子和竹竿将石梁提吊至指定高度。冯有进说，鉴于石梁所需提吊的高度、石头的重量，特别是其缺乏弹性的特点，在当地工厂开始使用现代电机吊起横梁之前，徽州当地的石匠是通过在底下堆土的方式来抬起

――――――――――
① 潘谷西等编《中国古代建筑史》第 4 册，第 416 页。

横梁的。① 第三步，当梁被抬到合适的高度时，站在梯子上的石匠会把梁的榫头插入两根柱子的卯眼。在这一步后，一座牌坊就基本完工了。在整个建造过程中，放置主梁是最关键也是最困难的一步。不难想象，商人需要雇用更多的工人来帮忙抬起柱子和横梁。把梁嵌入柱中是一个危险的步骤，它的完成需要熟练的技巧。牌坊的赞助者还需要找到合适的石匠来完成这项任务。

我尚未找到记录牌坊建造成本或工程持续时间的资料，但棠樾鲍氏的家谱为我们提供了一些可供估算的线索。鲍氏家族曾经建过两座牌坊。这两座牌坊都是利用旧牌坊重建的，这意味着石匠可以使用一些以前牌坊的旧石料。这两座牌坊的设计相对简单，梁柱上并没有繁复的雕刻。尽管具有这些优势，鲍氏家族还是花了一年的时间才建成这两座牌坊。② 如前所述，牌坊的大小和风格各不相同，较大的牌坊需要更多的财力和人力投入。有些牌坊还刻有精美的装饰，这需要更多的时间来完成。因此，建造一座新的中等大小的石牌坊需要很长时间，平均需要一到两年。任何对成本的估算都应包括购买和运输石料的费用，以及雕刻和架设牌坊的人工费。

因此，在盛清时期的徽州建造一座石牌坊的整个过程是复杂、昂贵并且耗时的。这在很大程度上是因为当地采石场并不产建造牌坊所需的材料，即茶园青。因此，牌坊的建造者需要从邻近省份开采、购买并运送这些石料。除此之外，

---

① 冯有进指出，虽然他只能描述自己的亲身经历，但他的技艺是从上一辈徽州石匠那里学来的。2010 年 8 月 31 日，我在黄山市屯溪区采访了冯有进。

② 鲍琮编《棠樾鲍氏宣忠堂支谱》卷二十二，第 15 页。

使用石料来建造从木质建筑那里借用而来的梁柱结构更是增加了建设的难度。由于这些原因，盐商需要提供大量的人力和财力来建造这些纪念性建筑物。

四 展示石牌坊

然而，烦琐而昂贵的建坊过程并没有阻止这些徽州盐商。有相当数量的富商愿意投入钱财和精力，为他们品德高尚的祖母、母亲、姐妹或女儿修建贞节牌坊。虽然清廷对牌坊建设的推崇可以被解释为其教化工程中不可或缺的一部分，但商人精英也渴望投身其中，以实现他们自己的意图。由于能直接反映商人目的的文字资料很少，我们因此需要转向石牌坊本身的物质特征来探索商人的想法与动机。

如前几章所述，徽州盐商不仅投入钱财，更是花费不少时间和精力制作、收集或修建特定之物。通过这一过程，他们也把自己的想法和兴趣投射到各种各样的物之上，比如珍贵的紫檀家具、书籍善本、古印或画像碑。[①] 虽然这些物品似乎都能提供一种自我表达的形式，但石牌坊有其自身独有的物质特征——它本质上是一个纪念物。布鲁斯·特里格（Bruce Trigger）认为："纪念性建筑和个人奢侈品之所以成为权力的象征，是因为它们被视为大量人类能量的化身，因此它们象征着其拥有者对人类能量的控制能力，而他们的这

---

① 许多商人也参与到出版文化中，他们扮演赞助者的角色，出版儒家经典、插图，以及文人所作的诗歌和散文。例如，插图精美的《列女传》的出版就反映了他们深度介入印刷文化的一面。Bussotti, "Images of Women"; Carlitz, "The Social Uses of Female Virtue." 因为书籍是物质的东西，商人参与出版文化也可以理解为一种他们与物品的互动。

种能力已达到了一个非同寻常的高度。"① 规模巨大且装饰奢华的贞节牌坊是为了公开展示（public display）而设计建造的。② 因此，分析这些贞节牌坊丰富的政治文化意义及其复杂的建造过程，可以为探索商人的意图提供一条独特的途径。我认为，商人建造贞节牌坊既服务于实际问题，又体现了一种炫耀性消费（conspicuous consumption）。通过建造这些纪念性建筑物，商业精英第一追求的目标是即便他们本人不在家乡，也能维持家族的和谐与繁荣。第二是这些牌坊使其建造者能够在徽州当地社会体现和发挥他们的领导地位。虽然他们的动机来自个人意图，商人仍然通过在家乡建造牌坊以颂扬和推崇女性贞节，从而客观上推进了朝廷的教化工程。

商人对女性德行进行鼓励和奖赏的执着植根于徽州特定的社会背景。在这一背景下，清廷对贞节崇尚的推广与徽州盐商的自身利益相吻合。由于盐商在远离家乡的地方做生意，妇女持家的角色变得尤为重要。③ 安东篱认为，商人有必要"为他们的妇女培养一种坚贞不渝的文化，这既是为了让他们自己安心，也是为了徽州社会的良好秩序"。这一社会经济因素使得徽州出版商特别热衷于刊刻女性忠贞题材的著作。④ 出于同一原因，徽州商人致力于建造贞节牌坊，将

---

① Bruce Trigger, "Monumental Architecture: A Thermodynamic Explanation of Symbolic Behavior, "*World Archaeology* 22, no. 2(1990): 125.

② 牌坊的唯一实际功能是作为村庄的地标。

③ 关于徽州妇女的经济活动及她们参与公共事务的详细研究，见阿风《明清时代妇女的地位与权利——以明清契约文书、诉讼档案为中心》，社会科学文献出版社，2009。

④ Finnane, *Speaking of Yangzhou*, 231.

其作为一种不同而互补的方式来推崇其妻子或母亲的美德。一些牌坊的题名确实颂扬了这些妇女为维护家庭和谐与繁荣所做出的努力。例如，为纪念鲍文渊的妻子吴氏而1787年建于棠樾的牌坊上刻着"脉存一线"四个字，意为"维护家族唯一的血脉"。这一名称强调了吴氏为抚养家中独子和维护家族声誉所做的努力。棠樾另一座建于1767年的牌坊上刻着"立节完孤"和"矢贞全孝"二句。这座牌坊指明了节妇在家中的另一个主要职责——照顾她的姻亲。除了这些牌坊铭文，获得牌坊旌表的节妇的传记也强调了她们对男方家庭的忠贞。前文所引的方氏的故事详述了她如何尽职尽责地赡养公婆直至他们去世，以及抚养儿子直到他成婚。因此，贞节牌坊时刻提醒人们注意女性德行，更重要的是，它们以一种醒目的方式提醒人们，当家中的男性成员旅居在徽州之外时，妇女有能力维护家庭的和谐。

文字记录也证实了商人通过奖励女性德行来维持家庭秩序的愿望。许多商人邀请文人为他们的妻子或母亲撰写传记。这些通常保存在作者本人的文集或商人族谱中的作品强调了这些妇女的德行。例如，在棠樾鲍氏的支谱中，总商鲍志道的妻子汪四德因其料理自家和宗族中其他女性的家事而受到褒扬。正如传记中所解释的：

> 公业盐扬州，家事无巨细，一由夫人指画部署。而自奉甚薄，食不兼味。以平时省啬所积置田百亩，取租分给宣忠派群妇，名其田曰节俭户。[1]

---

① 鲍琮编《棠樾鲍氏宣忠堂支谱》卷十，第9页上。

汪四德的持家能力与其对宗族的忠诚确实值得称赞，但正如我们所见，她是因丈夫鲍志道远在扬州而被认为是更加值得敬佩的。鉴于这一家谱是由鲍志道和他的儿子资助的，鲍志道一家可能想向公众展示其家中勤勉女性的德行。这将实现双重目的，一来对外展示了他家的德行，二来有助于在他和其他男性家庭成员不在徽州的情况下维持家庭稳定。[①]因此，通过建造牌坊，这些商人基于其女性家庭成员对家庭和宗族的贡献，将她们奉为徽州当地社会的道德模范。最终，商人在家乡推广这种由朝廷倡导的贞节崇拜，一方面有助于提高他们在当地的地位，另一方面也适应他们的旅居生活方式——至少这些牌坊建造者是这么希望的。

除了这种切实的考量，建造牌坊也是一项公开表演。牌坊的可见度植根于其物质特性和建造过程，这使得富商能够以一种公开且持久的方式展示其象征资本（symbolic capital）和经济特权。牌坊的物理特征，即其宏伟的形制和精美的雕刻增强了它的可见度。大多数牌坊尺寸宏大。在歙县现存的贞节牌坊中，最高的一座高 13 米、宽 10.4 米。即便是最小的一座也高 4.7 米、宽 2.9 米，它很可能比 20 世纪以前县

---

① 鲍氏家族对女性成员的赞美只是众多赞扬商人家庭中勤劳妻子或慈爱母亲传记中的一个例子。宋汉理（Harriet Zurndorfer）认为，明代精英普遍认为：“徽州女性特别勤俭节约……这些妇女也以她们的贞节而闻名。” Harriet T. Zurndorfer, "The Hsin-an Ta-tsu Chih and the Development of Chinese Gentry Society, 800 – 1600," *T'oung Pao* 67, no. 3 – 5 (1981): 198. 要了解更多盛清时期的案例，可参阅商人江春之妻罗氏的传记。沈大成：《罗夫人传》，《学福斋集》，《续修四库全书》第 1428 册，卷十九，第 13 ~ 16 页。

里修建的许多其他建筑要高。在土地利用方面，在歙县，这些石牌坊通常建在开阔的田地上，周围没有高楼。这一环境使牌坊显得格外雄伟。牌坊也被用作地理标志，被放置在进入或穿过村庄的主路上。换言之，村民每天都在石牌坊底下或附近走过（图5-1）。

石牌坊的复杂建造过程也引起了平民的注意。整个工程往往持续几个月。盛清时期居住在歙县的普通农民，无论男女，都可能多次目睹富商竖起牌坊的过程，并见证了各个建造阶段。建坊的最后几个步骤是最困难也是最关键的，因为它们决定了立坊是否成功。在石匠抬起柱子和横梁的那天，牌坊赞助者需要雇用额外的工人来帮忙。由于商人有意利用这一仪式来展现权力并提高家族声望，因此不难想象牌坊建造者会邀请远近村民来观看和庆祝贞节牌坊的完工。事实上，正如一幅19世纪的画作所示，包括特权文人和贫穷平民在内的许多人聚集在一起，共同见证了这一事件（图5-4）。①

由于所有的牌坊建设工程都需要皇帝的批准，所以竖立一座贞节牌坊也展示了朝廷的青睐。作为象征资本的一种形式，立坊自然为获得旌表的家庭带来声望。② 的确，旌表制度旨在通过公共展示来培养美德，这个过程的巅峰便是获得帝国旌表的那一刻。著名作家吴敬梓在其知名讽刺小说《儒林外史》中生动地描述了文人精英和盐商是如何以隆重而奢华的方式来庆祝家中节妇荣获旌表的。这些节妇得

---

① 吴友如：《吴友如画宝》第十二集，1929，第15页上。

② 有关象征性展示，见 Mary Backus Rankin and Joseph W. Esherick, "Concluding Remarks," in *Chinese Local Elites and Patterns of Dominance*, eds. by Joseph W. Esherick and Mary Backus Rankin, 326.

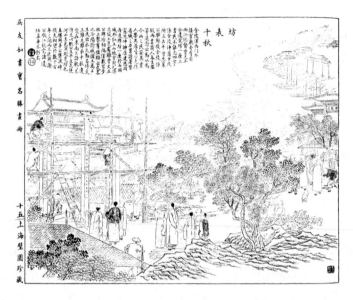

图 5 - 4　题为"坊表千秋"的牌坊建设

资料来源：吴友如《吴友如画宝》第十二集，第 15 页上。

到了朝廷的许可，可在当地的贞节祠中放置她们的牌位，
"入祠"那刻是整个旌表仪式的焦点。在这部小说中，一
位品阶较低的文人为庆祝其母入祠，打算邀请全宗族"共
有一百四五十人"的"绅衿"前来观礼。同日，一位同样
是母亲入祠的盐商出资办了一场包括戏曲表演和豪华酒席
的盛大仪式。于是"四乡八镇几十里路的人"都赶来参与
这一盛事。① 吴敬梓的故事讽刺了人们对贫穷文人和富有商
人的态度，但他的描述还强调了一个事实：不论是文人精英

----

① 吴敬梓：《儒林外史》，陈美林点校，浙江古籍出版社，1993，第 253 ~
259 页。

还是富商都十分清楚获得旌表是一个公共事件。

牌坊的外观明确展示并强调了朝廷授予的荣誉。每座贞节牌坊的中上部——通常位于坊顶的正下方——是一块刻有皇帝书写的"圣旨"二字并饰有龙雕的石板。左右两侧的石板上刻有参与申请过程的所有官员的姓名和官衔。这些人员包括官僚体系最底层的本县教谕，也包括一些职位更高的官员，比如任职宫中的礼部尚书。这份记录详细列出了相关人员的官衔和品级，表明朝廷已核实了该节妇的事迹，并基于此授予旌表。

如前所述，清廷支持、盐商希望展示的美德包括女性忠贞。这些忠实的母亲、妻子和儿媳的德行不仅有助于商人维持家庭秩序，还可以用来提高家庭声誉。此外，通过承担烦琐而昂贵的牌坊建设过程，商人不仅履行了孝子的义务，同时还宣传了他们自己的孝道善行。尽管现存的牌坊相关材料没有具体提及这一意图，但有关商人在潭渡修建女祠的文献明确指出，盐商黄以正渴望纪念其母，以报"母氏之恩"。①

商人将节妇美德作为朝廷授予的象征资本加以展示，这一现象本身也是清廷模糊的男性奖励制度的产物。对于商人而言，通过女性旌表而获得建造牌坊的资格要比通过男性容易得多。建于歙县的两种主要男性牌坊不是纪念为朝廷效劳的进士，就是纪念其他的精英义行。申请这两类帝国旌表既困难又复杂。在 18 世纪的江南，人口的激增使得进士数量

① 吴玉廉：《香火缭绕中的规范与记忆：徽州地区女祠堂研究》，《女学学志：妇女与性别研究》2004 年第 18 期。黄以正是本书第一章中介绍的总商黄履暹的父亲。女祠的建设体现了黄以正对其母亲的情感依恋，而这种情感依恋是修建牌坊的一个重要原因。

在总人口中的占比大幅降低,考取进士的难度变得更大了。①
尽管一些总商设法获得了"义行"的旌表,但这些是更为特
殊的个例。由于这两种男性旌表都缺乏一套既定标准,因此
每位候选人的评估都以个案为基础。相比之下,朝廷为旌表
节妇设立了明确而统一的标准。在这个背景下,性别张力
(gender dynamic)成为引导商人家庭选择的重要因素。

除了象征资本,这些商人还通过牌坊宏大的规模和持久
的物质特性来展示他们的经济实力。从搜寻石料到最后将横
梁置于柱子之上,赞助牌坊的商人要管理一个包含钱财、材
料、人力和技能等各项因素的复杂过程。如前所述,并非每
个家庭都能负担建造牌坊的费用。然而,正是立坊这一奢侈
性消费行为为富有盐商提供了机会。他们甚至建造了带有精
美雕刻的巨型牌坊,从而突出地展示了他们在这些纪念性建
筑物上花费的钱财。同时,这种经济实力本身也是盐商与朝
廷之间关系的产物。如本书第一章所示,徽州盐商之所以能
够通过盐业积累财富,主要是其根植于盐业专卖政策的特
权。因此,这些牌坊不仅彰显了帝国赐予的荣誉,还象征着
朝廷与这些商人精英之间的经济和政治联系。

徽州当地人想必也是欢迎商人展示其优越的经济地位的。
即便是如今的村民也对这些石头的价值和质量有所认识。例
如,潭渡村老人黄继珍虽然不知道茶园青这个名称,但她清
楚地告诉我,白砂岩不如青石好,因为青石"光光的"。她抱
怨道,如今潭渡村仅存的一座牌坊是用白砂岩建造的,相较

---

① 有关科举制度和社会流动的讨论,见 Ho, *The Ladder of Success*, 168 -
194.

于其他牌坊来说是最差的。她声称所有由青石制成的好牌坊都已被拆除。歙县的村民可能并不清楚石头的具体产地，但他们非常清楚石头是否来自歙县——用黄继珍的话来说，石头是不是"本地的"。在他们看来，外来的石头更加珍贵而值钱，哪怕只是因为它们需要被长途运输而来。①

当地平民对石头质量的评估能力源自他们与这些石料的日常互动。当我在许村考察时，一位路过的豆腐师傅告诉我，制作豆腐时用青滑石是最好的。他解释道，这是因为这种石头不仅足够光滑，可以研磨豆子，更重要的是，它在加工过程中始终保持低温。他进一步指出，也有用花岗岩制作豆腐的，但他自己不喜欢用，因为花岗岩本身太容易蓄热了。潭渡村的黄继珍也告诉我，村民用青石做豆腐，也就是用来建造牌坊的那种石头。然而说到磨刀几乎每家都用的是红砂岩，因为这种砂岩相对较软。当地人甚至给它起了个绰号，称它为猪肝石。牌坊用的石料也被用来建造村庄的基础设施，如桥梁和道路。这样一来，人们与这些公共事物的日常关联加深了他们对石料的了解。我们因此可以合理地假设，相比于与我交谈的当代人，在工具和技术远不如今日发达的 18 世纪，石头甚至更加深入地根植于平民的日常生活。基于当地人对石牌坊材料特性的了解，他们也应对立坊所涉及的费用有所了解。

综上所述，这些富有盐商旨在通过建造贞节牌坊在当地社会实现自己的意图。他们想要培养一种贞节文化，以便他

---

① 黄继珍出生于 1933 年，一生都生活在潭渡村。2010 年 8 月 29 日，我在潭渡村采访了她。

们在外经商时还能维持自家的和谐与徽州的社会秩序。同时，这些牌坊也为商人提供了一个理想的公共媒介，以宣传其道德名声与商业财富，而这两者都表明了他们与清廷之间的联系。毫无疑问，当地居民以他们自己的方式与这些贞节牌坊互动。他们可能领悟到也可能没有领悟到这些牌坊本应传达的道德教化。① 然而，从牌坊建造者的角度来讲，这些纪念性建筑物为他们提供了一个强有力的场所来强化他们的威望，从而使他们在当地社会的主导地位正当化。由此，这些牌坊成了盐商权力最公开的物质体现形式之一。

* * *

本章聚焦于贞节牌坊这一特定类型的纪念性建筑物，分析徽州盐商在 18 世纪徽州当地参与清廷教化工程的方式。石牌坊本质上就是一种公开展示的形式。它提供了一个将女性忠贞的意识形态传递到帝国各类不同人群并让他们感知的渠道。清帝有意识地利用牌坊将其道德教化思想传播到整个帝国。在清帝看来，这些贞节牌坊有助于向他的臣民灌输儒家道德思想，并提高他们对统治权威的接受度，同时有助于维护他作为统治者的合法性。

清廷推崇女性贞节的决心，以及他们试图通过公开展示来宣扬道德的策略，为徽州盐商提供了参与这一帝国教化工程的机会。这些富商凭借财力和管理才能承担繁复、琐碎、

---

① 有关当地居民对贞节牌坊反应的讨论，见 Wu, "'Let People See and Be Moved,'" 148 – 162.

昂贵的立坊过程，在盛清时期竖立起无数的贞节牌坊，以纪念家中女眷的德行。资助这些牌坊的建设使这些商人能够提升自己的声誉，展示他们的财富，并使他们在当地社会的主导地位正当化。鉴于牌坊本身就是商人参与盐业专卖制度的产物，是朝廷与商人之间的另一种联系形式，这种特殊的纪念性建筑物正以物的方式展现清廷与徽州盐商之间紧密的经济和政治联系。

结语 "通人"：盛清时期的物、商人与清廷

　　（沈大成）既长，足踪半天下，尽交海内通人巨儒，其学无所不究。自天文、算数、乐律、图谱、六书、七音以及山经地志、浮屠老子之书、皇潜壬遁之奥，穷千秋之绝业而津逮焉。①

　　　　　　　　　　　　　　——江春《学福斋集》序

　　康熙雍正间，扬城醰商中有三通人，皆有名园。其一在南河下，即康山，为江鹤亭方伯所居。其园最晚出，而最有名。乾隆间翠华临幸，亲御丹毫……一时筋宴之盛，与汪蛟门之百尺梧桐阁、马半槎之小玲珑山馆，后先媲美，鼎峙而三……汪、马、江三公皆醰商，而汪马二公又皆应词科……至小玲珑山馆……玲珑石即太湖石。不加追琢，备透、绉、瘦三字之奇……开四库

---

① 　江春为《学福斋集》所作的序言，见沈大成《学福斋集》，第1页上～1页下。

馆时，马氏藏书甲一郡，以献书多，遂拜《图书集成》
之赐。①

——梁章钜《浪迹丛谈》

19世纪中叶，学者兼官员梁章钜寻访了扬州多处名胜古
迹。他在探究一些著名园林背后的历史时提到，江春、汪懋
麟和马曰璐三位盐商在盛清时期被认为是"通人"。江春和
马曰璐是徽州总商，而汪懋麟出身盐商世家。② 梁章钜没有
具体说明"通人"一词的意思，但他用这个词的时候明显考
虑到了这些商人都拥有园林的事实。尽管如此，梁章钜所提
出的这个特征无疑反映了一些值得关注的问题。这些园林是
能表现园主能动性的实体场所，园林内还放置了各种展现园
主品味和技能的物品，所以它们直接体现了商人作为"通
人"的特征。

商人通过园林所展示的各种技艺，正反映了他们政治、
经济和文化影响力的扩大，以及他们在18世纪扬州所扮演
的多重角色。建造这类园林的成本反映了他们在盐业生意上

---

① 梁章钜：《浪迹丛谈》，中华书局，1981，第21～22页。梁章钜出身于
文人家庭，接受儒家经典教育，1802年进士，并被选为翰林学士，
1846～1847年创作了这些杂记。关于梁章钜的传记，见 *ECCP*，499–
500.

② 汪懋麟家族在扬州经营盐业，但他本人在康熙六年成为进士。《两淮盐
法志》，1806，卷四十六，第9页下。汪懋麟将他的女儿嫁给了程文
正，后者康熙三十年成为进士。程文正出身于总商家庭，他的祖父是
程量人，程畹的长兄。程文正的父亲程之龢"嗣为商总二十年"。程
文正之子程梦星康熙五十一年中了进士并成为扬州的著名学者。程之
龢和程文正的传记，见《两淮盐法志》，1806，卷四十四，第9页；卷
四十六，第14页下～15页上。

的成功。此外，江春的园林既是文人墨客进行文学创作的上佳场所，同时是乾隆帝南巡时偏爱的去处。马曰璐的花园自豪地陈列着举世无双的太湖石和闻名全国的图书收藏。因此，这些商人应该配得上"通人"这个称号。实际上，如开篇引文所示，盐商江春本人在为其友人沈大成的文集所作序中也使用了"通人"一词。① 在这篇序中，他将沈大成描述为"通人巨儒"之友——这无异于是在宣布他本人就是该群体的一员。简而言之，江春对以沈大成为代表的通人的钦佩是显而易见的。对他来说，沈大成的学问"无所不究"，其涉猎领域精深广博。②

徽州盐商本人和那些指称他们的人对"通人"一词的使用，突出了这些商人在盛清时期的中国业已改变的社会地位——这正是本书的一个主题。正如该词所表明的，这些商人并没有被描绘成一群努力模仿文人行为的新贵；相反，他们以"通人"的身份出现，这些通人以在广泛的领域展现知识和技能以及卓越的管理能力而著称。正如梁章钜所指出的，这些特征是通过商人所拥有和展示的物品和财产来得到认可的。也正是通过这些物，这些盐商与皇帝和朝廷建立起了广泛的联系——这些现象进一步突显了这些盐商的新

---

① 沈大成被卢见曾聘为幕友，卢见曾曾 1737~1738 年和 1753~1762 年担任两淮盐运使。在此期间，沈为卢编写了《国朝山左诗钞》一书。*EC-CP*，357.

② 除了"通人"，"通儒"一词也被使用。胡明辉对"通儒"的用法和丰富的内涵做了较为深入的论述。他将"通儒"翻译为"博学的学者"。根据他的研究，这一术语被用来描述某些 18 世纪的中国知识分子，他们"认识到了人文主义视野和技术方法论对于理解经典世界同等重要"。Hu Minghui, *China's Transition to Modernity: The New Classical Vision of Dai Zhen*(Seattle: University of Washington Press, 2015), 21.

位置和新角色。通过考察盐商与其周围的物之间的动态关系，我认为这些盐商不仅在国家收入中发挥了重要作用，同时扩大了他们在 18 世纪中国政治、文化和商业领域的影响。

商人与其物

通过追溯江南市场上的商品、文人书桌上的印章、嵌在徽州祠堂墙上的石碑、高耸乡野的石牌坊等一系列物的生命史，本书追溯了徽州盐商与他们周边之物间的重要关系。这些商人所接触的物为他们在盛清社会中构建人际网络、宣扬社会地位、塑造身份认同奠定了必不可少的基础。通过这些物，这些商人在盛清中国流转变化的物质世界中扮演了多重角色。从皇帝的非正式代理人到品味的引领者，从宗族赞助人到道德倡导者，本书对这些角色的细致研究揭示了盐商在 18 世纪作为政治和社会媒介的角色。

徽州盐商进献朝廷的贵重物品揭示了盐商在正式官僚体制之外对朝廷提供的新服务。这些盐商人脉广泛、管理能力出众、财力雄厚，是生产和采购江南上等御用之物的理想人选。乾隆帝承认这些商人的能力和资源，并让他们与他的包衣密切合作，不仅管理利润丰厚的盐业，也在江南准备和安排各种精致的物品。徽州盐商由此成了乾隆帝的非正式代理人。

为了更好地管理乾隆帝想要的物品，以及为乾隆帝南巡提供场所，这些徽州盐商积极参与奢侈品消费。许多商人在他们的宅院中使用和展示贵重物品，并不惜为古董、艺术品和书籍的私人收藏投入大量资源。因为他们熟知朝廷在特定之物方面的好恶。这些商人能够在朝廷与江南市场中间起到沟通风格和品味的媒介作用。在"京式"或"上贡"之物在江南中心城市受到推崇的背景下，这些商人与皇帝所爱之物间的互动，使他们成为当地奢侈品消费的风向标，而这让他们将自己成功置于时尚和品味的最前沿。

除了在江南城市环境中的新角色，这些商人还扩大了他们在徽州偏远家乡的影响力。在这里，商人扮演了宗族赞助人的角色。总商鲍志道一家资助优质族谱的制作，修建装饰华美的祠堂，向家乡棠樾捐置义田。细致考察鲍氏商人所投资的实物，尤其是石刻、书法、拓片、绘画等对贫困的宗族成员没有经济贡献的物品，我们就会发现鲍氏商人赞助活动的性质其实是炫耀性消费。通过不断地将他们在江南城市通过商业积累起来的财富转移到家乡，鲍氏商人不仅改善了宗族的基础设施以帮助经济困难的成员，还在徽州农村以儒家道德规范认可的形式进行了奢侈性消费。

商人的此类行为也以纪念性建筑物的形式展现。盐商在徽州出资兴建的大量贞节牌坊赋予了他们清廷拥护者的身份。清帝旨在通过让不识字的民众与这些纪念性建设物进行日常互动，从而向他们灌输儒家道德，使他们能够"观感"牌坊所彰显的德行。许多徽州盐商在建设过程中克服重重困难才最终竖立了牌坊。建造这些牌坊也满足了商人的多重目的。他们试图提升自己的声誉，展示自己的财富和能力，使其在当地社会的主导地位和权力正当化，并且还能纪念他们敬爱的女性家族成员。然而，无论他们的意图如何，最终牌坊的建成或多或少服务于朝廷的政治意图。有鉴于此，盐商加强了这种中央政府与地方社会之间的沟通模式，他们帮助并代表皇权将意识形态传递给了当地民众。

阶层谈判的研究范式

商人在盛清社会所扮演的多重角色让我们重新思考阶层谈判的研究范式，这一范式将商人的行为阐释为对文人生活方式的模仿。例如，根据这种范式，商人对艺术或古董的热爱通常被解释为他们希望通过使用与学者相同的消费品来将自己标记为"士"。这种研究范式为中国帝制晚期复杂的士商关系提供了有力的解释，而这一关系也的确随着商业力量渗透到社会生活的方方面面而变得越发纠葛。一些商人也确实效仿了文人精英的行为，其目的是获得文化资本和赢得社会尊重，至少在那些精英眼中是这样的。

然而，本书的发现突显了这种范式的局限性。正如本书引言中所提出的，我们应该在盛清时期的特定历史背景下探索徽州盐商的目标和动机，并且应该在他们与其他社会群体的特定关系中考察他们的目标和动机。通过细致分析这些商人处理物的方式，本书呈现了商人更复杂的生命经验。不同于商人常被讥讽成"渴望成为士的人"的刻板形象，这些富有的商人实际是具有各种丰富意图的个体。

在本书呈现的诸多案例中，商人对某些物品的喜爱和热情远比阶层谈判研究范式所能提供的简单阐释要复杂得多。一位富有的总商热衷于造园、收藏贵重物品，不只是想照搬江南文人的生活方式。事实上，他在这些方面的兴趣和努力也可能是为了更好地为朝廷搜寻贡物和接待乾隆帝的来访。在办理这些差事的过程中，商人不得不用最新的时尚来装饰他们的花园或收集最好的物品以取悦和打动皇帝。也就是说，我们可以从商人为朝廷服务和取悦皇帝的实际目标来理解商人的行为。

　　详细考察徽州盐商与其藏品之间的关系，也让我们对商人收藏的动机提出另一种解释。通过分析盐商汪启淑对其藏印的叙述、积累、整理和展出，本书认为汪启淑正是通过与其印章收藏相关的不同元素——包括藏印的意义、印章的大小和展示形式——来构建他作为一位"收藏家"的身份认同。在 18 世纪的历史背景下，当收藏家成为一种社会类别、收藏被视为一种有价值的专业知识时，我们可将这些富有盐商痴迷收藏的行为理解为他们在努力树立作为收藏家的自我形象，即一种他们可以以此定义自己，并且可以被社会识别和记忆的身份。

经世时代的实用技能

　　审视盐商的各种角色以及他们扮演这些角色的不同动机的新视角也揭示了一个重要的社会现象，即乾隆时期商人的实践和商业技能的正当性日益提高。不仅商人对自己的角色越来越有安全感和自信心，文人也更加尊重商人的才能。这一新现象使我们能够考察徽州盐商的地位变化，并为我们理解实学在经世时代 18 世纪中国的影响提供了新的视角。

　　强调实用知识和技能的"经世"话语在 18 世纪盛行。17 世纪至 18 世纪中叶，许多学者参与讨论实学，提倡实用性。提倡实学使越来越多的文人开始欣赏盐商的管理能力和实践能力。越来越多的士人精英开始为总商或其家人撰写传记。这些传记常将商人描述为参与官府"公事"，尤其是"盐务"，以"干力"或"干才"成为官员的"左右手"。^① 士人愿意明确指出而不是回避这些家族的商业活动和商业背景这一事实表明，盐商的行政能力使其商人地位正当化。^② 不仅如此，如本书第四章所讨论的，与鲍家有往来的文人精英频频谈及总商的位置，以及盐业收入在国家经济中的重要性。这些精英对鲍氏商人经营盐业和协助管理盐业专卖的能力表现出了认可甚至钦佩。

文人精英不仅看重商人协助政务的能力，更佩服这些商人踏踏实实做事的能力。学者江藩曾作诗赞颂鲍志道在家乡建设慈孝堂的德行。

> 俗儒尚空谈，慈孝为口实。君子贵躬行，敦伦即儒术。^③

此处，江藩明确指出，鲍志道是真的"君子"，因为他"躬行"儒家之事。更有意思的是，江藩将"俗儒"作为盐商鲍志道的对立面提出。因为鲍志道是在践行儒家之事，江藩特意将之与只空谈道德而不践行的"俗儒"区分开来。也

---

① 例如，金兆燕曾用这些词来赞美唐氏的丈夫、总商汪黂堂。金兆燕在为江圣一之女所写的传记中也用"干才"来形容总商江圣一的能力。金兆燕：《汪夫人传》《汪母江恭人传》，《棕亭古文钞》，《续修四库全书》第1442册，卷三，第9~11、11页下~13页下。沈大成用"干力"来形容另一名盐商罗抡。沈大成：《方孺人传》，《学福斋集》卷十九，第10~12页。

② 学者不仅肯定了盐商的经营能力，而且还强调了商人妻子的实干能力。他们赞扬了妇女无论是在家庭用度还是在协助丈夫办差时所表现的卓越的会计和经济管理能力。沈大成：《罗夫人传》《方孺人传》，《学福斋集》卷十九，第13~16页上、10~12页。

③ 鲍友恪编《鲍氏诵先录》上编，卷四，第22页下。

就是说，江藩因为鲍志道弘扬儒家道德的实际行动而认可鲍志道为真正的君子。

这种对盐商实践技能——他们知道如何做事且能踏实做事——的认可和欣赏使盐商在社会上获得了正当性。徽州盐商也有意识地标榜自己的实践技能和知识。如前所述，盐商江春对如其友人沈大成一般掌握了各种知识和技能的通人巨儒表示钦佩。在这篇序中，江春还明确表达了对某些类型文人的排斥。正如江春所言：

> 士往往以俗学自蔽其能，竭毕生之精力攻诗古文辞。无旁骛，无兼营，无是非荣辱之见介于其中。斯可谓豪杰之士矣。①

在这段话中，江春直截了当地批判了那些一心只顾"俗学"（意指作诗和研究古文）的文人。在江春看来，这些文人不配享有因杰出的才能、智慧和勇气而获得的盛誉。和江藩一样，江春也用"俗"这个字来形容目光狭隘的学问和空谈，暗示这些文人没能躬身践行他们口中所宣扬的那些价值观。

在江春的序言中还出现了另外两个重要的现象。第一，序通常由知名学者撰写，并且是应邀撰写的。但在这里，江春作为一名商人，受邀为一位文人写序。② 第二，江春大胆地表达了他对文人的看法，而这一话语几乎完全由文人精英主

---

① 江春为沈大成的《学福斋集》（第 1 页）所作的序。

② 明代以来，尽管商人写诗很普遍，但商人写文——尤其是作序——很少见。江春的确是沈大成十年以来的赞助人，他似乎也出版了沈大成的作品，但有学者邀请江春为他的文集写序这件事还是反映了他的声望。

导。文人常常谈论商人，而商人通过书写谈论文人则不常见。这两个新现象都指向徽州盐商在盛清时期的崛起。

18世纪，当学者开始注意到商人的实践知识和管理技能时，这些盐商为那些只追求无用学问和空谈的儒家学者提供了对立面。由此，在新的经世话语中，人们对商人的态度发生了转变。

跨区域的关系网

对徽州盐商生产和消费之物的关注，也让我们能够将这些盐商置于奢侈品的生产、消费、流通环节进行考察。这些物的流动，或者说它的社会生活史揭示了作为政治中心的北京、长江下游的大城市，与徽州盐商家乡三者间的跨区域联系。一方面，这些物本身是徽州盐商与包括清廷、文人精英、贸易商和收藏家、工匠和手工艺者等在内的不同群体关系的产物。另一方面，这些物也为这些富有的商业精英提供了一条扩大社会联系的渠道。

前人研究已广泛考察了徽州盐商的活动如何跨越江南中心城市及其家乡的边界，但当我们考虑奢侈品时，商人与朝廷的密切联系则尤为突出。[①] 商人不仅通过人员、资本、物品的流动促进了江南和徽州之间的交流，在这两地的活动还帮助他们建立和维护了与朝廷的关系。正如本书第二章所详

---

① 关于徽州盐商在江南和徽州活动的讨论，见王振忠《明清徽商与淮扬社会变迁》，三联出版社，1996；Finnane, *Speaking of Yangzhou*, 213 – 294；Du Yongtao, "Translocal Lineage and the Romance of Homeland Attachment: The Pans of Suzhou in Qing China," *Late Imperial China* 27, no. 1 (2006): 31 – 65.

细探讨的那样，徽州盐商通过在江南采购和生产各种供朝廷使用之物，与乾隆帝及其包衣建立了直接的联系。如本书第四章所示，鲍氏商人通过他们在重建家乡祠堂过程中产生的一系列实物，向朝廷官员征集诗文。这种与朝廷的关系所创造的特权使得盐商的社会地位正当化，并提升了他们作为一个社会群体的地位。

本书还强调了他们徽州家乡在构建跨区域关系网方面的重要性。徽州沐浴着盐商从江南中心城市带回来的财富，而家乡和徽州也为商人提供了宝贵的资源来推进他们的意图。更具体地说，徽州的自然资源、熟练的工匠和艺术生产的传统使其成为商人发散关系网的中心。①

徽州产出的得天独厚的自然资源在商人的礼物交换活动中发挥了重要的作用。一个典型的例子是鲍勋茂为了换取纪昀的文章而给纪昀的礼物或报酬是一块用徽州龙尾石制成的精美砚台。徽州的地理位置在这里便显得尤其重要。砚本身的经济和文化价值很大一部分来自它的稀有性和"地理上的分离"。② 作为徽州本地人，鲍氏商人要获得这种砚可能相对容易。更重要的是，鲍氏与这种砚台有着特殊的关系，因为它代表了他们来自的地方。因此，鲍氏商人选择家乡的"特产"作为礼物，既表达了对纪昀的诚意，又强调了他们与某个珍稀物品的联系。

鲍勋茂赠送给纪昀的砚台不仅因材质珍贵，更因制作精良而备受推崇。换句话说，工匠的技能也为砚台增加了重要的价

---

① 乔迅探讨了奢侈品与地理的关系，并揭示了徽州作为"偏远生产中心"的重要性。Hay, *Sensuous Surfaces*, 46.

② Hay, *Sensuous Surfaces*, 42, 46.

值。事实上，徽州工匠的才能和能力也促进了盐商的社交网络。本书第四章提到，歙县仇村黄氏一族以创作生动细腻的书籍插图而闻名。鲍氏商人利用他们家乡的这一资源请来了一位黄氏后裔，根据一本同样出自黄氏的晚明著名书籍插图雕刻了一块石刻。由此，鲍氏商人将黄家刻工的精湛雕刻技艺融入他们的宗族建设工程，重新创造了令人叹为观止的石雕。他们对石雕的重新创作引起了当时文人精英的关注，并帮助鲍氏维持和加强了与他们的关系。

丰富的艺术生产和私人收藏传统也使徽州成为盐商延展其关系网的中心。除了盛行于明末清初的著名黄山画派，徽州，尤其是歙县，也因出版业的蓬勃发展孕育了一批优秀的篆刻家。[1] 我们尚不清楚汪启淑对篆刻的痴迷是不是因为徽州的这种环境而形成的，即使这种可能性很大。但可以肯定的是，正是这种对篆刻的浓厚兴趣与长期实践在 18 世纪的徽州形成了一个篆刻圈。通过繁荣的徽州篆刻群，汪启淑能够从同时代篆刻家那里征集印章，并加强与同样痴迷于这一艺术的个人间的往来。因此，这些盐商通过在徽州故土的投资和生产某些物品，在盛清时期构建了一种动态、流动的城乡关系和中央与地方关系。

乾隆帝在江南的政治策略

朝廷与商人的关系也可以帮助我们理解乾隆帝在江南的

---

[1] 关于安徽画派的研究，见 James Cahill, ed. , *Shadows of Mt. Huang: Chinese Painting and Printing of the Anhui School*(Berkeley, CA: University Art Museum, 1981). 更多关于歙县篆刻家的信息，见 Bai Qianshen, *Fu Shan's World*, 56.

政治策略。正如清史研究者所说，乾隆帝有意任命他们的包衣担任江南的重要职位，从而将他的个人网络延伸到这一关键地区。本书展示了徽州盐商如何扮演了重要的媒介角色，从而帮助朝廷将其势力渗透到当地社会。

清朝的盐业专卖政策——任命皇帝自己的包衣为江南盐区的盐政并确立总商职位——创造了一个新的政治环境，通过这一政策，江南盐商与北京建立直接联系，即"为皇帝办差"。① 徽州盐商通过"办差"做出的贡献体现了商人与朝廷之间的动态关系，展示了乾隆朝廷为扩大其在江南社会的权力而建立的广泛网络。虽然乾隆帝业已通过任命亲信的包衣将他的个人关系网渗入江南，但是这些包衣的局限性也日渐显露。本书通过考察分配给这些包衣的具体任务，例如准备贡品和为编纂《四库全书》搜寻善本，揭示了这些包衣缺乏完成这些任务所需的有关当地的知识和人脉。因此，委托有能力获得这些资源的盐商来满足乾隆帝的要求是符合实际的明智之选。换句话说，乾隆帝利用商人克服了他个人关系网的局限性。从本质上来说，包衣是散布于全国、代表朝廷影响力的节点，而盐商是连接他们的线，两相合一，加强并完成了一张功能齐备的关系网，而朝廷可以利用这张网来延伸其势力范围。

乾隆帝不仅将这些商人作为代理人，更重要的是，还将他们作为自己人际网络的组成部分。这些汉人盐商不是通过科举选拔出来的官僚机构的一部分。事实上，乾隆帝

---

① 袁枚为江春写的传记就是最好的例子。袁枚：《诰封光禄大夫奉宸苑卿江公墓志铭》，《小仓山房文集》卷三十二，王英志主编《袁枚全集》（2），第 576 ~ 577 页。

承认商人的非官方身份，并称他们为"未登仕版之人"。① 然而，商人通过执行朝廷政策、协助盐业、安排皇帝南巡等完成了清廷的种种任务。② 为了表彰这些商人的服务，乾隆帝慷慨地赏赐他们官衔。在多个例子中，由于这些商人协助备办南巡，其中一些盐商便被赏赐奉宸苑卿的头衔，而奉宸苑是内务府三院之一，是管理皇家围场和园林的官方机构。③ 奉宸苑卿指主管这一机构的官职。④ 当然，这头衔应该是朝廷授予的虚衔，没有任何界定清晰的权力。但它属于内务府，也就是内廷的一部分，而不是由外朝官僚组成的正式官僚系统的一部分。乾隆帝为这些盐商授予内务府的职位说明其有意将这些商界精英收为自己的私人代理人。

清帝将商人纳入自己的关系网，标志着清朝与明朝在政治和社会意义上的区别。⑤ 盐商为朝廷服务表明了清廷将非官方商人纳入其政治秩序的意图。清廷利用这些商人的能力和人脉来弥补正式国家官僚机构和皇帝个人关系网的不足。朝廷的这一策略与白彬菊（Beatrice S. Bartlett）描述的雍正

---

① 高晋等编《南巡盛典》卷六十九，第 8 页上。

② 这些总商在多大程度上参与了盐业专卖政策还不完全清楚。虽然盐商可能不是决策者，但史料显示，盐商向盐政提出经营建议是很常见的。与此同时，富有的总商家族突然衰落的例子也很多，这表明这些商人和他们的生意是脆弱的。他们在与朝廷打交道时必须小心行事，朝廷可能在顷刻之间对他们施以雷霆。

③ 这个称号的授予对象是已获得三品官衔的商人。高晋等编《南巡盛典》卷六十九，第 8 页上。

④ 对奉宸苑的描述记录于"内务府"一节，赵尔巽等：《清史稿》卷一百一十八，第 3435 ~ 3438 页。也见 Hucker, *A Dictionary*, 212.

⑤ 何炳棣提到了乾隆帝与朱元璋、朱棣在对待富商时不同甚至截然相反的方式，声称"这反映了朝廷对待富商态度的根本转变"。Ho, *The Ladder of Success*, 83.

朝内廷中那些可以"在行政法规之外"发挥作用的政治实体有相似之处。[1] 江南盐商为清帝提供了一种类似的"法外动力"，使清廷能在江南有效管理盐业并保障盐业收入，同时为朝廷谋取利益。

这种朝商关系也体现了清统治者的君主专制观念，其特点是加强皇权和帝国权威。清帝作为出自少数族群的统治者，将自己置于"比传统儒家强调君主在礼制中中心地位的观念更为中心的位置"。[2] 这些汉人盐商作为他的包衣在当地的助手，有效地扩大了乾隆帝在地方的非官方关系网和增强了控制。因此，盐商的任命突显了乾隆帝扩大朝廷权力的愿望。

最后，这种朝商关系揭示了清统治者灵活的政治策略。[3] 中国历史上从来不乏政府利用盐商的例子，因为商业往来的税收一直是能够帮助一个刚刚起步的朝代站稳脚跟的重要资源。[4] 清朝初期，当一些后来被带入帝国利益集团的江南

---

[1]　Beatrice S. Bartlett, *Monarchs and Ministers: The Grand Council in Mid-Ch'ing China, 1723 – 1820*(Berkeley: University of California Press, 1991) , 6.

[2]　Madeleine Zelin, *The Magistrate's Tael: Rationalizing Fiscal Reform in Eighteenth-Century Ch'ing China* (Berkeley: University of California Press, 1984) , xiv.

[3]　对清统治者文化和政治策略的总结，见 Evelyn S. Rawski, "The Qing Formation and the Early-Modern Period, "in *The Qing Formation in World-Historical Time*, ed. by Lynn Struve (Cambridge, MA: Harvard University Press, 2004) , 226 – 235.

[4]　关于唐朝的一个例子，见 Mark Lewis, *China's Cosmopolitan Empire: The Tang Dynasty*(Cambridge, MA: Belknap Press, 2012) , 83. 安东篱引用 S. N. 艾森斯塔德（S. N. Eisenstadt）的理论来解释政府对商人的依赖。根据这一理论，商人是"自由流动的"，比作为"嵌入资源"的地主更容易被招募。Finnane, *Speaking of Yangzhou*, 120.

汉人精英仍在抵抗新政权时，清廷已与渴望重新开展业务的商人结盟。于是，盐商对官府的依赖创造了清统治者可以利用的优势。盛清时期，徽州盐商的资源——包括他们对乾隆帝军事活动的经济贡献、他们在江南地方社会的广泛社交网，以及他们的盐业管理能力——都使得与这些商人的合作成了清代政治议程中重要且必要的组成部分。

商人、清廷和商业革命

除了朝廷的政治策略，徽州盐商与物的故事也揭示了乾隆帝的政策、商人和物之间的动态关系。本书中的案例揭示了乾隆帝有意利用实物来执行他的政策。通过某些物品的生产、采购、流通和展示，乾隆帝有意无意地将自己的影响扩展到当地社会的经济和文化领域，这包括江南腹地和徽州的偏远乡下。由徽州盐商作为媒介，盛清时期的朝廷与地方社会的互动显著增加，而这推进了我们对明清商业革命的理解。

物在清朝政治文化中占有重要地位。乾隆帝下令将全国的所有书籍都收集起来以建立自己的图书馆。与此同时，他一边将自己描绘成一个了解汉人文化且有教养的统治者，另一边却在书籍生产的问题上表现出专横的一面。乾隆帝对江南精美陈设的热衷不仅是他个人品味的呈现，也体现了他对收藏和使用由帝国顶级工匠所制之物的渴望。清帝还利用纪念性建筑物来推进其道德教化和统治，而这又是通过一种物实现的。例如，贞节牌坊是清帝对其教化工程实体化的媒介，用以向当地居民传达关于等级秩序和道德体系的信息。也就是说，清帝策略性地运用特定之物所包含的政治和文化含义来实现他们的政治意图。[1]

朝廷的影响力也通过这些物品扩展到了江南的奢侈品市场。乾隆帝对朝贡制度的恢复，以及他对江南珍品的热衷，使得长江下游地区的奢侈品大量流入京城，其规模是史无前例的。这些物的大规模流动反过来又引领了"京味"的新风尚。正如 18 世纪名画《姑苏繁华图》所表现的那样，一些商铺甚至将他们的商品标榜为"京式"或"上贡"以吸引顾客。[2] 换句话说，乾隆帝在江南获得和制作物品的需求促进了朝廷与当地社会之间关于时尚和工艺的流通。

江南盐商通过备办宫廷所用之物促进了这种"京式"的传播。他们可以从朝廷甚至是皇帝本人那里获得详细的指示，以正确地进行生产。此外，乾隆帝对贡物的拒绝和接受让他们清楚地知道如何选择最符合皇帝标准的物品。当商人在扬州修建迎合乾隆帝品味的园林时，或是收集作

---

[1] 一些学者已经谈及物品、技术与清代政治的关系问题。例如，柯娇燕讨论了多宝阁是如何体现乾隆帝的"普遍主权"（universal sovereignty）思想的。Crossley, *A Translucent Mirror*, 38. 薛凤（Dagmar Schäfer）等学者描述了朝廷在实用知识传播和流通方面的重要作用。Dagmar Schäfer, ed., *Cultures of Knowledge: Technology in Chinese History*（Leiden: Brill, 2012）；《宫廷与地方：十七至十八世纪的技术交流》。乔迅对康熙时期朝廷的文化权威进行了有启发性的探讨。Jonathan Hay, "The Diachronics of Early Qing Visual and Material Culture," in *The Qing Formation in World-Historical Time*, ed. by Lynn A. Struve（Cambridge, MA: Harvard University Press, 2004）, 303 – 334.

[2] 数位先驱学者已说明乾隆帝是如何将自己的品味融入江南的。郭福祥：《乾隆帝与苏州玉器雕刻》，《故宫档案》2010 年第 6 期；赖惠敏：《寡人好货：乾隆帝与姑苏繁华》，《中央研究院近代史研究所集刊》第 50 期，2005 年；赖惠敏：《苏州的东洋货与市民生活》，《中央研究院近代史研究所集刊》第 63 期，2009 年。

为潜在贡物的珍品时，他们能够得体地回应朝廷权威人士的品味。他们使用和收藏的物品展示了宫廷所青睐的风格，他们的这些活动最终在江南城市中传播了"京式"。尽管盐商的行为和朝廷的活动相结合促进了物品的流动，这种结合也有助于产生深受朝廷影响的当地品味。①

朝廷还将其影响扩展到了乡村。许多清史学者已经论证了北京的中央政府如何使用不同的方法来控制其广阔领土上的地方社会，以加强和确保其统治的正当性。本书通过聚焦旅居在外的盐商在徽州家乡的所作所为，展示了这些商人如何帮助清廷将其影响——特别是在意识形态和象征性领域中的影响——扩展到清帝国偏远的徽州乡村。商人获得的经济和政治资本使他们能够在家乡的宗族事务中发挥主导作用。例如，棠樾鲍志道一家在家乡重建祠堂、捐献义田、编纂族谱。许多商人还出资建造了昂贵的石牌坊，帮助徽州赢得了支持和培养贞节寡妇的声誉。在这种情况下，商人的赞助使朝廷在当地社会的存在具象化。祠堂内的碑刻和田间竖立的石牌坊不仅记录了朝廷赐予商人的荣誉，也记录了他们通过盐业专卖制度积累起来的经济、政治特权。时至今日，这些物仍会让当地人想起徽商往日的荣华。商人——尤其是总商——作为连接朝廷与徽州的媒介，甚至在方志中也得到了认可和关注。乾隆年间，新编的《歙县志》首次创设了

---

① 我无意宣称所有的江南精英都接受清廷的品味。事实上，学术精英对这些新潮流有不同的反应。一些文人对商人的豪华住宅和珍贵收藏表示赞赏，而另一些直言不讳的知名学者则批评商人的消费是奢侈或堕落的。为了充分探究这些紧张关系，我们需要对这些冲突及当地品味和时尚趋势进行更深入的分析。

"殊恩"这一新的类别，专门用于罗列徽州总商所获的嘉奖。①

清廷在江南和徽州的影响不断增强——其影响部分来自其使用物品的策略——使我们重新思考明清商业革命的叙事。研究中国帝制晚期的历史学者强调了从明朝到清朝的多种重大转变，包括宫廷政治、帝国建设、民族、性别关系和城市化等议题。② 所谓的第二次商业革命发生于 16 世纪中叶至 18 世纪末，其标志是经济的快速增长、市场体系的扩张，以及奢侈品消费的兴起。一些学者已经注意到从晚明到盛清时期消费文化的差异和转变。③ 本书认为，盛清的商业增长和社会机会受到了新的政治现实的密切影响。新政权的过渡过程为徽州盐商提供了新的机遇和策略，改变了他们的人

---

① 乾隆《歙县志》卷十，《中国方志丛书（华中地方）》第 232 号，成文出版社 1975 年影印本，第 2 页上～5 页下。自盛清以来，《徽州府志》《歙县志》就经常记载总商受到朝廷的礼遇。道光《徽州府志》卷十之二，《中国方志丛书（华中地方）》第 235 号，成文出版社 1975 年影印本，第 23～24 页；卷十二之五，第 23～24、35～36、52～56 页。有别于以往的方志，许承尧还突出了歙县八位总商的影响力和特权。民国《歙县志》卷一，《中国地方志集成·安徽府县志》第 51 册，第 6 页。

② 最近的学术研究重新审视了王朝传统的重要性和明清之间的差异。正如本书引言中所讨论的，学者已经证明了清廷的政治策略与明朝的不同。学者也重新审视了从明到清的经济和文化转型。例如，在对明代城市化的分析中，费丝言认为："明末城市化所引发的制度和文化实践总是带有鲜明的朝代特征。" Fei Si-yen, *Negotiating Urban Space: Urbanization and Late Ming Nanjing* (Cambridge, MA: Harvard University Press, 2010) , 252.

③ 柯律格提到了学者从 16 世纪到 18 世纪对奢侈品消费态度的转变。Clunas, *Superfluous Things*, 168－173. 乔迅在他的文章中强调了康熙帝对瓷器生产的影响，见 Hay, "The Diachronics." 巫仁恕探讨了晚明与盛清消费文化之间的"断裂"。巫仁恕：《明清消费文化的新取径与新问题》，《新史学》第 12 期，2006 年。

生。本书提供的证据表明，商人的奢侈品消费活动在清朝与晚明有所不同。随着崛起的徽州盐商开始更积极地参与江南的奢侈品消费文化，商人开始影响甚至建立当时的品味和时尚潮流。因此，盐商的经历说明，商业力量对文化和社会现象所施加的影响在晚明和盛清是不同的。因此，本书也启发我们对消费模式和清代政治文化的理解。

在 18 世纪，实物在社会生活的许多方面发挥了重要作用。物所扮演的有趣角色不仅激发了历史学者探究人们在特定地区的生活形态，也让学者探索跨越地理和文化界限的联系。本书对徽州盐商与物之间互动的考察，展现了一群商人在盛清这一特定历史和空间背景下的经历。通过研究实物本身和关于实物的丰富材料，本书为读者提供了一条审视这些富有商人复杂生活经历的渠道。这些商人最终成了有文化底蕴且见多识广的"通人"，在 18 世纪中国的经济、社会和文化世界中发挥了至关重要的作用。他们的生活经历也说明了中国历史上满与汉、中央与地方、人与物之间的动态关系。

参考文献

史料

鲍琮编《棠樾鲍氏宣忠堂支谱》，1805，中国人民大学图书馆藏。

鲍光纯编《棠樾鲍氏三族宗谱》，1760，上海图书馆藏。

鲍树民、鲍雷编《坊林集》，安徽文艺出版社，2008。

鲍廷博编《知不足斋丛书》，兴中书局，1964。

鲍友恪编《鲍氏诵先录》，1936，中国国家图书馆藏。

曹文埴：《石鼓砚斋文钞》，1800，中国国家图书馆藏。

程启东编《新安槐塘程氏显承堂重续宗谱》，1673，上海图书馆藏。

程文桂编《新安岑山渡程氏支谱》，1741，中国国家图书馆藏。

《大明会典》，万历本，《续修四库全书》第789～792册，上海古籍出版社，2002。

道光《徽州府志》，《中国方志丛书（华中地方）》第235号，成文出版社1975年影印本。

东方学会编《国史列传》，周骏富编《清代传记丛刊》第

35～37 册，明文书局，1985。

法式善：《存素堂诗初集录存》，《续修四库全书》第 1476 册，上海古籍出版社，2002。

方以智：《物理小识》，《景印文渊阁四库全书》第 867 册，台湾商务印书馆，1983。

冯武：《书法正传》，《景印文渊阁四库全书》第 826 册，台湾商务印书馆，1983。

高晋等编《南巡盛典》，新兴书局 1989 年影印本。

高士奇：《江村销夏录》，《景印文渊阁四库全书》第 826 册，台湾商务印书馆，1983。

耿文光：《万卷精华楼藏书记》，黑龙江人民出版社，1992。

《宫中档乾隆朝奏折》，台北"故宫博物院"，1982。

宫中进单，中国第一历史档案馆藏。

洪亮吉：《洪亮吉集》，刘德权点校，中华书局，2001。

洪业远编《桂林洪氏宗谱》，1923，私人藏书。

黄臣槐编《潭渡孝里黄氏族谱》，1731，上海图书馆藏。

黄崇惺：《草心楼读画集》，光绪本，黄宾虹、邓实编《中华美术丛书》，北京古籍出版社，1998。

黄开簇编《虬川黄氏重修宗谱》，1832，北京大学图书馆藏。

黄元豹、黄景琯编《潭渡黄氏族谱》，雍正本，黄山博物馆藏。

纪昀：《纪晓岚诗文集》，江苏广陵古籍刻印所，1997。

纪昀：《阅微草堂砚谱》，河间纪氏阅微草堂，1916，斯坦福大学图书馆藏。

纪昀、永瑢等：《钦定四库全书总目》，《景印文渊阁四库全书》第 1～5 册，台湾商务印书馆，1983。

姜宸英：《湛园集》，《景印文渊阁四库全书》第 1323 册，台湾商务印书馆，1983。

江春、江昉：《新安二江先生集》，1804，中国国家图书馆藏。

金兆燕：《棕亭古文钞》，《续修四库全书》第 1442 册，上海古籍出版社 2002 年影印本。

军机处录副奏折，中国第一历史档案馆藏。

康熙《徽州府志》，《中国方志丛书（华中地方）》第 237 号，成文出版社 1975 年影印本。

李斗：《扬州画舫录》，汪北平、涂雨公点校，中华书局，2004。

李光映：《金石文考略》，《景印文渊阁四库全书》第 684 册，台湾商务印书馆，1983。

李煦：《李煦奏折》，中华书局，1976。

梁章钜：《浪迹丛谈》，中华书局，1981。

《两淮盐法志》，1806。

《两淮盐法志》，光绪本，《续修四库全书》第 842～845 册，上海古籍出版社，2002。

《两浙盐法志》，同治本，《续修四库全书》第 841～842 册，上海古籍出版社，2002。

刘大观：《玉磬山房诗集》，《清代诗文集汇编》第 438 册，上海古籍出版社，2010。

毛奇龄：《西河集》，《景印文渊阁四库全书》第 1320～1321 册，台湾商务印书馆，1983。

民国《歙县志》，《中国地方志集成·安徽府县志》第 51 册，江苏古籍出版社 1998 影印本。

闵尔昌编《碑传集补》，文海出版社，1973。

《明清名人尺牍墨宝》第二集，西泠印社出版社 2011 年影印本。

内务府奏折，中国第一历史档案馆藏。

钱泳：《履园丛话》，张伟点校，中华书局，2006。

秦国经等编《清代官员履历档案全编》，华东师范大学出版社，1997。

秦祖永：《七家印跋》，黄宾虹、邓实编《美术丛书》第 2 辑第 3 册，北京古籍出版社，1998。

《钦定大清会典则例》，乾隆本，《景印文渊阁四库全书》第 622 册，台湾商务印书馆，1983。

《钦定古今图书集成》，中华书局 1934 年影印本。

《钦定石渠宝笈》，《景印文渊阁四库全书》第 824～825 册，台湾商务印书馆，1983。

《钦定天禄琳琅书目》，《景印文渊阁四库全书》第 675 册，台湾商务印书馆，1983。

《钦定西清古鉴》，《景印文渊阁四库全书》第 841～842 册，台湾商务印书馆，1983。

《清实录》，中华书局 1986 年影印本。

清高宗：《御制文集》二集，《景印文渊阁四库全书》第 1301 册，台湾商务印书馆，1983。

《清国史》，中华书局 1993 年影印本。

《清宫内务府造办处档案总汇》，人民出版社，2005。

阮元：《淮海英灵集》，《续修四库全书》第 1682 册，上海古籍出版社，2002。

沈大成：《学福斋集》，《续修四库全书》第 1428 册，上海古籍出版社，2002。

沈季友编《槜李诗系》，《景印文渊阁四库全书》第 1475
册，台湾商务印书馆，1983。

沈叔挺：《颐彩堂文集》，《续修四库全书》第 1458 册，上
海古籍出版社，2002。

孙承泽：《庚子销夏记》，《景印文渊阁四库全书》第 826 册，
台湾商务印书馆，1983。

万历《续修严州府志》，书目文献出版社 1991 年影印本。

汪洪度：《新安女史征》，1706，上海图书馆藏。

汪家鼎：《飞鸿遗迹》，奉天萃文斋书店，1937，加州大学伯
克利分校东亚图书馆藏。

汪珂玉：《珊瑚网》，《景印文渊阁四库全书》第 818 册，台
湾商务印书馆，1983。

汪启淑编《飞鸿堂印人传》，重印为《续印人传》，周栎园
等：《明清印人传》，博雅斋，1977。

汪启淑：《水曹清暇录》，杨辉君点校，北京古籍出版社，1998。

汪启淑编《安拙窝印寄》，1789。

汪启淑编《春晖堂印始》，1749，加州大学伯克利分校东亚
图书馆藏。

汪启淑编《方竹屋印草》。

汪启淑编《飞鸿堂初稿》，《讱葊诗存》，《续修四库全书》
第 1446 册，上海古籍出版社，2002。

汪启淑编《飞鸿堂墨谱》，《续修四库全书》第 1113 册，上
海古籍出版社，2002。

汪启淑编《飞鸿堂秦汉印存》，1760。

汪启淑编《飞鸿堂印谱》，乾隆本，灵石山房 1912～1930 年
影印本。

汪启淑编《古铜印丛》，1766。

汪启淑编《汉铜印丛》，1935 年影印本。

汪启淑编《汉铜印原》，1769。

汪启淑编《悔堂印外》，1788。

汪启淑编《集古印存》，汪绍增编《讱庵集古印存》，1804，加州大学伯克利分校东亚图书馆藏。

汪启淑编《静乐居印娱》，1778。

汪启淑编《锦囊印林》，1754。

汪启淑编《秋室印萃》，1756，上海图书馆藏。

汪启淑编《秋室印剩》，1785。

汪启淑编《讱庵集古印存》，1760。

汪启淑编《退斋印类》，1767。

汪启淑编《啸云楼集印》，上海图书馆藏。

汪启淑编《撷芳集》，1785，北京大学图书馆藏。

汪启淑编《袖珍印赏》，1771。

汪廷讷：《人镜阳秋》，1600。

汪琬：《尧峰文钞》，《景印文渊阁四库全书》第 1315 册，台湾商务印书馆，1983。

王佩智编著《西泠印社摩崖石刻》，西泠印社出版社，2007。

王芑孙：《惕甫未定稿》，《续修四库全书》第 1481 册，上海古籍出版社，2002。

王世贞：《弇州四部稿》，《景印文渊阁四库全书》第 1279 ~ 1281 册，台湾商务印书馆，1983。

王世贞：《弇州四部续稿》，《景印文渊阁四库全书》第 1282 ~ 1284 册，台湾商务印书馆，1983。

王英志主编《袁枚全集》，江苏古籍出版社，1993。

吴敬梓：《儒林外史》，陈美林点校，浙江古籍出版社，1993。

吴宽：《家藏集》，《景印文渊阁四库全书》第 1255 册，台湾商务印书馆，1983。

吴其贞：《书画记》，辽宁教育出版社，2000。

吴锡麟：《有正味斋骈体文笺注》，锦章图书局 1931 年影印本。

吴友如：《吴友如画宝》，1929，哈佛－燕京图书馆藏。

吴炽昌：《客窗闲话》，《续修四库全书》第 1263 册，上海古籍出版社，2002。

吴焯：《渚陆鸿飞集》，1924，上海图书馆藏。

许承尧：《歙事闲谭》，李明回等校点，黄山书社，2001。

《砚山斋杂记》，《景印文渊阁四库全书》第 872 册，台湾商务印书馆，1983。

叶昌炽：《藏书纪事诗》，上海古籍出版社，1989。

雍正《山西通志》，《景印文渊阁四库全书》第 542～550 册，台湾商务印书馆，1983。

袁枚：《随园诗话》，顾学颉点校，人民文学出版社，1982。

《袁枚全集》，江苏古籍出版社，1993。

乾隆《歙县志》，《中国方志丛书（华中地方）》第 232 号，成文出版社 1975 年影印本。

赵尔巽等：《清史稿》，中华书局，1977。

中国第一历史档案馆编《纂修四库全书档案》，上海古籍出版社，1997。

朱批奏折，中国第一历史档案馆藏。

朱彝尊：《曝书亭记》，《景印文渊阁四库全书》第 1317～1318 册，台湾商务印书馆，1983。

著作

阿风：《明清时代妇女的地位与权利——以明清契约文书、诉讼档案为中心》，社会科学文献出版社，2009。

陈锋：《清代盐政与盐税》，中州古籍出版社，1988。

陈振濂编著《中国印谱史图典》，西泠印社出版社，2011。

程极悦、程硕：《徽派古建筑：徜徉古建博物馆》，黄山书社，2011。

费丝言：《由典范到规范：从明代贞节烈女的辨识与流传看贞节观念的严格化》，台湾大学出版委员会，1998。

傅崇兰：《中国运河城市发展史》，四川人民出版社，1985。

故宫博物院、柏林马普学会科学史所编《宫廷与地方：十七至十八世纪的技术交流》，紫禁城出版社，2010。

黄爱平：《四库全书纂修研究》，中国人民大学出版社，1989。

黄尝铭：《篆刻年历》，真味书屋出版社，2001。

黄裳：《前尘梦影新录》，齐鲁书社，1989。

罗来平：《徽州文化古村：呈坎》，天马出版有限公司，2006。

倪玉平：《博弈与均衡：清代两淮盐政改革》，福建人民出版社，2006。

潘谷西等编《中国古代建筑史》第4册，中国建筑工业出版社，2001。

祁美琴：《清代内务府》，中国人民大学出版社，1998。

邱源媛：《找寻京郊旗人社会：口述与文献双重视角下的城市边缘群体》，北京出版社，2014。

宋子龙、晋元靠：《徽州牌坊艺术》，安徽美术出版社，1993。

王振忠：《明清徽商与淮扬社会变迁》，三联书店，1996。

巫仁恕：《品味奢华：晚明的消费社会与士大夫》，中华书局，2008。

徐泓：《清代两淮盐场的研究》，嘉新文化基金会，1972。

余英时：《中国近世宗教伦理与商人精神》，安徽教育出版社，2001。

张长虹：《品鉴与经营：明末清初徽商艺术赞助研究》，北京大学出版社，2010。

张海鹏、王廷元编《徽商研究》，安徽人民出版社，1995。

张秀民：《中国印刷史》，浙江古籍出版社，2006。

郑岩、汪悦进：《庵上坊：口述，文字和图像》，三联书店，2008。

Ago, Renata. *Gusto for Things: A History of Objects in Seventeenth-Century Rome.* Translated by Paula Findlen. Chicago: University of Chicago Press, 2013.

Bai Qianshen. *Fu Shan's World: The Transformation of Chinese Calligraphy in the Seventeenth Century.* Cambridge, MA: Harvard University Press, 2003.

Bartlett, Beatrice S. *Monarchs and Ministers: The Grand Council in Mid-Ch'ing China, 1723 – 1820.* Berkeley: University of California Press, 1991.

Berliner, Nancy. *Yin Yu Tang: The Architecture and Daily Life of a Chinese House.* Boston: Tuttle, 2003.

Berliner, Nancy, Mark Elliott, Liu Chang, YuanHongqi, and Henry Tzu Ng. *The Emperor's Private Treasures from the Forbidden City.* New Haven, CT: Yale University Press, 2010.

Birge, Bettine. *Women, Property, and Confucian Reaction in Sung and Yuan China(960 – 1368)*. Cambridge: Cambridge University Press, 2002.

Bossler, Beverly. *Courtesans, Concubines, and the Cult of Female Fidelity: Gender and Social Change in China, 1000 – 1400*. Cambridge, MA: Harvard University Press, 2013.

Bourdieu, Pierre. *Outline of a Theory of Practice*. Cambridge: Cambridge University Press, 1977.

Bray, Francesca. *Technology and Gender: Fabrics of Power in Late Imperial China*. Berkeley: University of California Press, 1997.

Brook, Timothy. *The Confusions of Pleasure: Commerce and Culture in Ming China*. Berkeley: University of California Press, 1998.

Brook, Timothy. *Vermeer's Hat: The Seventeenth Century and the Dawn of the Global World*. London: Bloomsbury, 2008.

Cahill, James. ed. *Shadows of Mt. Huang: Chinese Painting and Printing of the Anhui School*. Berkeley, CA: University Art Museum, 1981.

Chang, Michael G. *A Court on Horseback: Imperial Touring and the Construction of Qing Rule, 1680 – 1785*. Cambridge, MA: Harvard University Press, 2007.

Clunas, Craig. *Chinese Furniture*. London: Bamboo, 1988.

Clunas, Craig. *Superfluous Things: Material Culture and Social Status in Early Modern China*. Urbana: University of Illinois Press, 1991.

Crossley, Pamela. *A Translucent Mirror: History and Identity in Qing Imperial Ideology*. Berkeley: University of California

Press, 1999.

Ebrey, Patricia. *Accumulating Culture: The Collections of Emperor Huizong*. Seattle: University of Washington Press, 2008.

Ebrey, Patricia. *Cambridge Illustrated History of China*, 2nd ed. New York: Cambridge University Press, 2010.

Ebrey, Patricia, and James Watson, eds. *Kinship Organization in Late Imperial China, 1000 – 1940*. Berkeley: University of California Press, 1987.

Egan, Ronald. *The Problem of Beauty: Aesthetic Thought and Pursuits in Northern Song Dynasty China*. Cambridge, MA: Harvard University Press, 2006.

Elliott, Mark C. *Emperor Qianlong: Son of Heaven, Man of the World*. New York: Longman, 2009.

Elliott, Mark C. *The Manchu Way: The Eight Banners and Ethnic Identity in Late Imperial China*. Stanford, CA: Stanford University Press, 2001.

Elman, Benjamin. *From Philosophy to Philology: Intellectual and Social Aspects of Change in Late Imperial China*. Cambridge, MA: Harvard University Press, 1984.

Esherick, Joseph W. , and Mary Backus Rankin, eds. *Chinese Local Elites and Patterns of Dominance*. Berkeley: University of California Press, 1990.

Fei Si-yen. *Negotiating Urban Space: Urbanization and Late Ming Nanjing*. Cambridge, MA: Harvard University Press, 2010.

Findlen, Paula. *Possessing Nature, Museums, Collecting, and Scientific Culture in Early Modern Italy*. Berkeley: University of California Press, 1994.

Finnane, Antonia. *Speaking of Yangzhou: A Chinese City, 1550 – 1850*. Cambridge, MA: Harvard University Asia Center, 2004.

Frank, Caroline. *Objectifying China, Imagining America: Chinese Commodities in Early America*. Chicago: University of Chicago Press, 2011.

Guo Qitao. *Ritual Opera and Mercantile Lineage: The Confucian Transformation of Popular Culture in Late Imperial Huizhou*. Stanford, CA: Stanford University Press, 2005.

Guy, Kent R. *The Emperor's Four Treasuries: Scholars and the State in the Late Ch'ien-lung Era*. Cambridge, MA: Harvard University Press, 1987.

Hay, Jonathan. *Sensuous Surfaces: The Decorative Object in Early Modern China*. Honolulu: University of Hawai'i Press, 2010.

Hay, Jonathan. *Shitao: Painting and Modernity in Early Qing China*. Cambridge: Cambridge University Press, 2001.

Ho Ping-ti. *The Ladder of Success in Imperial China: Aspects of Social Mobility, 1368 – 1911*. New York: Columbia University Press, 1962.

Hsü, Ginger Cheng-chi. *A Bushel of Pearls: Painting for Sale in Eighteenth-Century Yangchow*. Stanford, CA: Stanford University Press, 2001.

HuMinghui. *China's Transition to Modernity: The New Classical Vision of Dai Zhen*. Seattle: University of Washington Press, 2015.

Hucker, Charles O. *A Dictionary of Official Titles in Imperial China*. Stanford, CA: Stanford University Press, 1985.

Kieschnick, John. *The Impact of Buddhism on Chinese Material Culture*. Princeton, NJ: Princeton University Press, 2003.

Ko, Dorothy. *Teachers of the Inner Chambers: Women and Culture in Seventeenth-Century China*. Stanford, CA: Stanford University Press, 1994.

Kuhn, Philip A. *Soulstealers: The Chinese Sorcery Scare of 1768*. Cambridge, MA: Harvard University Press, 1990.

Kuo, Jason Chi-sheng. *Word as Image: The Art of Chinese Seal Engraving*. New York: China Institute in America, 1993.

Lewis, Mark. *China's Cosmopolitan Empire: The Tang Dynasty*. Cambridge, MA: Belknap Press, 2012.

Li Chu-Tsing, and James C. Y. Watt, eds. *The Chinese Scholar's Studio: Artistic Life in the Late Ming Period: An Exhibition from the Shanghai Museum*. New York: Thames and Hudson, 1987.

Mann, Susan. *Local Merchants and the Chinese Bureaucracy, 1750 – 1950*. Stanford, CA: Stanford University Press, 1987.

Mann, Susan. *Precious Records: Women in China's Long Eighteenth Century*. Stanford, CA: Stanford University Press, 1997.

Mann, Susan. *The Talented Women of the Zhang Family*. Berkeley: University of California Press, 2007.

Martin, Ann Smart. *Buying into the World of Goods: Early Consumers in Backcountry Virginia*. Baltimore, MD: Johns Hopkins University Press, 2008.

McDermott, Joseph P. *The Making of a New Rural Order in South China: Volume 1: Village, Land, and Lineage in Huizhou, 900 – 1600*. Cambridge: Cambridge University Press, 2014.

Meyer-Fong, Tobie. Building Culture in Early Qing Yangzhou. Stanford, CA: Stanford University Press, 2003.

Rawski, Evelyn S. *The Last Emperors: A Social History of Qing Imperial Institutions*. Berkeley: University of California Press, 1998.

Rowe, William. *China's Last Empire: The Great Qing*. Cambridge, MA: Belknap Press, 2009.

Rowe, William. *Saving the World: Chen Hongmou and Elite Consciousness in Eighteenth-Century China*. Stanford, CA: Stanford University Press, 2001.

Schäfer, Dagmar, ed. *Cultures of Knowledge: Technology in Chinese History*. Leiden, Netherlands: Brill, 2012.

Sommer, Matthew. *Sex, Law, and Society in Late Imperial China*. Stanford, CA: Stanford University Press, 2000.

Spence, Jonathan D. *Ts'aoYin and the K'ang-hsi Emperor: Bon-dservant and Master*. New Haven, CT: Yale University Press, 1988.

Starr, Kenneth. *Black Tigers: A Grammar of Chinese Rubbings*. Seattle: University of Washington Press, 2008.

Szonyi, Michael. *Practicing Kinship: Lineage and Descent in Late Imperial China*. Stanford, CA: Stanford University Press, 2002.

Theiss, Janet M. *Disgraceful Matters: The Politics of Chastity in Eighteenth-Century China*. Berkeley: University of California Press, 2004.

Thorp, Robert, and Richard EllisVinograd, eds. *Chinese Art and Culture*. New York: Prentice Hall, 2001.

Torbert, Preston M. *The Ch'ing Imperial Household Department: A Study of Its Organization and Principal Functions, 1662 –*

1796. Cambridge, MA: Harvard University Press, 1977.

Wakeman, Frederic. *The Great Enterprise: The Manchu Reconstruction of Imperial Order in Seventeenth-Century China.* Berk-eeley: University of California Press, 1985.

Wu Hung. *The Wu Liang Shrine: The Ideology of Early Chinese Pictorial Art.* Stanford, CA: Stanford University Press, 1989.

Zeitlin, Judith. *Historian of the Strange: Pu Songling and the Chinese Classical Tale.* Stanford, CA: Stanford University Press, 1993.

Zelin, Madeleine. *The Magistrate's Tael: Rationalizing Fiscal Reform in Eighteenth-Century Ch'ing China.* Berkeley: University of California Press, 1984.

论文

卞利：《徽州的牌坊》，《寻根》2003 年第 1 期。

卜永坚：《清初歙县槐堂程氏的文化建构》，《史林》2004 年第 5 期。

陈国栋：《内务府官员的外派、外任与乾隆宫廷文物供给之间的关系》，《台湾大学美术史研究集刊》第 33 期，2012 年。

陈国栋：《清代内务府包衣三旗人员的分类及其旗下组织》，《食货》1982 年第 9 期。

陈瑞：《明代徽州家谱的编修及其内容与体例的发展》，《安徽史学》2000 年第 4 期。

定宜庄：《满族士大夫群体的产生与发展：以清代内务府完颜世家为例》，《商鸿逵先生百年诞辰纪念专集》，中国广播电视出版社，2006。

董建中:《从进贡、抄家看乾隆朝清宫书画的收藏》,《明清宫廷史学术研讨会论文集》,紫禁城出版社,2011。

董建中:《清乾隆朝王公大臣官员进贡问题初探》,《清史研究》1996 年第 1 期。

范金民:《明代徽州盐商盛于两淮的时间与原因》,《安徽史学》2004 年第 3 期。

范金民:《清代苏州城市文化的繁荣写照——姑苏繁华图》,熊月之、熊秉真主编《明清以来江南社会与文化论集》,上海社会科学院出版社,2004。

郭福祥:《乾隆帝与苏州玉器雕刻》,《故宫学刊》2010 年第 6 期。

胡德生:《传统硬木家具的木材》,《故宫博物院院刊》1989 年第 2 期。

江庆柏:《乾隆朝浙江省向四库馆呈送图书的数目》,《历史档案》2009 年第 3 期。

赖惠敏:《寡人好货:乾隆帝与姑苏繁华》,《中央研究院近代史研究所集刊》第 50 期,2005 年。

赖惠敏:《清乾隆朝的盐商与皇室财政》,《明清档案与历史研究国际学术研讨会论文集》,新华出版社,2008。

赖惠敏:《苏州的东洋货与市民生活(1736—1795)》,《中央研究院近代史研究所集刊》第 63 期,2009 年。

李克毅:《清代的盐官与盐政》,《中国社会经济史研究》1990 年第 4 期。

李琳琦:《徽商与明清时期的木材贸易》,《清史研究》1996 年第 2 期。

李惠仪:《世变与玩物——略论清初文人的审美风尚》,《中国文哲研究集刊》第 33 期，2008 年。

林永匡、王熹：《清代盐商与皇室》，《史学月刊》1988 年第
　3 期。

刘金库：《明代项元汴和他的收藏世界（上）》，《荣宝斋：
　鉴赏与收藏》2010 年第 11 期。

刘金库：《明代项元汴和他的收藏世界（下）》，《荣宝斋：
　鉴赏与收藏》2011 年第 1 期。

刘淼：《徽商鲍志道及其家世考释》，《江淮论坛》1983 年第
　3 期。

明光：《从蒉湄园到九峰园：扬州盐商诗人汪玉枢父子考
　略》，《扬州大学学报》2010 年第 4 期。

沈慧兴：《〈飞鸿堂印谱〉简考》，《明清徽州篆刻学术研讨
　会论文集》，西泠印社出版社，2008。

王澈：《乾隆五十九年查办巴宁阿与盐商交结联宗案》，《历
　史档案》1994 年第 1 期。

王方中：《清代前期的盐法、盐商与盐业生产》，陈然等编
　《中国盐业史论丛》，中国社会科学出版社，1987。

王汉民：《"排当"考》，《湖南科技大学学报》2010 年第
　6 期。

王思治、金成基：《清代前期两淮盐商的盛衰》，《中国史研
　究》1981 年第 2 期。

王振忠：《淮南宴记小考》，《盐业史研究》1996 年第 2 期。

王振忠：《牌坊倒了？日出而作》，《读书》1999 年第 2 期。

王振忠：《清代两淮盐务首总制度研究》，《历史档案》1993
　年第 4 期。

王振忠：《歙县明清徽州盐商故里寻访记》，《盐业史研究》

1994 年第 2 期。

王振忠、赵力：《明清时代南京的徽商及其经营文化》，《浙江社会科学》2002 年第 4 期。

巫仁恕：《明清消费文化的新取径与新问题》，《新史学》第 12 期，2006 年。

吴玉廉：《香火缭绕中的规范与记忆：徽州地区女祠堂研究》，《女学学志：妇女与性别研究》第 18 期，2004 年。

吴展：《中国古代家谱印刷中的木活字应用》，《北京印刷学院学报》2006 年第 8 期。

吴兆清：《清代造办处的机构和匠役》，《历史档案》1991 年第 4 期。

徐启宪、周南泉：《〈大禹治水图〉玉山》，《故宫博物院院刊》1980 年第 4 期。

徐雁平：《花萼与芸香：钱塘汪氏振绮堂诗人群》，《汉学研究》2009 年第 4 期。

杨伯达：《从清宫旧藏十八世纪广东贡品管窥广东工艺的特点与地位》，《清代广东贡品》，故宫博物院，1987。

杨伯达：《元明清工艺美术总叙》，《故宫博物院院刊》1984 年第 4 期。

杨久谊：《清代盐专卖制之特点：一个制度面的剖析》，《中央研究院近代史研究所集刊》第 47 期，2005 年。

张淑贤：《扬州匠意：宁寿宫花园内檐装修》，故宫博物院、柏林马普学会科学史所编《宫廷与地方：十七至十八世纪的技术交流》，紫禁城出版社，2010。

张小也：《李卫与清代前期的盐政》，《历史档案》1993 年第 3 期。

赵华富：《歙县棠樾鲍氏宗族个案报告》，《江淮论坛》1993
年第 2 期。

郑志良：《论乾隆时期扬州盐商与昆曲的发展》，《北京大学
学报》2003 年第 6 期。

祝碧衡：《论明清徽商在浙江衢、严二府的活动》，《中国社
会经济史研究》2000 年第 3 期。

魏则能「貞節碑坊——安徽省徽州の貞節牌坊を中心に」
『多元文化』8、2008 年。

Appadurai, Arjun. "Introduction: Commodities and the Politics of
Value." In *The Social Life of Things: Commodities in Cultural
Perspective*, edited by Arjun Appadurai, 3 – 63. Cambridge:
Cambridge University Press, 1986.

Auslander, Leora. "Beyond Words." *American Historical Review*
110, no. 4(2005) : 1015 – 1045.

Bussotti, Michela. "Images of Women in Late-Ming Huizhou Edi-
tions Lienü zhuan." *Nan Nü: Men, Women and Gender* 17, no. 1
(2015) : 54 – 116.

Campbell, Duncan, Timothy Cronin, and Cindy Ho, trans. "Pas-
sage from Ouyang Xiu: *A Record of Collected Antiquity* (Jigu
Lu) . "*China Heritage Quarterly* 24(December 2010) .

Carlitz, Katherine. "The Social Uses of Female Virtue in Late
Ming Editions of Lielü Zhuan. " *Late Imperial China* 12, no. 2
(1991) : 117 – 148.

Crossley, Pamela. "The Rulerships of China. "*American Historical
Review* 97, no. 5(1992) : 1468 – 1483.

Du Yongtao. "Translocal Lineage and the Romance of Homeland

Attachment: The Pans of Suzhou in Qing China. "*Late Imperial China* 27, no. 1(2006) : 31 – 65.

Elliott, Mark C. "Manchu Widows and Ethnicity in Qing China. " *Comparative Studies in Society and History*(1999) : 33 – 71.

Elvin, Mark. "Female Virtue and the State in China. "*Past and Present* 104(1984) : 111 – 152.

Fairbank, John K. "Tributary Trade and China's Relations with the West. "*Far East Quarterly* 1, no. 2(1942) : 129 – 149.

Faure, David. "The Lineage as a Cultural Invention: The Case of the Pearl River Delta. "*Modern China* 15, no. 1(1989) : 4 – 36.

Fei Si-yen. "Writing for Justice: An Activist Beginning of the Cult of Female Chastity in Late Imperial China. " *Journal of Asian Studies* 71, no. 4(2012) : 991 – 1012.

Findlen, Paula. "Early Modern Things: Objects in Motion, 1500 – 1800, "in *Early Modern Things: Objects and Their Histories, 1500 – 1800*, ed. Paula Findlen, 3 – 27. New York: Routledge, 2013.

Fletcher, Joseph F. "Ch'ing Inner Asian, c. 1800. "In *The Cambridge History of China*, vol. 10, eds. Denis Twitchett and John K. Fairbank, 35 – 106. London: Cambridge University Press, 1978.

Fletcher, Joseph F. "On Future Trends in Ch'ing Studies—Three Views. "*Ch'ing-shih Wen-t'i* 4, no. 1(1979) : 105 – 106.

Gerritsen, Anne, and Riello, Giorgio. "Introduction: Writing Material Culture History. "In *Writing Material Culture History*, ed. Anne Gerritsen and Giorgio Riello, 1 – 13. London: Bloomsbury, 2015.

Gerritsen, Anne, and Riello, Giorgio. "Spaces of Global Interactions: The Material Landscapes of Global History. ” In *Writing Material Culture History*, ed. Anne Gerritsen and Giorgio Riello, 111 – 133. London: Bloomsbury, 2015.

Glahn, Richard Von. “The Enchantment of Wealth: The God Wutong in the Social History of Jiangnan. ”*Harvard Journal of Asiatic Studies* 51, no. 2(1991): 651 – 714.

Hay, Jonathan. “The Diachronics of Early Qing Visual and Material Culture. ”In *The Qing Formation in World-Historical Time*, ed. Lynn A. Struve, 303 – 334. Cambridge, MA: Harvard University Press, 2004.

Hillman, Ben. “Factions and Spoils: Examining Political Behavior within the Local State in China. ” *China Journal* 64 (July 2010): 1 – 18.

Ho Ping-ti. “The Salt Merchants of Yang-Chou: A Study of Commercial Capitalism in Eighteenth-Century China. ”*Harvard Journal of Asiatic Studies* 17, no. 1 – 2(1954): 130 – 168.

Hoskins, Janet. “Agency, Biography and Objects. ”In *Handbook of Material Culture*, eds. Chris Tilley, Webb Keane, Susanne Küchler, Mike Rowlands, and Patricia Spyer, 74 – 84. London: Sage, 2006.

Kahn, Harold. “A Matter of Taste: The Monumental and Exotic in the Qianlong Reign. ”In *The Elegant Brush: Chinese Painting under the Qianlong Emperor 1735 – 1795*, ed S. Ju-hsi Chou and Claudia Brown, 288 – 302. Phoenix, AZ: Phoenix Art Museum, 1985.

Kohara Hironobu. “The Qianlong Emperor's Skill in the Connoisseurship of Chinese Painting. "*Phoebus* 6, no. 1(1988) : 56 – 73.

Kopytoff, Igor. "The Cultural Biography of Things: Commoditization as Process. "In *The Social Life of Things: Commodities in Cultural Perspective*, ed. Arjun Appadurai, 64 – 91. Cambridge: Cambridge University Press, 1986.

Kuo, Jason Chi-sheng. "Huichou Merchants as Art Patrons in the Late Sixteenth and Early Seventeenth Centuries. "In *Artists and Patrons: Some Social and Economic Aspects of Chinese Painting*, ed. Li Chu-tsing, 177 – 188. Seattle: University of Washington Press, 1989.

LiWai-yee. "The Collector, The Connoisseur, and Late Ming Sensibility. " *T'oung Pao*, second series, vol. 81, fasc. 4/5 (1995) : 269 – 302.

Mann, Susan. "Widows in the Kinship, Class, and Community Structures of Qing Dynasty China. "*Journal of Asian Studies* 46, no. 1(1987) : 37 – 56.

Martin, Ann Smart. "Material Things and Cultural Meanings: Notes on the Study of Early American Material Culture, "*William and Mary Quarterly*, 3rd series, 53, no. 1(1996) : 5 – 12.

Martin, Ann Smart, and Garrison, J. Ritchie. "Shaping the Field: The Multidisciplinary Perspectives of Material Culture. "In *American Material Culture: The Shape of the Field*, eds. Ann Smart Martin and J. Ritchie Garrison, 1 – 20. Knoxville: University of Tennessee Press, 1997.

McDermott, Joseph P. "The Art of Making a Living in Sixteenth Century China. "*Kaikodo Journal* 5(1997) : 63 – 81.

McDermott, Joseph P. and Shiba Yoshinobu. "Economic Change in China, 960 – 1279. "in *The Cambridge History of China, vol. 5*, eds. John W. Chaffee and Denis Twitchett, 321 – 436. Cambridge: Cambridge University Press, 2015.

Meadow, Mark. "Merchants and Marvels: Hans Jacob Fugger and the Origins of theWunderkammer. " In *Merchants and Marvels: Commerce, Science, and Art in Early Modern Europe*, eds. Pamela Smith and Paula Findlen, 182 – 200. London: Routledge, 2001.

Meskill, Johanna. "The Chinese Genealogy as a Research Source. " In *Family and Kinship in Chinese Society*, ed. Maurice Freedman, 139 – 161. Stanford, CA: Stanford University Press, 1970.

Metzger, Thomas A. "The Organizational Capabilities of the Ch'ing State in the Field of Commerce: The Liang-Huai Salt Monopoly, 1740 – 1840. "In *Economic Organization in Chinese Society*, ed. William E. Willmott, 9 – 45. Stanf-ord, CA: Stanford University Press, 1972.

Meyer-Fong, Tobie. "Review of A Bushel of Pearls: Painting for Sale in Eighteenth-Century Yangchow. "*Harvard Journal of Asiatic Studies* 62, no. 2(2002) : 462 – 468.

Nathan, Andrew. "A Factionalism Model for CCP Politics. "*China Quarterly* 53(Jan. – Mar. , 1973) : 34 – 66.

Prown, Jules David. "Mind in Matter: An Introduction to Material Culture Theory and Method. " *Winterthur Portfolio* 17, no. 1 (1982) : 1 – 19.

Prown, Jules David. "The Truth of Material Culture: History or Fiction?" In *History from Things: Essays on Material Culture*, eds. Steven Lubar and W. David Kingery, 1 – 19. Wash-ington, DC: Smithsonian Institution Press, 1993.

Rawski, Evelyn S. "The Qing Formation and the Early-Modern Period. " In *The Qing Formation in World-Historical Time*, ed. Lynn A. Struve, 207 – 241. Cambridge, MA: Harvard University Press, 2004.

Rawski, Evelyn S. "Reenvisioning the Qing: The Significance of the Qing Period in Chinese History. " *Journal of Asian Studies* 55, no. 4(1996) : 829 – 850.

Smith, Joanna Handlin. " Gardens in Ch'i Piao-chia's Social World: Wealth and Values in Late Ming Kiangnan. " *Journal of Asian Studies* 51(1992) : 55 – 81.

Smith, Joanna Handlin. "Review of Superfluous Things: Material Culture and Social Status in Early Modern China. " *Journal of Asian Studies* 51(1992) : 885 – 887.

Smith, Joanna Handlin. "Social Hierarchy and Merchant Philanthropy as Perceived in Several Late-Ming and Early-Qing Texts. " *Journal of the Economic and Social History of the Orient* 41, no. 3(1998) : 417 – 451.

Son Suyoung. "Publishing as a Coterior Enterprise: Zhang Chao and the Making of Printed Texts in Early Qing China. " *Late Imperial China* 31, no. 1(2010) : 98 – 135.

Swann, Nancy Lee. "Seven Intimate Library Owners. " *Harvard Journal of Asiatic Studies* 1(1936) : 363 – 390.

Trigger, Bruce. "Monumental Architecture: A Thermodynamic Explanation of Symbolic Behaviour. " *World Archaeology* 22, no. 2

(1990) : 119 – 132.

Wakeman, Frederic. "High Ch'ing, 1683 – 1839. "In *Modern East Asia: Essays in Interpretation*, ed. James B. Cro-wley, 1 – 28. New York: Harcourt, Brace and World, 1970.

Waley-Cohen, Joanna. "The New Qing History. "*Radical History Review* 88(2004) : 193 – 206.

Watson, James. "Chinese Kinship Reconsidered: Anthropological Perspectives on Historical Research. "*China Quarterly* 92(1982) : 589 – 622.

Woodside, Alexander. "The Ch'ien-lung Reign. "In *The Cambridge History of China*, vol. 9, ed. John K. Fairbank, 230 – 309. Cambridge: Cambridge University Press, 1986.

Wu Hung. "On Rubbings: Their Materiality and Historicity. "In *Writing and Materiality in China*, eds. Judith T. Zeitlin, Lydia H. Liu, and Ellen Widmer, 29 – 72. Cambridge, MA: Harvard University Press, 2003.

Wu Yulian. "' Let People See and Be Moved' : Stone Arches and the Chastity Cult in Huizhou during the High Qing Era. "*Nan Nü: Men, Women and Gender* 17, no. 1(2015) : 117 – 163.

Wu Yulian. Tasteful Consumption: Huizhou Salt Merchants and Material Culture in Eighteenth-Century China. PhD diss. , University of California, Davis, 2012.

Xu Xiaoman. "Preserving the Bonds of Kin: Genealogy Masters and Genealogy Production in the Jiangsu-Zhejiang Area in the Qing and Republican Periods. "In *Printing and Book Culture in Late Imperial China*, eds. Cynthia Brokaw and Kai-wing Chow,

332 – 367. Berkeley: University of California Press, 2005.

Yang Boda. "The Glorious Age of Chinese Jades. "In *Jade*, ed. Roger Keverne, 128 – 187. New York: Lorenz Books, 1995.

Yang Jeou-yi. The Muddle of Salt: The State and Merchants in Late Imperial China, 1644 – 1911. PhD diss. , Harvard University, 1996.

Zeitlin, Judith. "The Cultural Biography of a Musical Instrument: Little Hulei as Sounding Object, Antique, Prop, and Relic. " *Harvard Journal of Asiatic Studies* 69, no. 2(2009): 395 – 441.

Zeitlin, Judith. "The Petrified Heart: Obsession in Chinese Literature. "*Late Imperial China* 12, no. 1(1991): 1 – 26.

Zhang, Cong Ellen. "To Be ' Erudite in Miscellaneous Knowledge' : A Study of Song(960 – 1279) Biji Writing. "*Asia Major*, third series, vol. 25, no. 2(2012): 43 – 77.

Zhang Ting. "' Penitence Silver' and the Politics of Punishment in the Qianlong Reign(1736 – 1796). "*Late Imperial China* 31, no. 2(2010): 34 – 68.

Zurndorfer, Harriet T. "The Hsin-an Ta-tsu Chih and the Development of Chinese Gentry Society 800 – 1600. "*T'oung Pao* 67, no. 3 – 4(1981): 154 – 215.

工具书

梁实秋编《远东实用汉英辞典》，远东图书公司，1971。

清代档案人名权威资料查询，http://npmhost. npm. gov. tw/ttsc-gi/ttsweb? @ 0：0：1：mctauac：: /tts/npmmeta/dblist. htm

@@0.6063065726879766。

王德毅、李荣村、潘柏澄编《元人传记资料索引》，新文峰出版社，1990。

Hummel, Arthur W., ed. *Eminent Chinese of the Ch'ing Period* (1644 – 1912). Washington, DC: U. S. Government Printing Office, 1943.

后 记

我于 2005 年来美攻读历史学博士学位，时光荏苒，竟然已经十八年了。很高兴拙作的中文版得以在国内出版。在本书的研究和写作中，许多师长和友人都给予了无私的帮助。

无论如何精妙的文字都不足以表达我对博士生导师曼素恩教授的感激之情。在加州大学戴维斯分校（University of California at Davis）求学期间，曼师虽然科研、教学任务繁重，但是仍然仔细阅读并评论我的每一篇作业和论文，与我定期进行讨论。即使在退休后，曼师也继续指导我的研究，耐心回答我的每一封邮件、每一个问题。曼师对中国历史的真知灼见深刻影响了本书的写作，同时她从未间断的鼓励和信任让我得以继续自己的学术道路。曼师所展现的对学术的钻研、对他人的耐心、对后辈的提携，为我树立了作为学者和老师的完美榜样。

博士求学期间，柏文丽（Beverly Bossler）教授和贾世杰（Don Price）教授也对我的学习、生活关怀有加。他们对本书的建议促使我将这一研究放在清代以外的中国历史中来考量。我也非常幸运可以得到高彦颐教授的指导。自从2003年在南京大学与高老师认识，高老师就一直支持我的学术研究。高老师不仅鼓励我来美求学，并且不断引领我进入新的研究领域，拓宽自己的视野。拙作采用物质文化研究的视角，正是得到高老师的启发。

写作本书时，我曾于2009年至2010年去北京查阅史料，有幸受到中国社会科学院定宜庄教授的教导。从学习到生活，定老师都给予我无量的关怀与照顾。通过参加定老师的学习班和田野调查，以及与定老师无数次的讨论交谈，我更深入了解了清代的政治和文化。作为满学和清史专家，定老师对本书写作提出了诸多宝贵意见，并且让我重新思考了本书的主要论点。2012年，我有幸与梅尔清教授相识。梅教授对扬州和清史的研究令我获益匪浅。她对本书的修改提出了至关重要的建议，还支持了本书英文版的出版。中文版出版在即，两位教授在百忙之中不吝赐序，令我感激不尽。

我在母校南京大学中文系和古籍研究所求学期间，本科和硕士研究生导师张宏生教授不仅教授我如何阅读文学材料，引导我进入性别研究的领域，并且鼓励我赴美求学。赵益教授激发了我对中国文化史的兴趣，并且鼓励我使用跨学科研究方法，让我受益匪浅。

许多师友给我提供了无私的帮助。我的同门师姐卢苇菁、李国彤和王燕不仅在学术上一直激励我，也在生活上关怀我。苇菁师姐的先生叶保民老师作为杰出的文字学专家，专门抽出时间帮助我辨认文献中的篆书和隶书。我在南大本科期间便相识的好友刘娇一直在我需要帮助的时候，第一时间回复信件，为我答疑解惑。相识十五载，如今我们依然在学术上携手共进，我备感幸运。我在北京查阅资料时认识的同仁邱源媛不仅与我分享她对清史和史料的心得，还在生活上对我照顾有加。我在南大读研究生期间的同窗卢康华也曾帮我辨认诸多篆体字，并于我在北京查资料期间多次提供帮助。Sophia Lee 抽出自己宝贵的研究时间帮我在哈佛大学拷贝了一份重要论文。我在加州大学求学期间的同窗好友 Nicole Richardson、Sean Marsh、Jeremiah Jenne、Elad Alyagon 和林珊都曾无数次倾听我在研究中遇到的困难，并与我分享他们的想法。

中国人民大学的毛立平教授一直帮助我搜寻清史相关资料，董建中教授将自己抄写的盐商进贡资料无私与我分享。中国第一历史档案馆的张莉老师不仅教授我满语，并助我阅读满文档案。南京大学已故卞孝萱教授曾专门抽出时间与我讨论扬州盐商，并鼓励我研究这一课题。中国社会科学院的阿风教授、南京大学的范金民教授和复旦大学的王振忠教授都曾就徽商和清史问题向我传授真知灼见。欧立德教授不仅教授我满文，并且向我推荐了《物的社会生活》（*The Social Life of Things*）一书。我的满文班同学 Elif Akcetin 对本书引言提出了许多有用的建议，梅欧金（Eugenio Menegon）向我传授了书稿修改和出版的有用经验。我在斯坦福大学从事博士后工作期间，苏成捷（Matt Sommer）教授、陆威仪（Mark Lewis）教授、墨磊宁（Tom Mullaney）教授、乔志健、Yvon Wang、Gina Anne Tam 和 Wesley Chaney 曾阅读我的论文并提出了珍贵的修改意见。欧洲史专家 Paula Findlen 和 Alex Statemen 与我讨论欧洲早期现代奢侈性消费，让我重新思考了如何阐释士商关系和收藏文化。文以诚（Richard Vinograd）教授和彭慧萍曾与我分享他们对明清艺术史的见解。许多老师都曾在会议上对本书部分章节提供精妙点评。我想特别感谢郭琦涛老师邀请我参加他组织的关于贞节文化的会议小组，使我获得许多有用的修改意见。

本书的研究也得到许多徽州村民和当地研究者的帮助。他们接受我的采访，坦率表达对徽州文化习俗的看法，并向我提供资料。我想特别感谢汪晓华老师，他和妻子曾数次接待我在徽州进行田野调查，为我查找当地材料提供了许多帮助。

国内外许多图书馆馆员和研究人员都曾大力协助本书的研究和出版。我想特别感谢上海图书馆家谱图书室陈乐民老师、加州大学戴维斯分校图书馆 Lin Mei-Yun 老师、加州大学伯克利分校古籍部 Deborah Rudolph 老师、斯坦福大学东亚图书馆薛昭慧老师，以及哈佛大学燕京图书馆沈津老师和马小鹤老师。Deborah、薛老师和马老师还曾帮助我获得本书英文版中使用的部分图片。在英文版出版时，胡岩老师曾热心为本书找到一幅插图。本书中文版的出版获得了密歇根州立大学亚洲学研究中心（Asian Studies Center at Michigan State University）Dr. Delia Koo Endowment Awards 的慷慨资助。本书译者林蕾与我相识于 2015 年。她的研究使用多语言史料，并且对清史具有独到的见解。作为杰出的清史研究专家，她从自己宝贵的研究写作中抽出时间翻译拙作，我心里十分感激。中文版编辑李期耀老师干练高效、极富耐心，让我对中文译稿十分放心。

最后，我想感谢我的家人。我先生埃里克·帕尔默

（Erik Palmer）承担家务与育儿职责，让我得以全心投入研究与写作。我的父亲吴振义和母亲朱丽洁不仅抚养我长大，并且一直全力支持我的学术道路，我将此书献给他们！

2023 年 2 月 4 日于美国密歇根州东兰辛

译后记

　　首先要感谢吴玉廉教授将翻译的大任交与本人。对于每一位历史学者来讲，第一部专著都有着深刻的学术意义和非凡的情感价值。我与吴教授结识多年，从北京的中国第一历史档案馆，到纽约的美国历史学会年会，每每与她交流都让我在事业、人生的多个维度上受教，越发让我视她为活跃在全球中国研究舞台上新一代女性学者的模范。结合这种种，此次能够帮助吴教授将这部优秀的历史学著作及其关于18世纪清代社会与政治的重要发现，通过翻译的形式介绍给中文读者，促进中外学界的交流，是我的莫大荣幸。

　　这本书的英文版2017年由斯坦福大学出版社推出，自出版以来已成功位列清代物质文化研究的必读书目，在学界享有好评。这本书对盐商经历的讨论，不仅能帮助学者更精确地构建清代满与汉、中央与地方、士与商之间复杂而充满动态的关系，我相信也能启发我们的普通读者更深刻地思考自身在当今世界社会经济巨变中所处的位置。这本书通过研究人与物之间的互动，揭示了徽州盐商在18世纪盛清中国所扮演的重要角色。正如吴玉廉教授在这部著作中所展现的，乾隆帝有意借助物品扩大自己在经济和文化领域的影响力，而活跃于江浙的盐商因其广泛的社会网络、卓越的管理能力和雄厚的财力，成为清廷在物件制作、搜集、流通等方面的理想代理人。她提出了一个重要的观点，即这些富商并不是在机械地附庸风雅，以模仿并超越社会地位较高的士大夫，因为他们本身就是宗族中、官场上备受尊敬的人物，在"经世致用"变得愈发重要的18世纪中国的政治、经济、社会和文化领域扮演了至关重要的角色。于是他们利用自身独特的经济和社会资源，以一种颇为巧妙且不可替代的方式实现了自身利益的最大化，并帮助朝廷将其希望民众所持有的价值观推至社会毛细血管的最细处。如今的我们也生存在一个物质丰富且倡导实学的时代，与18世纪的清代中国不无类似，我相信读者会自然地将这本书中的一些要素，与自己所观察到的社会经济现象联系起来。至于读者将从这本书获得何种心得与习得何种存世之道就留给诸君自由发挥了，我也期待后续与作者和读者的进一步交流。

在翻译这本书的过程中，我在努力克服严复所谓"译事三难"，即"信、达、雅"的基础上，尽量使语句贴合我们当今使用中文的习惯。有译者在翻译关于中国古代的学术著作时采用半白话的形式，我则决定不用。一来我认为这可能模糊书中援引的清代文本和作者叙述的界限，造成理解上的问题；二来我认为翻译本就是为了让尽可能多的一种语言的当代读者充分理解来自另一种语言的文本，没有必要刻意提高阅读门槛。如果这一决定能使得更多的读者，尤其是年轻读者接触并喜爱这部著作，从而对历史和清代物质文化研究产生兴趣，则没有比这更令人欣慰的事了。我的两位优秀的学生刘笑和邱子吁提供了校阅和史料确认方面的协助，在此对她们表示感谢。我因工作迁居江南，不久便收到这部与江南有着千丝万缕关系的作品的翻译邀约，这项工作先陪伴我度过了漫长的封控居家，后又给了我一双探索江南城市、欣赏明清物质文化的眼睛，使江南的一碑一楼都更富意义，可说这本书对我也产生了非凡的个人价值。我在中国人民大学和哈佛大学接受了中英文两种传统的学术训练，现在中美合办的昆山杜克大学从事研究和教学，虽主攻清代边疆与国际关系史，也已尽力将本译著以最可观的形式呈现给中文读者。若翻译中有贻笑大方之处，还请各位方家指正。

林　蕾

2023 年春，苏州

图书在版编目（CIP）数据

奢华之网：十八世纪的徽州盐商、社会阶层和经世
之道 / 吴玉廉著；林蕾译. -- 北京：社会科学文献出
版社，2023.4
（启微）
书名原文：Luxurious Networks：Salt Merchants,
Status, and Statecraft in Eighteenth-Century China
ISBN 978 - 7 - 5228 - 1218 - 2

Ⅰ.①奢… Ⅱ.①吴… ②林… Ⅲ.①盐业史 - 研究
- 徽州地区 - 18 世纪 Ⅳ.①F426.82

中国版本图书馆 CIP 数据核字（2022）第 244805 号

·启微·
奢华之网：十八世纪的徽州盐商、社会阶层和经世之道

著　　者／吴玉廉
译　　者／林　蕾

出 版 人／王利民
责任编辑／李期耀
责任印制／王京美

出　　版／社会科学文献出版社·历史学分社（010）59367256
　　　　　地址：北京市北三环中路甲 29 号院华龙大厦　邮编：100029
　　　　　网址：www.ssap.com.cn
发　　行／社会科学文献出版社（010）59367028
印　　装／北京盛通印刷股份有限公司

规　　格／开本：889mm × 1194mm　1/32
　　　　　印张：9.875　字数：216 千字
版　　次／2023 年 4 月第 1 版　2023 年 4 月第 1 次印刷
书　　号／ISBN 978 - 7 - 5228 - 1218 - 2
著作权合同
登 记 号／图字 01 - 2022 - 6413 号
定　　价／69.00 元

读者服务电话：4008918866